Das bürgerliche Trauerspiel

Michael Multhammer

Das bürgerliche Trauerspiel

Eine Einführung

J.B. METZLER

Michael Multhammer
Germanistik
Universität Siegen Germanistik
Siegen, Deutschland

ISBN 978-3-662-72211-4   ISBN 978-3-662-72212-1 (eBook)
https://doi.org/10.1007/978-3-662-72212-1

Die Deutsche Nationalbibliothek verzeichnet diese Publikation in der Deutschen Nationalbibliografie; detaillierte bibliografische Daten sind im Internet über https://portal.dnb.de abrufbar.

Einbandabbildung: Letzte Szene in Lessing's Stück „Emilia Galotti" (Alamy/FLHC DJ23)

Planung/Lektorat: Ferdinand Pöhlmann
J.B. Metzler ist ein Imprint der eingetragenen Gesellschaft Springer-Verlag GmbH, DE und ist ein Teil von Springer Nature.
Die Anschrift der Gesellschaft ist: Heidelberger Platz 3, 14197 Berlin, Germany

Wenn Sie dieses Produkt entsorgen, geben Sie das Papier bitte zum Recycling.

Vorwort

Die vorliegende *Einführung in das Bürgerliche Trauerspiel* soll eine ältere Version unter dem Titel *Das deutsche bürgerliche Trauerspiel* von Karl S. Guthke ersetzen. Das war zumindest der vornehme Wunsch, mit dem die damalige Lektorin des Metzler-Verlages, Ute Hechtfischer, an mich herangetreten ist. Nach langer Arbeit an diesem Manuskript ist eines unmittelbar ersichtlich: Das vorliegende Buch ist kein Ersatz für das gelehrte Kabinettstück Guthkes, will es nicht sein und kann es auch gar nicht mehr sein. Dafür sind einige Gründe namhaft zu machen, denn schon mit einem auch nur flüchtigen Blick wird kenntlich sein, dass die vorliegende Einführung wesentlich bescheidenere Ziele verfolgt und nicht an die weit ins Material ausgreifenden und ausführlichen Ausarbeitungen Guthkes heranreicht.

Karls S. Guthke – Jahrgang 1933 – hatte mit seiner Übersicht zum deutschen Bürgerlichen Trauerspiel in der Reihe *Sammlung Metzler* einen Longseller geschaffen, der zugleich den Goldstandard eines solchen Überblickes liefert. Ganz im Sinne der Agenda der *Sammlung Metzler*, eine „Realienbuch-Reihe" zu sein, „kritische Information zu bieten" und „Urteil und Unparteilichkeit zu verbinden" (Guthke 1975 im ‚Vorwort zur zweiten Auflage', zit. nach Guthke 2006, S. VII), versammelt Guthkes Buch die bekannten Fakten zum Bürgerlichen Trauerspiel, diskutiert in nahezu an Vollständigkeit grenzender Breite die Forschungsliteratur zum Thema und benennt Desiderate der Forschung, die zukünftig zu erarbeiten wären. Dieses Programm verfolgt Karl S. Guthke in insgesamt sechs Auflagen, die in vergleichsweise kurzen Abständen immer wieder (vollständig) überarbeitet werden und deren Bibliografien laufend erweitert werden. Das Ergebnis ist nicht weniger als imposant, wird doch hier eine Verlaufsgeschichte des Bürgerlichen Trauerspiels von seinen Anfängen (und Vorläufern) bis zum Ende der Gattung im 19. Jahrhundert literaturhistorisch und mit der Forschung unterfüttert nachgezeichnet. Unter der Hand wird dabei davon ausgegangen, dass sich der Leser und die Leserin selbstverständlich sicher im Material der Primärliteratur bewegen können, die Werke nicht nur dem Titel nach gekannt werden, sondern die Rezipientinnen und Rezipienten über umfassende Textkenntnis verfügen.

Diese Voraussetzungen sind aus heutiger Sicht selbst wiederum schon historisch. Das hängt mit einer anderen Art und Weise des Studiums zusammen, mit veränderten Lesegewohnheiten von Studierenden an den Universitäten und anderen Herausforderungen an selbige. Vielleicht verrät die Unterschiedlichkeit dieser beiden Bücher auch etwas über den Wandel der Universität. Mit den geänderten

Ausgangsbedingungen muss sich auch der Zuschnitt einer solchen Einführung not-
wendigerweise ändern: Umfängliches Wissen, das man sich in der Lektüre einer
solchen Einführung aneignet, einschließlich eines erschöpfenden Referats von
Forschungspositionen und zentralen kultur- und geistesgeschichtlichen Hinter-
gründen verfehlte die Bedürfnisse vieler Studierender.

Diese Einführung in das Bürgerliche Trauerspiel unterscheidet sich in einigen
Punkten von bisherigen Büchern ähnlichen Zuschnittes. Zum einen wurde die strikt
chronologische Erzählung einer Entstehung und nachfolgenden ‚Entwicklung' des
Bürgerlichen Trauerspiel zugunsten eines Zugriffs über thematische Verhandlungen
aufgegeben. Im Zentrum stehen nunmehr Problemkomplexe, die mit Mitteln des
Bürgerlichen Trauerspiels adressiert werden. Dies betrifft in erster Linie Momente
des ‚Privaten'. Zum anderen wurde versucht einen Aufbau zu finden, der es erlaubt,
die Argumentationslinie des Buches auch dann nachvollziehen zu können, wenn
man nicht über eine weitreichende Kenntnis der Primärtexte verfügt, sondern lediglich einzelne der Texte im Original kennt. Freilich ist auch hier eine kritische Masse
Voraussetzung für jegliche Art von vertieftem Verständnis. Für die ‚Lücken' in der
eigenen Lektüre finden sich kurze, einseitige Inhaltzusammenfassungen der Trauerspiele, die in dieser Einführung behandelt werden. Komplettiert wird die Darstellung durch die Erläuterung zentraler dramentheoretischer und -analytischer Begrifflichkeiten, die eigens in Merkkästen aufgeführt werden. In Grundzügen handelt
es sich also auch um eine allgemeine Einführung in das Arbeiten mit dramatischen
Texten in literaturhistorischer Perspektive.

Für Karl S. Guthke war das Bürgerliche Trauerspiel noch ein „Politikum" (ebd.),
da sich in seiner Erforschung die literaturtheoretischen und literaturhistorischen
Fragestellungen der 1970er-Jahre wie in einem Brennglas verdichtet hatten. Diesen
Stellenwert hat das Bürgerliche Trauerspiel längst eingebüßt. Das ist kein Verlust,
im Gegenteil – es ermöglicht einen weniger ideologisch gefärbten Blick auf die
Phänomenzusammenhänge. Mehr noch: Manche der Debatten um das Bürgerliche
Trauerspiel haben sich erschöpft, ihre Erträge lassen sich aus den bisweilen aus-
ufernden Diskussionen auf Recht schlanke Ergebnisse hin trimmen. Zu denken
wäre etwa an all diejenigen Arbeiten, die eine Opposition von Adel und Bürgertum
in einer sehr speziellen Auffassung einer Sozialgeschichte der Literatur ins Zentrum
gerückt haben. Diese nehmen in der vorliegenden Einführung kaum noch Raum ein.
Dennoch sollte dieses Wissen nicht verschütt gehen, es bleibt selbstredend der weitere Referenzrahmen auch der hier präsentierten Überlegungen, die zweifelsohne
auf diesen Ergebnissen aufsetzen. Will man sich also umfassender informieren, so
empfiehlt es sich, Guthkes Buch als forschungsgeschichtliche Vertiefung dane-
benzulegen.

Besonderer Dank geht an Ute Hechtfischer, die mir schon in noch jungen Jahren
zugetraut hat, dass ich dieses Buch werde schreiben können, und die den Auftakt
des Nachdenkens über die Konzeption dieser Einführung höchst engagiert begleitet
hat. Ferner gilt mein Dank Ferdinand Pöhlmann, allen voran für seine unendliche
Geduld, die nötig war, dieses Buch auch über die Jahre der Pandemie hinweg und
darüber hinaus zu ‚erwarten'.

Den Studentinnen und Studenten aus zwei Seminaren und einer Vorlesung will ich danken, die mir dabei halfen, etwaige Gedankengänge zu erproben und mich immer wieder dazu zwangen, meine Erklärungen und Thesen deutlicher zu formulieren.

Meinen studentischen und wissenschaftlichen Hilfskräften für die vielen Zuarbeiten und Bibliotheksgänge, angefangen bei Katharina Klappert über Emily von Lintig, Nele Beichler und Nadine Daub. Besonderer Dank gilt Isabel Pelzel, die sich immer wieder um das Manuskript verdient gemacht hat.

Siegen, Deutschland   Michael Multhammer
im Frühjahr 2025

Inhaltsverzeichnis

Abbildungsverzeichnis

Einleitung

1

Inhaltsverzeichnis

Erste Annäherung: Das Bürgerliche Trauerspiel ist für die deutsche Literaturge-schichte eine eminent wichtige Gattung. Mit seiner Entstehung zur Mitte des 18. Jahrhunderts ist es historisch genau dort situiert, wo es in der deutschsprachigen Literatur der Zeit zu massiven inhaltlichen, aber auch poetologischen Umstellungen gekommen ist. Es ist just die Periode, in der es zu einem Paradigmenwechsel kommt – die althergebrachte, an der Rhetorik orientierte Regelpoetik wird allmäh-lich abgelöst von dem, was man im Nachgang ‚Genieästhetik' nennen wird. Der zentrale Orientierungspunkt für die literarische Produktion ist dann nicht länger ein vergleichsweise fixer Kanon an Regeln, sondern der Künstler, die Künstlerin selbst wird zum Maßstab. Wie diese fundamentale Ablösung sich vollzogen hat, lässt sich unter anderem treffend am Bürgerlichen Trauerspiel studieren. Insofern kann es kaum verwundern, dass dieser dramatischen Gattung in der germanistisch-literaturwissenschaftlichen Forschung immer schon eine erhöhte Aufmerksamkeit geschenkt wurde.

Wegweisende Änderungen: Dichtung ist niemals ein statisches Gebilde, schon gar nicht in ihrer Gesamtheit. Änderungen im formalen Zuschnitt, den präferierten Themen und den Texten, an denen man sich orientiert, gab es schon immer. Doch sind diese Verhältnisse mal stabiler, mal dynamischer, die Veränderungen bisweilen tiefgreifender und in kürzerer Abfolge als zu anderen Zeiten. Im entsprechenden Ar-tikel zum Bürgerlichen Trauerspiel im *Reallexikon der Deutschen Literaturwissen-schaft* hält Karl Eibl vier solcher fundamentalen Abweichungen fest, die mit der

Entstehung und Etablierung des Bürgerlichen Trauerspiels einhergehen und auf
Dauer den Zuschnitt des Dramas an sich kategorial verändern (Eibl 1997):

1) Das Personal: Die Helden des Bürgerlichen Trauerspiels sind in aller Regel
nicht länger „Fürsten oder andere geschichtlich oder mythologisch beglaubigte
Exempelfiguren, sondern erfundene Figuren, in der Regel aus der Sphäre des
Bürgertums oder des niederen Adels" (ebd., S. 285). Was auf den ersten Blick wie
eine marginale Umstellung wirken mag, ist in Wahrheit eine tiefgreifende Veränderung. Denn bisher galt: Nur historisch verbürgte, also ‚real' existierende Personen
konnten als moralische Vorbilder (oder eben auch zur Abschreckung) dienen. So
fremd uns diese Sichtweise erscheinen mag, so plausibel ist sie doch: Wieso sollten
wir einer bloß erfundenen Figur nacheifern? Mehr noch: Wieso sollten wir an fik-
tionalen Charakteren unser Handeln ausrichten? Wir haben uns als Leserinnen und
Leser, aber auch als Zuschauer:innen von Serien und Filmen längst an diesen Umgang mit literarischen und anderen künstlerischen Artefakten gewöhnt – für unser-
eins ist Fiktionalität der Normalfall. Doch das war eben nicht immer so.

2) Prosa statt Vers: Eine Umstellung, die sofort ins Auge fällt, ist die von Vers hin
zu Prosa. Bürgerliche Trauerspiele sind nicht länger im Alexandriner, dem Standard-
vers der barocken Tragödie, verfasst, sondern die *dramatis personae* – also die Figuren im Drama – sprechen in Prosa und nähern sich damit zumindest ein Stück
weit dem alltäglichen Sprachgebrauch an (auch wenn freilich die Sprache dadurch
nicht zu ‚Alltagssprache' wird, sie bleibt dichterisch ‚geformt'). Der Grund dafür
dürfte allerdings selbst wiederum in den älteren Regeln liegen: Denn „[d]as Aptum
[das ist das Prinzip der ‚Angemessenheit' in der Rhetorik], das die Stilhöhe nach
der Bedeutung von Gegenstand und Figur bemißt, reserviert die Verssprache für den
‚hohen' Stil" (ebd.) und damit eben für die hohe Tragödie. Das Bürgerliche Trauerspiel rangiert bereits ein Register tiefer.

3) Geduldete Unregelmäßigkeiten: In der europäischen Dramentradition (spätestens seit der Wiederentdeckung von Aristoteles' *Poetik*) setzte man die Einhaltung
bestimmter Regeln für das Gelingen eines Trauerspiels im Besonderen und des Dramas im Allgemeinen voraus. Dazu gehörten etwa – neben anderen – die sogenannten
‚Drei Einheiten' von Raum, Zeit und Handlung. Im Bürgerlichen Trauerspiel sind
diese Vorgaben zwar noch präsent, aber doch deutlich gelockert. Die Stücke nehmen häufig mehr Zeit ein als der traditionell veranschlagte ‚Sonnenumlauf', ursprünglich sollte die dramatische Handlung in einem Trauerspiel nicht mehr als
einen Tag zur Darstellung bringen. Gleiches gilt für den Ort – auch hier werden größere Schauplatzwechsel eher geduldet als zuvor. Die Handlung ist bisweilen aus-
differenzierter, Nebenhandlungen sind nicht mehr kategorisch unerwünscht und
können so kontrastive Momente zur Darstellung bringen. Durch diese größere Tole-
ranz erhöhten sich natürlich die Möglichkeiten in der Darstellung.

4) Politik versus Privates: Ein letzter Punkt betrifft die Inhalte, die im Bürgerlichen Trauerspiel thematisch werden. Waren im heroischen Trauerspiel noch

sogenannte ‚Haupt- und Staatsaktionen' die primären Gegenstände (damit ist gemeint, dass das Schicksal ganzer Reiche und Dynastien auf dem Spiel steht), so ist der Maßstab im Bürgerlichen Trauerspiel ein deutlich anderer: „die Themen und Probleme [stammen] aus der bürgerlich-privaten Wertewelt, insbesondere der Familie" (ebd.). Neu ist also, dass Probleme und Konstellationen aus dem familiären Nahbereich überhaupt tragisch – oder wie es häufig im 18. Jahrhundert heißt: ‚zur Tragik fähig' – sein können. Auch das ist ein Umstand, an den wir uns längst gewöhnt haben, im Gegenteil: Uns lässt die Sphäre der Politik vielleicht emotional eher kalt als das private Schicksal uns nahestehender oder zumindest ähnlicher Personen, die wir als Charaktere kennenlernen.

Vier Abweichungen als Ausgangspunkt: Diese vier hier genannten Verschiebungen, die Karl Eibl in Anschlag brachte, vermessen schon einmal Teile des Feldes, um das es im Weiteren gehen wird. Inhaltliche Momente treffen hier auf formale Parameter, die beide direkt an der Textgestalt der Dramen abzulesen sind. Die literarischen Texte gilt es in ihren ideengeschichtlichen, kulturellen, soziologischen und literaturgeschichtlichen Kontexten zu verstehen, sie sind keine autarken oder am Ende gar für sich stehenden Artefakte, sondern vielfach eingebettet in mediale Zusammenhänge. Dennoch ist es in der vorliegenden Einführung nicht möglich, alle medialen Dimensionen des Bürgerlichen Trauerspiels gleichermaßen zu berücksichtigen.

Dramengeschichte, nicht Theatergeschichte: Im Zentrum der Darstellung steht eine literaturhistorisch angeleitete Gattungsgeschichte. Dabei stehen poetologische Fragestellungen sowie ideen- und kulturgeschichtliche Problemkomplexe im Vordergrund. Mediengeschichtliche Aspekte des Bürgerlichen Trauerspiels werden dagegen nur am Rande berührt. Während die Theater-, oder genauer die Dramenkritik durchaus vereinzelt eine Rolle spielt, kommen andere mediale Begleitumstände wie eigene Theaterzeitschriften, die Theatergeschichtsschreibung oder Theaterzettel und Schauspieltheorie nicht vor. Diese bleiben eigenen Darstellungen vorbehalten, die den Zusammenhang von Theatergeschichte, Theaterpraxis und Kulturgeschichte eingehend beleuchten (Korte/Jakob/Dewenter 2015; Fischer-Lichte 2010, insb. S. 283–387). Eine an gattungsgeschichtlichen Fragestellungen interessierte Einführung ist überdies nicht der Ort, um über das weite Feld des Performativen im Theater eingehend nachzudenken (Fischer-Lichte/Schönert 1999). Diese Dimensionen des Dramatischen und Theatralen sind also nicht vergessen oder übersehen, sondern zugunsten anderer thematischer Schwerpunkte hintangestellt.

Auswahl der Primärwerke: Cornelia Mönch hat für ihre in den 1990er-Jahren erschienene, grundlegende Arbeit zum Bürgerlichen Trauerspiel mehr als zweihundertfünfzig Dramentexte ermittelt (Mönch 1993), die man als Bürgerliche Trauerspiele lesen kann. Das ist ein umfangreiches Korpus, aus dem für eine Überblicksdarstellung, zumal in Form einer Einführung, eine Auswahl derjenigen Primärwerke getroffen werden muss, die besprochen werden. Nicht fehlen dürfen

einige Meilensteine, sei es ob ihrer Bedeutung in der Entwicklung der Gattung oder
schlicht, weil sie in der Rezeption eine herausragende Stellung einnehmen. Dazu
zählen etwa die Bürgerlichen Trauerspiele Gotthold Ephraim Lessings, Friedrich
Schillers oder Friedrich Hebbels. Daneben aber kann man durchaus eine thematisch
zugeschnittene Auswahl aus einer Vielzahl an Stücken treffen. Gerade in den letzten
zehn bis zwanzig Jahren kamen vermehrt Autoren in den Blick, die lange Zeit
literaturgeschichtlich ein Schattendasein gefristet haben und deren Werke eine deutliche Aufwertung erfuhren (exemplarisch Košenina/Zink 2024). In der vorliegenden
Einführung soll dieser Entwicklung Rechnung getragen werden. Es werden hier
Trauerspiele behandelt, die vielleicht nicht zwangsläufig zu erwarten sind; andere,
andernorts bereits ausführlich behandelte Stücke fehlen. All diese Entscheidungen
kann man kritisieren, unreflektiert wurde diese Auswahl indes nicht vorgenommen.

Literatur

Eibl, Karl: [Art.] Bürgerliches Trauerspiel. In: Reallexikon der deutschen Literaturwissenschaft.
    Hg. von Jan-Dirk Müller u.a. 3 Bde. Tübingen 1997–2000, Bd. 1, S. 285–287.
Fischer-Lichte, Erika: Geschichte des Dramas 1: Von der Antike bis zur deutschen Klassik. 3. Aufl.
    Tübingen/Basel 2010.
Fischer-Lichte, Erika/Schönert, Jörg (Hg.): Theater im Kulturwandel des 18. Jahrhunderts. Insze-
    nierung und Wahrnehmung von Körper – Musik – Sprache. Göttingen 1999.
Korte, Hermann/Jakob, Hans-Joachim/Dewenter, Bastian (Hg.): Medien der Theatergeschichte
    des 18. und 19. Jahrhunderts. Heidelberg 2015.
Košenina, Alexander/Zink, Manuel (Hg.): Friedrich Wilhelm Gotter (1746–1797). Europäisches
    Theater auf deutschen Bühnen. Hannover 2024.
Mönch, Cornelia: Abschrecken oder Mitleiden. Das deutsche bürgerliche Trauerspiel im 18. Jahr-
    hundert. Versuch einer Typologie. Tübingen 1993.

Vorgeschichte

2

Inhaltsverzeichnis

2.1   Aristoteles

Der Anfang: Die europäische Dramentheorie setzt bei Aristoteles' grundlegender *Poetik* ein. Dieser Text aus dem vierten vorchristlichen Jahrhundert bildet den Ausgangspunkt der abendländischen Diskussionen über das Wesen des Theaters, das Wesen des Dramatischen sowie deren mögliche Wirkung auf das Publikum. Auch die Geschichte und die Entwicklung des Bürgerlichen Trauerspiels sind unmittelbar mit diesem antiken Text verbunden, mehr noch, nur unter Rückgriff auf die aristotelische *Poetik* und deren umfassende Rezeption in der Neuzeit wird die Entwicklung zu einem Bürgerlichen Trauerspiel und seinen Besonderheiten verständlich. Denn Aristoteles' dramentheoretische Schrift bildet den ständigen Referenzrahmen im Regelwerk aller nachfolgenden Auseinandersetzungen mit dem Drama. Die Überlegung, dass Theater nicht wildwüchsig sein kann, sondern bestimmten Regeln – etwa im Aufbau, in der Form der Handlung und im Figurenarsenal, den sogenannten *dramatis personae* – folgen muss, wird damit begründet, dass das Drama eine bestimmte Wirkung beim Zuschauer und der Zuschauerin erzeugen soll. Worin diese Wirkung besteht und wie diese mit dramatischen Mitteln zu erzielen sei, sind die poetologischen Grundfragen einer jeden dramentheoretischen Überlegung.

M. Multhammer, *Das bürgerliche Trauerspiel*,
https://doi.org/10.1007/978-3-662-72212-1_2

Abb. 2.1 Büste von
Aristoteles. Marmor.
Römische Kopie nach dem
griechischen Bronze-
Original von Lysippos, um
330 vor Chr. (Wikimedia
Commons)

Aristoteles: *Über die Dichtkunst*: Aristoteles (s. Abb. 2.1) ist derjenige antike
Philosoph, der vielleicht am systematischsten versucht hat, alle damals relevanten
Bereiche des Wissens zu ergründen und in seinen Schriften darzustellen. Dazu gehört – neben vielen anderen Themen – auch die Dichtkunst als genuin menschliche
Tätigkeit. *Über die Dichtkunst* (gr. *Peri poiētikēa*, lat. *De arte poetica*) entstand
wohl in den Jahren zwischen 367 und 347 v. Chr. und ist nur fragmentarisch überliefert. Ursprünglich soll das Buch aus zwei Teilen bestanden haben, das erste Buch
behandelt die Tragödie sowie das Epos, das zweite hatte wohl – so kann man rekon-
struieren – die Komödie sowie die Jambendichtung zum Gegenstand.

Heute kennen wir nur den ersten Teil dieses Werks, das 1481 erstmals in Venedig
gedruckt wurde. Es handelt sich also um ein Fragment – eine vollständige Theorie
der Dichtung von Aristoteles haben wir nicht. Dieser Umstand ist mitverantwortlich
dafür, dass es im Laufe der Jahrhunderte eine Vielzahl an – sich mitunter auch direkt
widersprechenden – Interpretationen der Schrift gab. Doch worum geht es?

Mimesis: Aristoteles sieht in der Nachahmung (Mimesis) den Grund für Dichtung
schlechthin. Diese Nachahmung sei dem Menschen angeboren (schon Kinder lernen durch sie), und so sei es nur logisch, dass diese Nachahmung dem Menschen
Freude bereite. Damit ist sie nicht nur der Grund für die Dichtkunst allgemein, son-

dern zugleich ihr Wesenskern: Das anvisierte Ziel ist gelungene Nachahmung. Dichtung ist – insofern sie Nachahmung der Wirklichkeit (im weitesten Sinne) ist – daher ebenso eine mögliche Quelle des Vergnügens für den Menschen. Sie gehört zu seiner Grundausstattung.

Dichtung lässt sich über die Kategorie der Nachahmung auch einteilen. Fragt man, was jeweils nachgeahmt wird, kommt man laut Aristoteles zu unterschiedlichen Gattungen. Das Drama sei zwingend die „Nachahmung von Handlung, die Nachahmung einer einzigen, und zwar einer ganzen Handlung" (Aristoteles, *Poetik*, 29).

Unterschied zur Geschichtsschreibung: Der literarische Charakter steht mit dieser Definition noch nicht fest. Denn auch die Geschichtsschreibung bedient sich der Nachahmung einer Handlung, insofern sie historische Begebenheiten erneut vergegenwärtigt und in der Erzählung nachahmt. Das Wesen der Dichtung ist indes ein anderes – sie ist im Vergleich zur Historiographie sogar philosophischer (zielt mehr auf ein Allgemeines ab), wie Aristoteles schreibt:

> „Aus dem Gesagten ergibt sich auch, daß es nicht Aufgabe des Dichters ist mitzuteilen, was wirklich geschehen ist, sondern vielmehr, was geschehen könnte, d. h. das nach den Regeln der Wahrscheinlichkeit oder Notwendigkeit Mögliche. Denn der Geschichtsschreiber und der Dichter unterscheiden sich nicht dadurch voneinander, daß der eine in Versen und der andere in Prosa mitteilt […]; sie unterscheiden sich vielmehr dadurch, daß der eine das wirklich geschehene mitteilt, der andere, was geschehen könnte. Daher ist die Dichtung etwas Philosophischeres und Ernsthafteres als Geschichtsschreibung; denn die Dichtung teilt mehr das Allgemeine, die Geschichtsschreibung hingegen das Besondere mit." (Aristoteles, *Poetik*, 29)

Die Wahrscheinlichkeit des Nachgeahmten wird also zum zentralen Kriterium für Dichtung. Diese Setzung hat unmittelbare Auswirkungen auf die Gestalt und die Entwicklung des Bürgerlichen Trauerspiels. Das Drama muss nach den Regeln der Wahrscheinlichkeit eingerichtet sein, die Handlung also im Bereich des Möglichen liegen. Nun ist die Lebenswelt der Theaterbesucher:innen im 18. Jahrhundert überwiegend eine bürgerliche, was direkten Einfluss auf die Gestaltung der dramatischen Konflikte hat. Denn nur das Mögliche ist zugleich auch glaubwürdig – das ist ein entscheidender Punkt für die Wirkabsichten. Was das im Einzelnen bedeutet, werden wir sehen.

Tragödiensatz: Es gibt bei Aristoteles auch ganz generelle Regeln, die überzeitlich ihre Gültigkeit bewahren sollten, auch wenn die Auslegung im konkreten Fall sehr unterschiedlich sein konnte. Eine zentrale Passage in der *Poetik* bündelt die Anforderungen an die Tragödie und die damit verbundenen Probleme wie in einem Brennglas. Eine europäische Theatergeschichte – zumindest für die Neuzeit – ließe sich entlang der Interpretation des sogenannten Tragödiensatzes aus der *Poetik* schreiben. Er enthält bereits beinahe alle wesentlichen Merkmale *in nuce*, die in der Abhandlung weiter entfaltet werden.

> „Die Tragödie ist die Nachahmung einer guten und in sich geschlossenen Handlung von bestimmter Größe, in anziehend geformter Sprache, wobei diese formenden Mittel in den einzelnen Abschnitten je verschieden angewandt werden – Nachahmung von Handelnden und nicht durch Bericht, die Jammer und Schauder hervorruft und hierdurch eine Reinigung von derartigen Erregungszuständen bewirkt." (Aristoteles, *Poetik*, 19)

Sowohl formale als auch inhaltliche Aspekte kommen hier zur Sprache, darüber hinaus wird auch schon eine mögliche Wirkung der Tragödie antizipiert. Zunächst einmal ist die Tragödie – das ist das Hauptkennzeichen der dramatischen Dichtung – die Nachahmung einer in sich geschlossenen Handlung, und zwar durch Handelnde, was sprachlich bedeutet: durch Dialog. Im Drama wird nicht erzählt, eine Erzählerinstanz fehlt, vielmehr erfährt der Rezipient (also der Zuschauer oder die Leserin eines Stücks) direkt über das Gespräch vom Geschehen. Weitere Merkmale treten hinzu.

Merkmale der Tragödie: Auf einige Merkmale der Tragödie wurde bereits eingegangen, so etwa ihre Eigenschaft, Handlungen von Handelnden nachzuahmen. Wichtig in diesem Zusammenhang sind aber auch formale Parameter. So regelt Aristoteles zunächst einmal den Umfang einer Tragödie, also diejenigen Teile, die unbedingt notwendig sind. Die Tragödie habe ein ‚Ganzes' vorzustellen. Ein ‚Ganzes' aber ist, was Anfang, Mitte und Ende hat. Was zunächst banal klingt, erweist sich als deutlich weitsichtiger als gedacht. Denn das Ganze einer Handlung ist etwas anderes als das Ganze einer Geschichte oder Biografie. Unbedingt notwendig ist daher für das Ganze einer Handlung, warum sie so zustande kommt, welche Folgen sie hat und wie sie abläuft:

> „Ein Anfang ist, was selbst nicht mit Notwendigkeit auf etwas anderes folgt, nach dem jedoch natürlicherweise etwas anders eintritt oder entsteht. Ein Ende ist umgekehrt, was selbst natürlicherweise auf etwas anderes folgt, und zwar notwendigerweise oder in der Regel, während nach ihm nichts anderes mehr eintritt. Eine Mitte ist, was sowohl selbst auf etwas anderes folgt als auch etwas anderes nach sich zieht. Demzufolge dürfen Handlungen, wenn sie gut zusammengefügt sein sollen, nicht an beliebiger Stelle einsetzen noch an beliebiger Stelle enden, sondern müssen sich an die genannten Grundsätze halten." (Aristoteles, *Poetik*, 25)

Im Mittelpunkt steht also die Nachvollziehbarkeit eines Geschehens in Bezug auf seine Gründe und den daraus resultierenden Folgen. Erst dadurch wird die Handlung lückenlos nachvollziehbar und damit in einem zweiten Schritt auch glaubhaft und überzeugend.

Dasselbe gilt für die Sprache, oder genauer: die Stilistik. Auch sie dient dazu, das Geschehen glaubwürdig zu machen. Nun handelt die Tragödie einmal von hohen Gegenständen, nicht alltäglichen Schicksalsschlägen und dem Fall ganzer Dynastien und Königreiche (vgl. Aristoteles, *Poetik*, Kap. 13 und 14); all das kann nicht in einer niedrigen, alltäglichen Sprache verhandelt werden. Die Sprache der Tragödie orientiert sich daher an einem sprachlich hohen Niveau, insofern sie von Menschen handelt, die besser als wir sind. Die antike Rhetorik unterscheidet drei Stilebenen – hoch, mittel und niedrig – wobei sich die Tragödie stets und ausschließlich am hohen Stilniveau zu orientieren hat.

▶ Die **Tragödie** ist die bedeutendste Gattung des europäischen Dramas; in einem engeren Sinne die **griechische Tragödie**, die bei wechselnder Interpretation, als stoffliches, formales und ethisches Muster die weitere Entwicklung des europäischen Dramas in der Antike und erneut in der Renaissance wesentlich beeinflusst hat. Die eigentlichen **Anfänge** der Tragödie liegen im Dionysoskult, der im 8. Jh. aus Kleinasien auf den Peloponnes importiert wurde. Nach Aristoteles' *Poetik* konstituiert sich die **Handlung** der Tragödie aus einer dem Zuschauer vorgeführten Wandlung vom Glück ins Unglück, die sich an dem durchschnittlichen Helden, der weder ganz Verbrecher noch ganz fehlerfrei ist, vollzieht. Der Zuschauer wird dabei durch verschiedene Wirkungsmomente wie 'Schaudern und Jammer' emotional in das Geschehen eingebunden.

Drei Einheiten: Einige dieser von Aristoteles aufgestellten Regularien für das Gelingen einer Tragödie bestimmten den weiteren Verlauf der europäischen Theater- und Dramengeschichte mehr als andere. Bis zum ehernen Gesetz schafften es die sogenannten 'drei Einheiten' – Ort, Zeit und Handlung – gegen die Lessing Mitte des 18. Jahrhunderts Sturm lief. Auch diese Forderungen sind zunächst als Hilfestellungen zu verstehen, die der Einheit der Handlung dienlich sein können.

▶ Seit Aristoteles bilden die **drei Einheiten**, Ort, Zeit und Handlung, die grundlegenden normativen Vorgaben für das Drama. Die *Einheit des Ortes* fordert die Beschränkung der Handlung auf einen oder mehrere nah beieinander liegende Schauplätze. Die *Einheit der Zeit* bezieht sich auf die weitgehende Kongruenz von Spielzeit und gespielter Zeit; Zeitsprünge sollen vermieden und die gespielte Zeit soll innerhalb von 24 Stunden liegen. Mit der *Einheit der Handlung* ist Geschlossenheit des dramatischen Geschehens gemeint; Nebenhandlungen und -figuren werden zurückgestellt.

Um die Glaubwürdigkeit des Geschehens und die Aufmerksamkeitsspanne des Publikums nicht über Gebühr zu strapazieren, empfahl Aristoteles den weitgehenden Verzicht auf Ortswechsel innerhalb der Handlung, da diese nur schwer mitvollzogen werden könnten; zudem sollte die zeitliche Ausdehnung der Handlung einen Sonnenumlauf (also die Länge eines Tages) nach Möglichkeit nicht überschreiten. Alle diese Hinweise und Anleitungen zur Einrichtung einer guten Tragödie sind indes kein Selbstzweck, sie markieren vielmehr Fragen der Produktionsästhetik, wie auch der Wirkungsästhetik.

▶ Die Unterscheidung zwischen **Produktions- und Wirkungsästhetik** wird immer dann virulent, wenn man versucht sich einem Kunstwerk interpretatorisch zu nähern. **Produktionsästhetische Fragestellungen** fokussieren die **Entstehung von Kunstwerken** und deren 'Gemachtsein' auch im Hinblick auf Regeln, die es zu befolgen gilt, poetologischen Prämissen und dergleichen mehr. **Wirkungsästhetik** zielt hingegen auf die **Rezeptionsseite** eines Kunstwerkes, wie es wahrgenommen wird, welche Wirkungen von ihm ausgehen. Erst in diesem Akt konstituiert sich das Kunstwerk als Ereignis.

Katharsis-Lehre: Ein wesentlicher Punkt in der Auslegungstradition der aristotelischen Poetik betrifft die dort entwickelte, oder vielmehr nur in Ansätzen greifbare Katharsis-Lehre, wie sie sich in Grundzügen im zweiten Teil des ‚Tragödiensatzes‘ (s. o.) skizziert findet. Die Tragödie soll ‚Jammer und Schauder‘ (gr. *eleos* und *phobos*) hervorrufen und ‚hierdurch eine Reinigung von derartigen Erregungszuständen‘ bewirken. Es ist nun mehr als unklar, was damit gemeint sein könnte. Diese Konfusion – sowohl die Übersetzung der Begrifflichkeiten wie deren grammatisches Verhältnis untereinander – ergibt einen veritablen Spielraum, der zu ganz unterschiedlichen Interpretationen führte, was in der Folge auch ganz divergente Auffassungen ermöglichte, wie Theater auszusehen habe und was es bewirken könne. Neben der Übersetzung von ‚eleos‘ und ‚phobos‘ – Kandidaten sind etwa, ‚Jammer und Schauer‘ sowie ‚Mitleid und Furcht‘ – steht der Begriff der Katharsis (wörtl. ‚Reinigung‘) im Zentrum. Drei mögliche Übersetzungen bieten sich hier an:

Nimmt man einen *Genitivus subjectivus* an, dann würden die Leidenschaften selbst reinigend wirken (‚Reinigung durch derartige Erregungszustände‘), wohingegen im Sinne eines *Genitivus objectivus* die Leidenschaften selbst gereinigt würden (‚Reinigung der Erregungszustände‘). Als *Genitivus partitivus* müsste man hingegen davon ausgehen, dass die Zuschauer:innen im Theater eine ‚Reinigung von den Erregungszuständen‘ erfahren. Der sich einstellende Effekt kann sehr unterschiedlich sein. In allen Fällen zielt der Katharsis-Begriff auf eine ethisch-moralische Besserung des Publikums. Die Wirkungsweise ist – ganz im antiken Sinne – durchaus medizinisch gedacht. Hier wird einem Übel, einem Zuviel an (schlechten) Leidenschaften, Abhilfe getan.

Rezeption: Im Mittelalter und in der Frühen Neuzeit waren die Positionen, die Aristoteles in seiner *Poetik* entwickelt hatte, zunächst vergessen und sind erst allmählich wieder in die europäischen Poetiken und das Bewusstsein der Dichter eingedrungen. Andere Autoren waren im 16. und 17. Jahrhundert für die Diskussion um den „Begriff der Dichtung“ maßgeblich (vgl. Wels 2009). Dennoch, mit der sich entwickelnden Dramenproduktion wurde auch die aristotelische Schrift zur Poetik neu entdeckt und gewann zusehends an Einfluss, bis zu dem Punkt, wo die in ihr dargelegten Anweisungen den Charakter fixer Regeln erhielten. Allen voran die Französische Klassik, also Dramatiker wie Pierre Corneille und Jean Racine, trugen dazu bei, eine festgefügte Vorstellung einer gelungenen Tragödie im Ausgang der aristotelischen *Poetik* zu stiften. Diese sollte auch für einen gewissen Zeitraum im deutschen Sprachraum, im Umkreis des Leipziger Literaturtheoretikers Johann Christoph Gottsched und seiner Schule, mustergültig werden. Direkte Vorgänger des Bürgerlichen Trauerspiels finden sich zudem in England. Eine Vorgeschichte des Bürgerlichen Trauerspiels ist demnach nicht möglich, ohne zumindest in Teilen die Traditionen in Frankreich und England zur Kenntnis zu nehmen.

Französischer Klassizismus: Die französische Klassik fällt – anders als die der deutschen Literatur – ins 17. Jahrhundert. Diese Hochphase französischer Literaturproduktion hängt maßgeblich mit dem Erfolg des Dramas zusammen. Neben Corneille und Racine ist für den Bereich der Komödie Molière (d. i. Jean-Baptiste Poquelin) zur vorbildlichen Instanz geworden. Besonderes Kennzeichen der dramatischen Produktion im Rahmen der französischen Klassik ist eine strenge Wahrung der Form, was sich auf unterschiedlichen Ebenen bemerkbar macht. So wird die geschlossene Form des Dramas unter strikter Beachtung der drei Einheiten von Ort, Zeit und Handlung zu einem Signum der französischen Tragödie der Klassik, der *tragédie classique*, die neben der Wahrscheinlichkeit als zentraler Forderung die Einhaltung guten Geschmacks (*bienséance*) zum Kriterium macht. Formale Strenge gepaart mit inhaltlicher Zurückhaltung sind die Grundpfeiler einer gelungenen Tragödie.

Die Orientierung an den aristotelischen Vorgaben ist offensichtlich. Nur werden diese Empfehlungen des antiken Philosophen nun zu unhintergehbaren Regeln gewendet, die in der Übertragung in den deutschen Sprachraum noch einmal an Ernsthaftigkeit hinzugewinnen. Für die erste Hälfte des 18. Jahrhunderts – also bevor das Bürgerliche Trauerspiel entsteht – ist die französische Klassik in vielen Fällen das maßgebliche Vorbild für die deutsche Dramenproduktion. Corneille und Racine nachzueifern (*imitatio*) und am Ende gar in Wettstreit mit ihren Dramen zu treten (in einer Geste der Überbietung, *aemulatio*) ist keineswegs verpönt, sondern gängige poetologische Praxis. Man versucht sich mit den Besten zu messen. Indes ist Frankreich nicht der einzige europäische Ort, der auf eine reiche Bühnentradition und Dramenproduktion zurückblicken kann.

Englische Einflüsse: Kulturell gesehen war Frankreich, insbesondere natürlich Paris als politisches und kulturelles Zentrum, in der Frühen Neuzeit der näherliegende Bezugspunkt als England. Nichtsdestotrotz war der kulturelle Austausch – gerade auch im Bereich des Theaters – beträchtlich. Allen voran Wanderbühnen brachten die Stoffe des englischen Theaters auf den Kontinent. Gespielt wurden Shakespeare (Häublein 2005) und volkstümliche Stoffe, etwa Christopher Marlowes *The Tragical History of Doctor Faustus*. Es waren gerade diese Wanderbühnen – häufig nur ungenügend ausgestattete Truppen –, die dem deutschen Publikum in oftmals improvisierten Stücken die englische Theatertradition auf die Marktplätze brachten. Von dort fanden sie häufig den Weg in genuin deutschsprachige Werke, sei es in Form der Übersetzung oder aber motivischer Anlehnung. In Bezug auf die Ausbildung eines deutschen Bürgerlichen Trauerspiels ist die englische Tradition insofern maßgeblicher als die französische, da diese zunehmend zum negativen Vorbild wurde, von dem man sich abzugrenzen hatte. Das hatten auch die Zeitgenossen fest im Blick – der studierte Jurist und spätere Professor für Rhetorik und Poesie an der Universität Gießen, Christian Heinrich Schmid, fasst das 1768 bereits folgendermaßen zusammen:

> „Die Briten allein sind also unsere Vorgänger im bürgerlichen Trauerspiel. Jedermann gesteht es ein, so sehr, daß man noch vor einiger Zeit glaubte, es lasse sich kein bürgerliches Trauerspiel machen, ohne die Manier der Briten nachzubilden. Sie sind die Erfinder desselben, ohne es selbst zu wissen. Die Stifter ihrer Bühne, Shakespear, Beaumont, Fletcher, ehrwürdige Namen, entlehnten ihre Tranerspiele [sic] theils aus der wahren Geschichte, theils aus Novellen." (Christian Heinrich Schmid, *Ueber das bürgerliche Trauerspiel*, S. 208)

Je nach Sichtweise lässt sich in der englischen Literatur eine vergleichsweise lange (Vor-)Geschichte des ‚bürgerlichen‘ Trauerspiels konstruieren, ohne dass der Begriff selbst dabei eine Rolle spielen würde. Das, was allerdings auch schon die Literaturinteressierten des 18. Jahrhunderts im Blick hatten, liegt deutlich näher.

George Lillo: Besonders ein Stück steht hier häufig am Beginn einer Traditionslinie, die vermeintlich direkt zum deutschen Bürgerlichen Trauerspiel führen soll – George Lillos *Der Kaufmann von London* (Szondi 1973, S. 15–90). Als Vorlage für das Thema des Stücks diente Lillo eine Ballade aus dem 17. Jahrhundert; das Unglück – vermeintlich in der Tragödie nur an Personen hohen und höchsten Standes festzumachen und dramatisch wirkungsmächtig zu gestalten – trifft hier niederes Personal aus den mittleren Ständen: Kaufleute. Diese Verschiebung, die Darstellung des tragischen Unglücks im (halb-)privaten Umfeld einer Familie, ist die eigentliche Neuerung, die sich an Lillos Stück studieren ließ. Der Erfolg gab ihm Recht, das Drama wurde in England enorm populär und machte auch auf dem europäischen Festland Karriere.

Dabei setzt Lillo keineswegs auf eine – später durch Gotthold Ephraim Lessing etablierte – Mitleidsdramaturgie, sondern vielmehr althergebracht auf eine Moraldidaxe qua Abschreckung. Im Vorbericht der deutschen Übersetzung durch Henning Adam von Bassewitz aus dem Jahr 1752 heißt es dazu:

> „Die Hauptperson dieses Stücks ist George Barnwell, ein junger Kaufmannsdiener. Sein Character ist ein Beyspiel, wie nahe Tugend und Laster zusammen grenzen, und wie kurz der Schritt vom Guten bis auf die Bahn des zeitlichen Verderbens sey, wenn ein junger und unerfahrener Mensch erst den Verführungen Gehör giebet. Eine arglistige und liederliche [sic] Millwood verleitet ihn durch Lockungen zu einem unglücklichen Fortgang von Lastern, die immer, wie sie zunehmen, abscheulicher werden, und endlich sich mit einem schimpflichen und grausamen Ausgange enden.“ (George Lillo: Der Kaufmann von Londen oder Begebenheiten Georg Barnwells, S. 3)

Die Form der direkten Moraldidaxe ist auch in Deutschland – allen voran im Bereich des heroischen Trauerspiels – gängig und in den einschlägigen Poetiken kodifiziert.

2.2   Johann Christoph Gottsched

Dramentheorie bei Gottsched: Johann Christoph Gottsched (s. Abb. 2.2) ist zweifelsohne die maßgebliche und auch in vieler Hinsicht Maßstab setzende Figur im literarischen Leben in der ersten Hälfte des 18. Jahrhunderts im deutschsprachigen Raum (Meixner/Rocks 2023). Als Professor an der Leipziger Universität unterhält er zugleich das, was man heute wohl ein Medienimperium nennen könnte. Nicht nur, dass er für die Gründung zahlreicher erfolgreicher und meinungsbildender Zeitschriften der Zeit im Feld der Kritik und der moralischen Wochenschriften verantwortlich zeichnete (*Die vernünftigen Tadlerinnen*, *Der Biedermann* u. a.) mehr noch, er war beinahe in allen Bereichen schöngeistiger Gelehrsamkeit als Stimme im Diskurs vernehmbar (vgl. Achermann 2014).

Abb. 2.2 Johann
Christoph Gottsched
Gemälde von Leonhard
Schorer, 1744. (© GL
Archive/Alamy)

Gottscheds Literaturimperium: In vielerlei Hinsicht wurde die Leistung Gottscheds auf dem Gebiet der Entwicklung der deutschen Literatur von der Literaturwissenschaft und der Literaturgeschichtsschreibung über lange Zeit hinweg nicht
eingehend gewürdigt. Ein vernichtendes Urteil Lessings und die weitere Entwicklung der deutschen Literatur im 18. Jahrhundert sorgten dafür, dass Gottsched zur
lächerlich dogmatischen Figur stilisiert wurde, ein Ruf, der bis weit ins 20. Jahrhundert hinein sein Bild bestimmen sollte. Dabei ist Gottsched in erster Linie eine
Pioniergestalt, zuvorderst im Bereich des Theaters (Heßelmann 2014).

Denn er schafft es als erstes, die Dramenpoetik einer Systematisierung unter rationalistischen Gesichtspunkten zu unterwerfen. Gottsched war Schüler des seiner-
zeit berühmten und wirkmächtigen Philosophen Christian Wolff, der eine strikt an
der Vernunft ausgerichtete Lehre vertrat. Diese machte sich Gottsched umfassend
zu eigen und übertrug ihre Prinzipien, wie etwa den Satz vom zureichenden Grund,
auf seine Überlegungen zur Dichtung. Dergestalt gelang ihm erstmals eine weitreichende, aber nicht vollständige Abgrenzung von den Poetiken barocker Provenienz,
die bisweilen recht chaotisch und an beliebig anmutenden Beispielen orientiert
einen so gut wie nie stringenten Regelkanon für die Dichtung bereitstellten.

Orientierung an Frankreich und der rationalistischen Philosophie: Dagegen
setzt Gottsched auf die vorbildlichen Werke der Französischen Klassik und ihre
Regelhaftigkeit, die seinem rationalistischen Impetus entsprechen (Martus 2002).

Wahrscheinlichkeit und Regeltreue werden so auch für ihn maßgebliche Parameter zur Beurteilung eines gelungenen Dramas. Auch in praktischer Hinsicht ist der Einfluss von Gottsched und seiner Frau Luise Adelgunde Victorie Gottsched – genannt die ‚Gottschedin' – enorm. Sie übersetzen zahlreiche französische Stücke ins Deutsche, verfassen selbst Tragödien nach klassizistischem Vorbild und sorgen so dafür, dass deutsche Theatergruppen mit spielbaren Stücken versorgt werden. Damit „ging eine umfassende Disziplinierung der Bühnenpraxis einher" (Heßelmann 2014, S. 207). Die Qualität der eigenen Stücke – allen voran Gottscheds eher misslungener Versuch *Sterbender Cato* (1731) – ist zwar nicht durchweg hoch, aber dennoch ein enormer Fortschritt zu den häufig recht frei improvisierten Stücken der Wanderbühnen.

Denen stellt Gottsched ein am Rationalismus Wolffscher Schule orientiertes Programm entgegen (Althaus 2014, insb. S. 223–226): Nicht nur das Bühnengeschehen soll den Grundsätzen der Vernunft gehorchen, sondern bereits die ‚Herstellung' einer Tragödie ist ein solch vernünftiges, regelgeleitetes Unterfangen:

> „Der Poet wählt sich einen moralischen Lehrsatz, den er seinen Zuschauern auf eine sinnliche Art einprägen will. Dazu ersinnt er sich eine allgemeine Fabel, woraus die Wahrheit eines Satzes erhellet. Hiernächst suchet er in der Historie solche berühmte Leute, denen etwas Ähnliches begegnet ist: und von diesen entlehnet er die Namen, für die Personen seiner Fabel; um derselben also ein Ansehen zu geben. Er erdenket sodann alle Umstände dazu, um die Hauptfabel recht wahrscheinlich zu machen: und das werden die Zwischenfabeln, oder Episodia nach neuer Art, genannt. Dieses theilt er dann in fünf Stücke ein, die ohngefähr gleich groß sind, und ordnet sie so, daß natürlicher Weise das letztere aus dem vorhergehenden fließt; bekümmert sich aber weiter nicht, ob alles in der Historie wirklich so vorgegangen, oder ob alle Nebenpersonen wirklich so, und nicht anders geheißen haben." (Johann Christoph Gottsched: Critische Dichtkunst. Vierte sehr vermehrte Auflage. Leipzig 1751, S. 611)

Mehrere Aspekte verdienen hier Aufmerksamkeit.

Im Zentrum der Tragödie steht die Ausrichtung auf eine zu vermittelnde Moral oder zumindest moralische Anweisung, wie schon der erste Satz im Zitat deutlich werden lässt. Der moralische Lehrsatz ist vorab festgelegt, ergibt sich also nicht erst aus der Handlung. Auch die Vermittlung ist eine besondere – *sinnlich* soll sich diese Wahrheit einprägen. Das ist der genuine Teil des Theaters, das ja gerade ein Schauspiel für die Sinne ist, also mehr affektiv als intellektuell zu den Zuschauer:innen spricht oder doch zumindest sprechen soll, denn „Vorstellungen durch lebendige Personen hinterlassen tiefere Eindrücke in den Gemütern der Zuschauer als Lektüre, Predigten und philosophische Vorträge" (Heßelmann 2014, S. 210).

Am augenfälligsten und einsichtigsten wird die Vermittlung einer solchen Wahrheit, wenn sie auf ähnliche Stoffe aus der Geschichte zurückgreift und diese so modelliert, dass die zu vermittelnde Moral deutlich wird. Die Anlehnung an historische Begebenheiten muss dabei nicht zwingend völlig akkurat sein, der Dichter hat hier Spielräume, um sowohl das eigentliche Geschehen wie auch die handelnden Personen für seine Zwecke zu verändern. Es gilt – ähnlich wie bei Aristoteles in der *Poetik* – die Wahrscheinlichkeit als höchste Maxime für den Dichter. Allein der Geschichtsschreiber wäre auf Wahrheit verpflichtet. Um die Vermittlung der Moral nicht zu gefährden, soll der Dichter möglichst auf Nebenhandlungen verzichten.

Die Einteilung folgt ganz den Vorgaben der französischen Klassik – die Einhaltung der drei Einheiten ist ebenso obligatorisch wie die Wahrscheinlichkeit des dargestellten Geschehens.

Standhaftigkeit des Helden erzeugt Bewunderung: Zentrale Bedeutung hat für Gottsched die Standhaftigkeit des Helden im Unglück, die es in der Tragödie darzustellen gelte. Dieses am Neostoizimus orientierte Ideal ist für Gottsched der Garant dafür, dass die moralische Lehre bestmöglich vermittelt werden kann. Die Wirkung, die von einem solchen Helden ausgeht, ist Bewunderung. Damit macht Gottsched – wiederum in Einklang mit französischen Vorbildern – eine dritte Wirkungskategorie auf. Hatte die aristotelische Katharsis-Lehre noch allein auf Schrecken und Mitleiden gesetzt, kommt mit der Bewunderung eine weitere Haltung, ein weiterer Affekt hinzu, dem die Tragödie das Publikum aussetzt. Bewundert werden soll der Held, der sich seinem (unverdienten oder nur bedingt verdienten) Schicksal klaglos ergibt. Anknüpfend an Vorstellungen des kleinen Fehlers, die *hamartia*, duldet der Held seinen Untergang, indem er die Notwendigkeiten der Abläufe einsieht. Gottsched hatte selbst in seiner Tragödie *Sterbender Cato* versucht, genau einen solchen Helden zu entwerfen.

▶ Das Konzept der **Hamatia** (wörtl. ‚Irrtum, Fehler‘) geht auf Aristoteles' *Poetik* zurück (Kap. 13). Die Hamartia ist eine tragische Verfehlung des Helden, die dessen Fall herbeiführt. Typische Charakterschwächen sind z. B. der Affekt, die Verblendung, oder die Selbstüberschätzung in einer ungewöhnlichen Situation.

Diese Form der Bewunderung lässt sich wirkungsästhetisch nicht problemlos in das Konzept der Katharsis integrieren. Gottsched sieht hier indes kein Problem, er orientiert sich vielmehr an einem älteren Tragödientyp barocker Provenienz, dem Märtyrerdrama, das auf ganz ähnliche Wirkungen abzielte. Standhaftigkeit war dort als – christlich grundierte – Tugend Ziel der theatralischen Vermittlung.

Vertreibung des Harlekin von der deutschen Bühne: Daraus ergibt sich, dass in der Tragödie unbedingt auf eine gewisse Fallhöhe der *dramatis personae* zu achten ist, denn lächerliche und niedrige Figuren können niemals tragisch sein und Bewunderung hervorrufen. Alles Wunderbare und für die Vernunft nicht Einsichtige – Teufelspakte und Geisterfiguren etwa – gelte es folgerichtig von der Bühne zu verbannen. Daher sind für Gottsched bestimmte Stoffe nicht für eine tragische Bearbeitung geeignet. Er denkt dabei vornehmlich an die über die Wanderbühnen verbreiteten Stoffe volkstümlicher Überlieferung und ihrer Protagonisten (Faust wäre eine solche Figur). 1737 kommt es daher in Leipzig unter Mitwirkung der Neuberschen Schauspieltruppe zu einer symbolischen Vertreibung des Harlekin von den deutschen Bühnen. Diesen Akt wird später Lessing – und mit ihm viele andere – als Aufhänger für seine dezidierte Ablehnung und ausführliche Häme nutzen. Dabei ist der Grundgedanke ein durchaus vernünftiger, denn er dient einer klareren Einteilung und Hierarchisierung dramatischer Genres ebenso wie er dem Wildwuchs der Inszenierung in der Theaterpraxis der Zeit entgegenarbeitet.

▶ Die **Fallhöhe** ist ein dramaturgischer Begriff, der die wirkungsästhetische Rechtfertigung der Ständeklausel in vor allem klassizistischen Poetiken zusammenfasst: der tragische Fall eines Helden mit einem hohen sozialen Status wird demnach als ungleich tiefer, das heißt bestürzender aber auch lehrreicher, nachempfunden.

Bewertung: Die genuine Leistung Gottscheds im Bereich der Systematisierung der Poetik des Dramas und die positiven Auswirkungen auf die Aufführungspraxis wurden lange Zeit überlagert vom Spott nachfolgender Generationen, die die Literaturgeschichtsschreibung maßgeblich beeinflusst haben. Der berühmte *Siebzehnte Literaturbrief* vom 16. Februar 1759, in dem Lessing zum Frontalangriff gegen Gottsched ausholt, ist hierfür das prominenteste Beispiel und zugleich wirkmächtigste Dokument:

> „‚Niemand‘, sagen die Verfasser der Bibliothek, ‚wird leugnen, daß die deutsche Schaubühne einen großen Teil ihrer ersten Verbesserung dem Herrn Professor Gottsched zu danken habe.‘
>
> Ich bin dieser Niemand; ich leugne es gerade zu. Es wäre zu wünschen, daß sich Herr *Gottsched* niemals mit dem Theater vermengt hätte. Seine vermeinten Verbesserungen betreffen entweder entbehrliche Kleinigkeiten, oder sind wahre Verschlimmerungen." (Gotthold Ephraim Lessing: Briefe, die neueste Literatur betreffend, in Lessing: WuB, Bd. 4, S. 499)

Was Gottsched vorschwebt, ist mit der aristotelischen *Poetik* nur in Teilen vereinbar, ohne dass sich der Leipziger Professor dessen wohl vollumfänglich bewusst war. Die Anleihen, die er aus der barocken Tradition übernimmt, vertragen sich nicht immer mit seinen an rationalistischen Grundannahmen ausgerichteten produktionsästhetischen Forderungen. „Gottscheds Tragödientheorie steht am Kreuzungspunkt von Barock und Aufklärung. Sie hält an der für den Neostoizismus des 17. Jahrhunderts charakteristischen Dramaturgie der Abhärtung fest, derzufolge das Bühnengeschehen den Menschen auf zukünftiges Leid vorzubereiten hat […], verknüpft sie mit einem zweckorientierten Rationalismus, der die Tragödie zum Mittel der moralischen Belehrung machen möchte […]" (Alt 1994, S. 83 f.). Entscheidend für die Bewertung der Gottschedschen Dramenpoetik ist also die Frage danach, ob diese Form des Theaters als Mittel der Belehrung in moralischen Dingen gelingt. Lessing wird das verneinen und dabei argumentieren, dass das Mitleid – wie auch schon bei Aristoteles – der zentrale Affekt sein müsse. Die Beantwortung der Frage nach der Rolle der Affekte und dem Stellenwert der Bewunderung als wirkungsästhetischem Moment steht zusammen mit dem ‚Wunderbaren‘ im Mittelpunkt einer poetologischen Diskussion, die zwischen Leipzig und Zürich ausgetragen wird und in der sich der Diskurs weiter konturiert.

2.3   Bodmer und Breitinger

Die beiden Schweizer Philologen Johann Jakob Bodmer und Johann Jakob Breitinger sind neben Gottsched die wirkmächtigsten Stimmen im deutschsprachigen poetologischen Diskurs der ersten Hälfte des 18. Jahrhunderts (Lütteken/Mahlmann-

Bauer 2009). In vielen gewichtigen Punkten weichen Sie von der Literaturauffassung Gottscheds deutlich ab (grundlegend immer noch Bender 1973, S. 69–109). Das betrifft insbesondere die Rolle des ‚Wunderbaren‘, das die Schweizer für ein unverzichtbares Signum dichterischen Ausdrucks halten; das ist der Kernpunkt des berüchtigten Literaturstreits zwischen Leipzig und Zürich (Döring 2009).

Gottsched hatte das Wunderbare – wie erwähnt – rundheraus abgelehnt. Bodmer und Breitinger verfolgen ein umfassendes, man könnte sagen ästhetisches Anliegen (noch bevor die Ästhetik durch Alexander Gottlieb Baumgarten als eigene Disziplin in Erscheinung tritt), insofern es ihnen um allgemeine Effekte geht, die in der Begegnung mit Kunst zutage treten. Dabei stehen weniger produktionsorientierte Regeln und eine singulär zu vermittelnde moralische Botschaft, als vielmehr allgemeine affektpsychologische Gegebenheiten im Fokus – die Schweizer zielen auf das große Ganze ab. „Im Zentrum einer solchen Affektrhetorik steht die Fähigkeit des Redners bzw. Dichters, durch die ‚Befeuerung‘ der Einbildungskraft den Enthusiasmus des Rezipienten zu entbinden" (Zelle 2009, S. 29). Grundlage hierfür sind sensualistische Theorien wie etwa von Shaftesbury (Dehrmann 2008). Generell stehen die Schweizer der englischen Philosophie nahe, greifen neben rationalistischen Ideen auch systematische Entwürfe aus dem Bereich des Empirismus auf. Diese Verlagerung auf die Affekte spiegelt sich auch in der Interpretation der aristotelischen Katharsis-Lehre wider: Für Bodmer sind es die Leidenschaften selbst, die durch die Tragödie gereinigt werden.

Ausbildung der Affekte: Es geht also durchaus um eine rationale Durchdringung der Geschehnisse, diese aber wiederum schlägt durch auf den Affekthaushalt jedes einzelnen. „Das Bühnengeschehen soll beim Publikum die Sensibilität verfeinern, das Einfühlungsvermögen steigern, ein Gefühl für moralische Größe wecken und durch eine differenzierte Ausbildung der Affekte die nötige Bedingung für die Verbesserung der Sitten schaffen" (Alt 1994, S. 87). Theater wird dadurch zu einer, wie es später bei Friedrich Schiller heißen wird, ‚moralischen Anstalt‘. Wenngleich sich die Konzepte Schillers durchaus in vielen Punkten von dem unterscheiden, was ein halbes Jahrhundert zuvor diskutiert wird, so kann man doch eine deutliche Linie identifizieren, die beides miteinander verbindet: Die Hoffnung darauf, dass sich der Mensch mit Mitteln der Dichtung bessern lässt. Wie diese Besserung im Einzelnen zustande kommt, bleibt die strittige Frage. Bodmer und Breitinger setzen auf eine Ausbildung der Affekte, also eine Schulung der Leidenschaften, die im Theater anders angesprochen werden können, als das im gemeinen Leben der Fall ist. Schließlich kommt man im Alltäglichen nur selten mit Heroen in Berührung, im Theater ist das in einem doppelten Sinne spielerisch möglich. Wie schon bei Gottsched kommt der Bewunderung dabei eine hervorgehobene Stellung zu, auch wenn diese bei den Schweizern auf das Wunderbare bezogen ist:

> „Der Mensch wird nur durch dasjenige gerühret, was er gläubt; darum muß ihm ein Poet nur solche Sachen vorlegen, die er glauben kan, welche zum wenigsten den Schein der Wahrheit haben. Der Mensch verwundert sich nur über dasjenige, was er vor etwas ausserordentliches hält; darum muß der Poet ihm nur solche Sachen vorlegen, die ausser der Ordnung des gemeinen Laufes sind; und diese beyden Grund-Regeln, die einander so sehr ent-

gegen zu laufen scheinen, mit einander zu vergleichen, muß er dem Wunderbaren die Farbe
der Wahrheit anstreichen, und das Wahrscheinliche in die Farbe des Wunderbaren einklei-
den. Auf einer Seiten sind die Begebenheiten, die aufhören wahrscheinlich zu seyn, weil sie
allzu wunderbar sind, nicht fähig die Menschen zu rühren; auf der andern Seiten, machen
die Begebenheiten, die so wahrscheinlich sind, daß sie aufhören wunderbar zu seyn, die
Leute nicht aufmercksam genug." (Johann Jakob Breitinger: Critische Dichtkunst. In: Johann Jakob Bodmer/Johann Jakob Breitinger: Schriften zur Literatur. Stuttgart 1980,
S. 83–204, hier S. 137 f.)

Bewunderung: Die poetologischen Anschauungen Bodmers und Breitingers kommen bisweilen also denjenigen Gottscheds durchaus nahe oder gar zur Deckung. So
tritt Bodmer vehement für die Bewunderung als dritter wirkungsästhetischer Kategorie neben Schrecken und Mitleid ein. Insofern rücken heroische Protagonisten ins
Zentrum der Tragödie. Denn sie sind es, die zur Bewunderung fähig sind, indem sie
stoisch ertragen, was das Schicksal ihnen zugedacht hat. Diese Formen der *constantia* sind ebenso wie an (Pseudo-)Longinus orientierte Vorstellungen vom Erhabenen,
das schon ob seiner Größe und Wucht die Fähigkeit zur Auslösung von Bewunderung
in sich trägt, Eckpunkte in dieser Art der affektpsychologisch grundierten Dramenpoetik. Als ‚heroisches Trauerspiel', zu dessen Vertretern man durchaus auch Gottscheds *Sterbenden Cato* zählen kann, bildet es innerhalb der deutschen Literaturgeschichte einen eigentümlichen, weil in der Zusammenstellung der dramentheoretischen Prämissen nicht wirklich kohärenten Entwurf auf dem Weg zu einem
neuen Dramentypus. Hier vermischen sich Traditionsstränge des barocken Märtyrer-
dramas deutsch-schlesischer Provenienz (Andreas Gryphius, Daniel Caspar von
Lohenstein) mit Formen der französischen *tragédie classique*. Die Schwachstellen
und entdeckten Widersprüche, die sich sowohl in produktions- wie auch wirkungsästhetischer Hinsicht daraus ergeben, werden indes für die weitere Diskussion und
Ausbildung des Bürgerlichen Trauerspiels als Referenzgrößen paradigmatisch.

Koevolution im Diskurs: Der Versuch lineare und einspurig verlaufende Vor-
geschichten des Bürgerlichen Trauerspiels zu identifizieren und diese dann kohärent
als notwendige oder gar teleologische, also eine auf ein bestimmtes Ziel hin ge-
richtete Entwicklung zu erzählen, muss zum Scheitern verurteilt sein. Es handelt
sich nicht um Formen eines noch nicht zu sich gekommenen Bürgerlichen Trauerspiels, im Gegenteil. Alle hier aufgeführten dramatischen Formen beanspruchen zunächst einmal ihr je eigenes Recht. Und dennoch: Sie alle modellieren bereits in der
ein oder anderen Weise virulente Problemlagen und bieten in künstlerischer Form
unterschiedliche Reaktionen und Lösungsangebote auf diese ähnlichen Konflikt-
agenden, denen sich dann auch das Bürgerliche Trauerspiel stellt und dabei Anleihen an formalen Mustern und wirkungsästhetischen Überzeugungen nimmt.

Es handelt sich also weniger um eine stringente Entwicklung denn um eine Koevolution im dramentheoretischen und theaterpraktischen Diskurs der Zeit. Bemühungen um das rührende Lustspiel im Ausgang von Denis Diderots *Le père de famille* (1758), das Lessing übersetzt und dem er eine eigene Abhandlung widmet,
sind ebenso Teil dieser Vorgeschichte wie etwa Edward Moores Trauerspiel *The
Gamester*, an das Johann Jakob Dusch anschließen konnte. Keineswegs zu vernach-

lässigen sind die umfassenden Übersetzungsbemühungen der Zeit, sie sind gleichsam der Motor innovativer Prozesse und liefern das Material, an dem sich gattungstheoretische Diskussionen explizieren lassen.

Eine europäische Erfindung: Das Bürgerliche Trauerspiel ist demnach keine genuin deutsche ‚Erfindung' – wie bisweilen kolportiert wird, wenngleich im deutschen Sprachraum die Gattung in der poetologischen Diskussion um ihre Möglichkeiten und Grenzen erste Erfolge feiert. Die unterschiedlichen Traditionslinien, ganz gleich, ob es sich um Abkehrbewegungen oder imitierende Affirmation von Theaterformen der Frühaufklärung handelt (Steigerwald 2022), tragen alle substanziell zur Herausbildung dieses neuen und mit unterschiedlicher Wirkungsästhetik ausgerichteten Dramentyps bei. Auf einfache nationale Stereotype – das französische Drama, die englische Tragödie – lassen sich diese Einflüsse nicht herunterbrechen, die Folgen sind ebenso komplex und vielschichtig wie die Ausgangsbedingungen. Was im Zuge der anhand und im Bürgerlichen Trauerspiel entwickelten Mitleidsästhetik – allen voran von Lessing – in der Dramentheorie Einzug hält, bleibt wegweisend in den weiteren Etappen nicht nur der deutschen Literaturgeschichte. Ganz ähnlich verhält es sich mit der Bestimmung, was ‚bürgerlich' heißen könnte. Auch hier muss die Perspektive eine notwendig historische wie transnationale sein.

Literatur

Quellen

Aristoteles: Poetik. Griechisch/Deutsch. Übers. u. hg. von Manfred Fuhrmann. Bibliogr. erg. Ausg. Stuttgart 2014.

Bodmer, Johann Jakob: Critische Dichtkunst. In: Johann Jakob Bodmer/Johann Jakob Breitinger: Schriften zur Literatur. Hg. von Volker Meid. Stuttgart 1980, S. 83–204.

Lessing, Gotthold Ephraim: Briefe die neueste Literatur betreffend. In: Ders.: Werke und Briefe in zwölf Bänden, hg. von Wilfried Barner zusammen mit Klaus Bohnen u.a., Frankfurt am Main 1985–2003, Bd. 4, S. 453–777. [WuB 4]

Lillo, George: Der Kaufmann von Londen oder Begebenheiten Georg Barnwells. Ein bürgerliches Trauerspiel. Hg. von Klaus-Detlef Müller. Tübingen 1981.

Schmid, Christian Heinrich: Ueber das bürgerliche Trauerspiel. In: Literarische Chronik. Hg. von Johann Georg Heinzmann. 3 Bde. Bern 1785–1788, hier Bd. 3, S. 204–215.

Forschungsliteratur

Achermann, Eric (Hg.): Johann Christoph Gottsched (1700–1766): Philosophie, Poetik und Wissenschaft. Berlin 2014.

Alt, Peter-André: Tragödie der Aufklärung. Tübingen/Basel 1994.

Althaus, Thomas: Kritische Dichtkunst – Optionen der Gottschedischen Dramentheorie. In: Eric Achermann (Hg.): Johann Christoph Gottsched (1700–1766): Philosophie, Poetik und Wissenschaft. Berlin 2014, S. 221–240.

Bender, Wolfgang: Johann Jakob Bodmer und Johann Jakob Breitinger. Stuttgart 1973.
Dehrmann, Mark Georg: Das Orakel der Deisten. Shaftesbury und die deutsche Aufklärung. Göttingen 2008.
Döring, Detlef: Der Literaturstreit zwischen Leipzig und Zürich in der Mitte des 18. Jahrhunderts. Neue Untersuchungen zu einem alten Thema. In: Anett Lütteken/Barbara Mahlmann-Bauer (Hg.): Johann Jakob Bodmer und Johann Jakob Breitinger im Netzwerk der europäischen Aufklärung. Göttingen 2009, S. 60–104.
Häublein, Renata: Die Entdeckung Shakespeares auf der deutschen Bühne des 18. Jahrhunderts. Adaption und Wirkung der Vermittlung auf dem Theater. Tübingen 2005.
Heßelmann, Peter: Die Geburt der gereinigten Schaubühne aus dem Geist des Aischylos. Gottscheds Theaterpoetik. In: Eric Achermann (Hg.): Johann Christoph Gottsched (1700–1766): Philosophie, Poetik und Wissenschaft. Berlin 2014, S. 203–219.
Lütteken, Anett/Mahlmann-Bauer, Barbara (Hg.): Johann Jakob Bodmer und Johann Jakob Breitinger im Netzwerk der europäischen Aufklärung. Göttingen 2009.
Martus, Steffen: Gründlichkeit: J. C. Gottscheds Reform von Zeit und Wissen. In: Scientia Poetica 6 (2002), S. 28–58.
Meixner, Sebastian/Rocks, Carolin (Hg.): Gottsched-Handbuch. Leben – Werk – Wirkung. Berlin 2023.
Steigerwald, Jörn: ZwischenSpielZeit. Das Theater der Frühaufklärung (1680–1730). In: Ders./Leonie Süwolto (Hg.): ZwischenSpielZeit. Das Theater der Frühaufklärung (1680–1730). Paderborn 2022, S. 1–17.
Szondi, Peter: Die Theorie des bürgerlichen Trauerspiels im 18. Jahrhundert. Der Kaufmann, der Hausvater und der Hofmeister. Hg. von Gert Mattenklott. Mit einem Anhang über Molière von Wolfgang Fietkau. Frankfurt am Main 1973.
Wels, Volkard: Der Begriff der Dichtung in der Frühen Neuzeit. Berlin/Boston 2009.
Zelle, Carsten: ‚Vernünftige Gedanken von der Beredsamkeit‘ – Bodmers und Breitingers ästhetische Schriften und Literaturkritik. In: Anett Lütteken/Barbara Mahlmann-Bauer (Hg.): Johann Jakob Bodmer und Johann Jakob Breitinger im Netzwerk der europäischen Aufklärung. Göttingen 2009, S. 25–41.

Weiterführende Literatur

Fischer-Lichte, Erika: Geschichte des Dramas 1. Von der Antike bis zur deutschen Klassik. 3. Aufl. Tübingen/Basel 2010.
Fuhrmann, Manfred: Die Dichtungstheorie der Antike. Aristoteles, Horaz, Longin. 2. Auflage. Düsseldorf/Zürich 2003.
Kablitz, Andreas: Die Kunst des Möglichen. Eine Theorie der Dichtung. Freiburg im Br. 2012.

Was heißt ‚bürgerlich'?

3

Inhaltsverzeichnis

Auch wenn nur etwa ein Viertel der Dramenproduktion im mittleren 18. Jahrhundert auf das ‚bürgerliche' Trauerspiel entfällt, so ist die Fokussierung der literaturwissenschaftlichen Forschung auf diesen Teilbereich umso ausgeprägter. Für dieses vermeintliche Ungleichgewicht gibt es Gründe. Denn es bestand mindestens seit den 1960er-Jahren die (nicht gänzlich unberechtigte) Hoffnung, dass sich mittels der Erforschung dieses Genres weitreichende Erkenntnisse für die Literatur des 18. Jahrhunderts in Gänze generieren lassen, die dann freilich auch auf die nachfolgenden Epochen (Deutsche Klassik und Romantik) ein neues Licht hätten werfen können. Im Zuge dessen hat auch die Aufklärungsforschung ein neues Gepräge bekommen, sozialhistorische Fragen rückten in den Blick und wurden zu einer dominanten Strömung innerhalb der germanistischen Literaturwissenschaft. Einseitigkeiten waren die Folge, die forschungslogisch freilich immer erst aus einer Perspektive *ex post* bestimmt werden können.

Naturrecht: Die jüngere Aufklärungsforschung hat dagegen zunehmend die Rolle naturrechtlicher Vorstellungen herausgearbeitet, wie sie in der zweiten Hälfte des 17. Jahrhunderts entstanden sind, und deren weitreichenden Einfluss in ganz unterschiedliche Wissensgebiete und Praxisformen hinein betont. Eines dieser Felder ist die Literatur, wo naturrechtlich grundierte Vorstellungen verhandelt wurden und entscheidende Differenzen entstanden sind, die zur Darstellung kommen (Bach 2017). Allen voran im ‚bürgerlichen' und eben nicht ‚natürlichen' Trauerspiel wird dieser Umstand in aller Deutlichkeit greifbar.

© Der/die Herausgeber bzw. der/die Autor(en), exklusiv lizenziert an Springer-Verlag GmbH, DE, ein Teil von Springer Nature 2026
M. Multhammer, *Das bürgerliche Trauerspiel*,
https://doi.org/10.1007/978-3-662-72212-1_3

Ein hartnäckiger Irrtum: Es ist wohl der hartnäckigste Irrtum der deutschen Literaturgeschichte, dass die Konfliktlinien im Bürgerlichen Trauerspiel zwischen den Ständen des Bürgertums (das genau genommen gar kein eigener Stand ist) und dem Adel verlaufen. Diese auch in Seminaren und Vorlesungen unter Studierenden nicht zu eliminierende Ansicht verfügt offensichtlich über solch eine Plausibilität, dass sie selbst stark genug ist, unbestreitbaren und handfesten Fakten zu widerstehen: In Lessings *Miß Sara Sampson* etwa treten, das Dienstpersonal ausgenommen, nur adlige Standespersonen auf – ein Konflikt zwischen Adel und Bürgern ist also schon aufgrund des Fehlens bürgerlicher Figuren völlig ausgeschlossen. Das gilt für viele Bürgerliche Trauerspiele, so dass die Annahme, dass hier das Aufeinandertreffen von Adel und Bürgertum und das damit verbundene Machtgefälle den tragischen Konflikt zuallererst ermögliche, in die Irre führt.

In erster Instanz ist daher zu klären, was ‚bürgerlich' in der Begriffskombination des ‚Bürgerlichen Trauerspiels' heißen könnte, wenn die intuitive Verwendung des Begriffs so offensichtlich an der Sache vorbei geht. Denn die historische Semantik – also die Bedeutung eines Begriffs in anderen Zeiten – kann nicht selten ganz massiv vom gewohnten und heute üblichen Sprachgebrauch abweichen (Koselleck 1979; Konersmann 2005).

3.1   Zur Geschichte eines problematischen Begriffs

Lessing nennt seine *Emilia Galotti* in einer brieflichen Äußerung gegenüber Friedrich Nicolai (21. Januar 1758) eine „bürgerliche Virginia". Es ist zunächst einmal nicht klar, wie das zu verstehen ist. Denn mit der Nennung der Legende der römischen Virginia, wie sie der Geschichtsschreiber Titus Livius überliefert, wird eine ganze Reihe an möglichen Assoziationen aufgerufen. Es könnte tatsächlich um so etwas wie republikanische Freiheitsrechte gehen, ebenso um Widerstand gegen tyrannisches Gebaren oder um Fragen der Ehre und Ehrverletzung im antiken Kontext – weitere Themen ließen sich anschließen. Mutmaßungen führen hier ins Leere.

Eine Möglichkeit der Annäherung ist, den Begriffsgebrauch bei Lessing selbst zu untersuchen. Alois Wierlacher hat schon in den 1960er-Jahren – als die sozialgeschichtlich orientierten Studien zum Bürgerlichen Trauerspiel deutlich zunahmen – eine auf Lessing bezogene begriffsgeschichtliche Untersuchung unternommen (Wierlacher 1967). Er hat alle Textstellen versammelt, in denen die Begriffe ‚Bürger' und ‚bürgerlich' in seinem Werk vorkommen. Das Ergebnis ist vergleichsweise eindeutig. Als Standesbegriffe sind sie kaum greifbar, dagegen dominiert ein Gebrauch im Sinne der lateinischen Begriffe ‚civis' und ‚civilitas'. Gemeint ist also der Bürger in seiner Eigenschaft als „Mensch": „Die Bezeichnung ‚bürgerlich' hat also ihrerzeit keine soziale Bedeutungskomponente gehabt oder wenn, dann allenfalls am Rande und nicht in dieser Verwendung, und von einer ideologischen kann vollends keine Rede sein. Die damalige Bedeutung von ‚bürgerlich' muß eine andere gewesen sein als die heute übliche" (Wierlacher 1967, S. 148).

Traditionslinien: Zu fragen ist demnach nach den ideengeschichtlichen Traditionslinien, und hier kommt man vergleichsweise schnell und ohne größere Umwege in die Sphären und Diskussionszusammenhänge des frühneuzeitlichen Naturrechts. Dennoch kann man die Rekonstruktion durchaus in der Gegenwart beginnen, so finden sich auch heute noch Wendungen, in denen die alte Bedeutung scheinbar konserviert wurde. Denn „,Bürger' und ,bürgerlich' sind von Haus aus keine literaturtheoretischen, sondern rechtliche Begriffe" (Weimar 1977, S. 209). Überlebt haben sie etwa im ,Bürgerlichen Gesetzbuch', das die privatrechtlichen Beziehungen von Staatsbürgern regelt, ebenso in den ,Bürgerräten' der Weimarer Republik sowie im ,bürgerlichen Besitz' und vieles mehr. Es liegt auf der Hand, dass der Gegenbegriff hier unmöglich ,adelig' sein kann, sondern vielmehr ,natürlich' ist. Genau diese Unterscheidung kann man – freilich nicht nur, aber doch besonders prominent – in den Werken des frühneuzeitlichen Juristen und Naturrechtstheoretikers Samuel von Pufendorf nachvollziehen. Diese ideengeschichtliche Linie weist den Weg, um deutlicher zu sehen, was das ,Bürgerliche' am Bürgerlichen Trauerspiel ist.

Pufendorfs *De iure naturae et gentium*: Samuel von Pufendorfs (1632–1694) Hauptwerk *De iure naturae et gentium libri VIII* erschien erstmals 1672, zudem als eine über lange Zeit hinweg wirkmächtige Übersetzung ins Deutsche unter dem Titel *Acht Bücher vom Natur- und Völkerrecht* 1711 in Frankfurt am Main. Worum geht es ganz allgemein? Die „Aufgabe und Funktion der neuzeitlichen Naturrechtslehre besteht […] darin, Gesichtspunkte und Maßstäbe bereitzustellen, nach denen sich verstehen und beurteilen läßt, ob und inwiefern das geltende Recht eines jeden Staats ,im recht' ist […]" (Weimar 1977, S. 212 f.). Gesucht wird also eine profane Grundlage, auf der beurteilt werden kann, ob die positive Rechtsordnung – also die erlassenen Gesetze – mit den als natürlich angenommenen Rechten des Menschen (man mag sie unter Umständen auch als göttliches Recht auffassen, Pufendorf tut dies gerade nicht) in Einklang zu bringen sind. Die Vorstellung geht also davon aus, dass es Rechte des Menschen gibt, die dem positiven Recht vorgelagert sind und für alle gleichermaßen gelten. „Für Pufendorf bildet eine allgemeine Theorie menschlichen Handelns Grundlage und Ausgangspunkt der Naturlehre" (ebd., S. 213). Denn ein Handeln außerhalb von Regeln würde zwangsläufig zu Konflikten mit anderen führen. Handeln in der Gesellschaft (für deren Entstehung Pufendorf zuvorderst den Wunsch jedes Einzelnen nach Sicherheit geltend macht) richtet sich nach Regeln, die kodifiziert sein müssen (positives Recht). Kurz gefasst könnte man sagen: „das Natürliche wird bürgerlich, wenn es Regeln unterworfen wird, die nicht notwendig aus ihm selbst folgen" (ebd., S. 212).

Das Leben in Gesellschaft ist demnach beiden Formen des Rechts – Naturrecht und positivem Recht – unterworfen, mit einer Ausnahme: Pufendorf „[leugnet] die Bindung des Souveräns an das positive Recht […], zugleich [ist er] aber der Auffassung, daß der Souverän das göttliche Recht und das Naturrecht beachten muß" (Bleckmann 2004, S. 1236). Das wird – man denke etwa an Lessings *Emilia Galotti* – auch im Bürgerlichen Trauerspiel verhandelt (s. Abschn. 4.3.2). Das gesellschaftliche Zusammenleben bedarf auf allen Ebenen der Regulierung, Pufendorf denkt sich hier die bürgerliche Gesellschaft in einer quasi ,geschachtelten' Struktur:

> „Also bestehen die grosse Bürgerliche Gesellschafften auß kleineren Gesellschafften /
> deren etliche einfache oder erstere oder anfängliche genant werden / die übrige sind schon
> auß mehreren zusammen gesetzet / und werden Collegia oder Versammlungen geheißen.
> Jener sind drey / die Eheliche / die Vätterliche / und Hauß-herrliche Gesellschaften." (Pu-
> fendorf 1711, VI. Buch, Bd. 2, S. 255)

Genau in diesem Umkreis von Ehe, Familie und naher Regierung (kleine Fürsten-
tümer) lassen sich die tragischen Konflikte des Bürgerlichen Trauerspiel situieren.

Bürgerliche Gesellschaft und ihre Teile: Darin besteht die Grundstruktur, da die
gesamte Gesellschaft wiederum aus diesen kleinen Gesellschaften zusammenge-
setzt wird. Wir werden sehen, dass diese Gesellschaften häufig den Kernbereich bilden, in dem das Bürgerliche Trauerspiel mit seinen Konflikten primär statthat. Besonders massiv werden die Probleme, wenn sich unterschiedliche Gesellschaften –
oder am Ende gar Souveräne, die qua Definition außerhalb der Gesellschaft stehen,
insofern sie dem positiven Recht der bürgerlichen Gesellschaft nicht unterworfen
sind – im Konflikt überlagern, etwa wenn Herrscher gleichzeitig Liebende sein wollen, wie in *Emilia Galotti*. Prinzipiell gilt aber, dass all diejenigen, die als Bürger in
einer bürgerlichen Gesellschaft leben, sich verpflichten, sowohl die natürlichen wie
auch die bürgerlichen Gesetze zu respektieren. Der Souverän ist nur an erstere gebunden, dennoch ist es auch für ihn ein Gebot der Klugheit, sich ebenfalls an zwei-
tere zu halten. Civilitas (Bürgerstand) ist für Samuel Pufendorf also:

> „Wenn man sich über die Regiments-Art verglichen / so bedarff es / bey Vorstellung einer
> oder mehrerer Persohnen eines neuen Bündnisses / Krafft wessen sich die Obrigkeit zu Be-
> sorgung gemeiner Wolfahrt und Sicherheit / jedweder Unterthan aber zum Gehorsam ver-
> pflichtet / dabey denn zugleich die Vereinigung und Unterwerffung des Willens vorgeheht,
> wodurch die gantze Bürgerliche Gesellschafft / das Ansehen und die Gestalt einer eintzigen
> Persohn gewinnet / und also durch dieses andere Bündniß zu ihrer rechten Vollkommenheit
> gelanget." (Pufendorf 1711, VII. Buch, Bd. 2, S. 465)

Der Souverän sorgt für Sicherheit, dafür unterwerfen sich die Mitglieder der
‚Bürgerlichen Gesellschaft' seiner Herrschaft und erkennen die geltenden Gesetze
an. In der Vorstellung der Zeit existiert die Gesellschaft in Form eines Organismus –
sie ist gleichsam eine ‚Persohn'. Gesetze und moralische Normen, die das Funktionieren einer Gesellschaft garantieren sollen und auf die man sich vertraglich ge-
einigt hat (Denzer 1972), stehen im Mittelpunkt. Im Bürgerlichen Trauerspiel steht
demnach erstens zur Disposition, was geschieht, wenn diese vorsätzlich oder fahr-
lässig verletzt werden, und welche Folgen daraus entstehen; und zweitens wird die
Geltung dieser Regeln für alle Menschen, insofern sie Rechtssubjekte sind, verbind-
lich vorgeführt.

Es kommt mithin zu einer doppelten Trennung: Einerseits soll das Verhalten auf
eine diesseitige Regelhaftigkeit ausgelegt werden und damit von einer Ausrichtung
auf das Jenseits entlastet werden. Zum zweiten wird zwischen Recht und Moral
unterschieden. Zwar beziehen sich beide auf das geregelte Zusammenleben, während Rechtsbrüche aber juristisch sanktioniert werden können, ist die Regulierung
moralischen Fehlverhaltens anders zu bewerkstelligen. Dies bleibt eine Aufgabe der

Gesellschaft selbst (Martus 2015, S. 75). Wie das im Einzelnen vonstattengeht, ist eine Frage der Aushandlung. Und ein Ort dieser Aushandlung ist die Literatur. Denn diese erschöpft sich nicht in der Illustrierung und Ausbuchstabierung naturrechtlicher Einsichten, sondern liefert einen eigenständigen Beitrag zur Theoriebildung.

Übergang zur Literatur

„Auch in den literarischen Texten der Zeit geht es um die Ordnung der Gesellschaft, um Regeln des sozialen Verhaltes und um die soziale Selbstdeutung des Menschen, mithin um Identität. Die ethischen Normen werden dabei aus der menschlichen Natur abgeleitet und wiederum auf dieselbe bezogen, aus einem höchst einfachen Grund: Das Individuum soll – so die Theorie – in die Lage versetzt werden, stets situationsadäquat zu handeln, so dass nicht allein die Furcht vor Zwang der Gesetzte das Verhalten bestimmt. Da die Autoren der Jahrhundertmitte diese Fragen für gelöst halten, können sie das Gesellschaftliche diesseits der staatlichen Zwangsgewalt als einen Raum beschreiben, in welchem sich das Streben nach Glückseligkeit erfüllt; zumindest dann, wenn die Normen der Geselligkeit beachtet werden. Hieraus erklärt sich auch der moralische Rigorismus, mit dem diese Wertewelt etwa in der Gattung des bürgerlichen Trauerspiels vorgeführt und diskutiert wird." (Vollhardt 2018, S. 12)

Mitunter entzünden sich moralische Konflikte auch entlang oder im Übergang von Standesgrenzen (etwa in Friedrich Schillers *Kabale und Liebe*), das war lange Zeit der Brennpunkt, auf den man sich in der Forschung konzentriert hatte. Es bildet aber nicht den tatsächlichen Bestand des Bürgerlichen Trauerspiels ab, sondern führt zu einem verzerrten Bild der inhaltlichen Ausrichtungen. Eine wirkmächtige These mag diese Verengung des Blickwinkels begünstigt haben.

Ablösung eines Paradigmas: Die Literaturwissenschaft ist seit jeher eine akademische Disziplin, die bereitwillig auf Theorieangebote aus anderen Fächern, der Soziologie ebenso wie der Geschichtswissenschaft oder Kunstgeschichte, zurückgreift. Bisweilen muss man ein wenig Fachgeschichte betreiben, in diesem Fall also auf die Geschichte der germanistischen Literaturwissenschaft blicken, um bestimmte Entwicklungen und dominierende Deutungsmuster besser nachvollziehen zu können. Im Falle des Bürgerlichen Trauerspiels ist das sogar unumgänglich. Ein besonders prominenter und andauernd wirkmächtiger Theorieimport waren die Überlegungen, die der Sozialphilosoph Jürgen Habermas in seinem Buch *Strukturwandel der Öffentlichkeit* (1962) vorlegte. Warum gerade diese eigentlich staatstheoretische Abhandlung das Interesse der Germanist*innen auf sich lenken konnte, verrät schon der Untertitel: *Untersuchungen zu einer Kategorie der bürgerlichen Gesellschaft*. Hier waren also Antworten auf die Frage zu erwarten, wie sich das Bürgertum im 18. Jahrhundert etablierte und damit eine neue Öffentlichkeit entstand. Hinzu kommt, dass Habermas seine Ideen nicht nur mit literarischen Beispielen – allen voran Goethe – illustrierte, sondern sie aus ihnen selbst entwickelte.

Habermas beschreibt, wie aus älteren Formen vornehmlich adeliger Repräsentation am Hof sich ein selbstbewusstes Bürgertum, das mehr auf Verdienste denn auf Herkunft achtete, einrichten konnte. Entscheidend hierfür – ebenso wie für die ‚Er-

findung‘ des freien Schriftstellers – ist die Entstehung einer kommunikativen
Öffentlichkeit, in der Formen sozialen Lebens nicht länger ‚von oben‘ bestimmt,
sondern im Diskurs ausgehandelt werden. Die Nähe zum Bürgerlichen Trauerspiel
lag also auf der Hand. Auch die zuvor besprochenen naturrechtlichen Voraussetzungen stehen dem zunächst einmal gar nicht im Wege.

Der Kurzschluss ist ein anderer, nämlich ein Denken, das sich in einer doppelten
binären Opposition erschöpft: Adel versus Bürgertum und öffentlich versus privat.
Das Bürgerliche Trauerspiel bewegt sich zwar ganz selbstredend auch innerhalb
dieser Koordinaten, als alleiniges Analyseinstrumentarium greifen sie indes zu
kurz – die Problemlagen sind deutlich komplexer.

3.2   Bürgerlichkeit im empfindsamen und aufgeklärten Kontext

Wer weint hier nicht? Eine Erweiterung der sozialhistorischen Sichtweise auf
naturrechtlicher Grundlage scheint deshalb dringend geboten. Es soll daher versucht werden, einige weitere zentrale Diskurse des mittleren 18. Jahrhunderts anzu-
lagern, um das komplexe gesellschaftliche Problemgefüge, in dessen sich das
Bürgerliche Trauerspiel situiert, etwas plastischer zu gestalten. Als Einstieg bietet
sich ein zeitgenössischer Bericht über eine Aufführung in Frankfurt von Lessings
Miß Sara Sampson an. Der Dichter Karl Wilhelm Ramler schreibt an seinen ebenfalls dichtenden Freund Johann Wilhelm Ludwig Gleim: „Herr Leßing hat seine
Tragödie in Frankfurt spielen sehen, und die Zuschauer haben drey und eine halbe
Stunde zugehört, stille gesessen wie Statüen und geweint“ (Ramler an Gleim, 25. Juli
1755, zit. nach Daunicht 1971, Nr. 127). Diese Zuschauerreaktion war offenbar kein
Einzelfall, denn auch Lessings Freund Friedrich Nicolai gesteht brieflich: „Ehe ich
Ihnen genauer von der Aufführung Nachricht gebe, muß ich Ihnen sagen, daß ich
ungemein gerührt worden bin, daß ich bis an den Anfang des fünften Aufzugs öfter
geweint habe, daß ich aber am Ende desselben, und bei der ganzen Scene mit der
Sarah, vor starker Rührung nicht habe weinen können; das ist mir noch bei keinem
Trauerspiele begegnet […]“ (Nicolai an Lessing, 3. Nov. 1756, zit. nach WuB 3,
S. 667 f.).

Dass sich die Gefühlseruptionen nicht nur beim Theaterbesuch ergeben, sondern
auch von der bloßen Lektüre des Stücks ausgelöst werden können, belegt eine Äußerung von Christian Heinrich Schmid aus dem Jahr 1767 – also noch fünfzehn
Jahre nach dem Erscheinen des Stücks: „Eben lege ich die *Sara* weg. Aber ich hätte
sie jetzt nicht noch einmal lesen sollen, um sie desto feuriger loben zu können.
Stumme Thränen sind der edelste Beifall, den sich der Poet vom Parterre wünschen
kann“ (Christian Heinrich Schmid, Theorie der Poesie nach den neuesten
Grundsätzen und Nachricht von den besten Dichtern, Leipzig 1767, S. 492 f., zit.
nach WuB 3, S. 1248).

Empfindsamkeit: Es wird viel geweint, sowohl beim Theaterbesuch wie auch bei der privaten, stillen Lektüre. Wie überhaupt viel geweint wird, auch in den Stücken der Zeit selbst, vornehmlich aber von den Figuren im Bürgerlichen Trauerspiel. Diese offen zur Schau gestellten, aus heutiger Sicht vielleicht als übertrieben empfundenen Darstellungen von sentimentaler Rührung und Gefühlsüberschwang sind ein Signum der Epoche, die nicht zufälligerweise als ‚Empfindsamkeit' bezeichnet wird. Was zunächst wie ein Widerspruch zur Aufklärung – mit all ihrer Ausrichtung an den Leitlinien der Vernunft – erscheint, ist nur das notwendige und unumgängliche Komplement dazu.

Neubestimmung des Verhältnisses von Vernunft und Gefühlswelt
Die Gefühle des ‚ganzen Menschen': Im Verlauf des 18. Jahrhunderts kommt es zu einer generellen Neuausrichtung der Beziehung zwischen Aufklärung und Empfindsamkeit. Die Gefühlskultur der Empfindsamkeit ist dabei nicht das Gegenteil aufgeklärter Bemühungen, die allein auf Verstand und Vernunft setzen würde, sondern vielmehr als komplementärer Teil zu begreifen. Das Verhältnis ist von Wechselseitigkeit bestimmt. Denn auch die Gefühlswelt ist als Teil des ‚ganzen' Menschen zu begreifen und kann, wenn man philosophisch die Frage nach der menschlichen Glückseligkeit und dem Weg dahin stellt, nicht ignoriert werden. Vielmehr gilt es daher, aus der Warte der Vernunft heraus die Möglichkeiten und Grenzen des menschlichen Gefühlshaushalts zu bestimmen und die Rolle zu eruieren, die den Gefühlen im gesellschaftlichen und gemeinschaftlichen Miteinander zukommt.

Sind Gefühle der authentischere Ausdruck unseres Selbst? Das ist die Frage, die die Zeitgenossen umtreibt. Denn gerade im gesellschaftlichen Zusammenspiel geht es ja auch um Formen wie Freundschaft, Liebe, allgemeine Geselligkeit und zwischenmenschliches Miteinander. In dieser Sphäre regiert nicht allein die Vernunft, sondern eben auch das Gefühl. Die Regeln dafür sind die Regeln der Moral. Selbst die Auffassung, dass es so etwas wie einen unkorrumpierbaren ‚moralischen Sinn' (*moral sense*) im Menschen gibt, wird fruchtbar diskutiert. Nah- und Fernbereich des Menschen sollen dabei entsprechend Beachtung finden. Oder anders gefragt, den Rahmen des Naturrechts noch aufgreifend: Wie steht es denn um das Verhältnis von vorgeblich privater Moral und angeblich gesellschaftlich verankertem Recht?

> „Die Empfindsamkeit wies auf Spannungen innerhalb der Aufklärung hin: Auf der einen Seite sollte der Mensch seine Innerlichkeit ausbilden, auf der anderen sollte er sich als Teil der Öffentlichkeit begreifen; auf der einen Seite zielten Verfahren der Selbststeuerung auf Eigenständigkeit, damit sich der Mensch auf der andern Seite genau dadurch als soziales Wesen und als funktionales Element der Gesellschaft eingliederte. Die Druckschrift wurde zum Symbol dieser Spannung: Sie dokumentierte, dass man sich seine eigenen Gedanken machte und eigene Überzeugungen hegte, und sie verführte allein durch den Drang nach Öffentlichkeit zur Reflexion darüber, wie diese Gedanken von anderen gesehen werden könnten. War der Autor jemals bei sich selbst?" (Martus 2015, S. 561)

Zentrale Konflikte im Bürgerlichen Trauerspiel: Die medientheoretischen Überlegungen führen zu den grundsätzlichen Problemlagen einer Kultur der Empfindsamkeit, wie sie nicht nur im Dichten ausagiert werden – also im Verfassen von empfindsamen Gedichten, Romanen, Schäferspielen und dergleichen mehr –, sondern sie werden zugleich thematisch in der Literatur selbst verhandelt. Das Motiv der unmöglichen oder wahren, weil empfindsamen, Freundschaft ist eine solche prominente Problemlage. Der Prinz Hettore Gonzaga in Lessings *Emilia Galotti* beklagt schon zu Beginn des Stücks: „O ein Fürst hat keinen Freund! kann keinen Freund haben!" (I/6) Wieso eigentlich, lässt sich hier fragen, und eine mögliche Antwort würde wiederum das Naturrecht liefern: weil er nicht Teil der bürgerlichen Sphäre ist. Ähnlich verhält es sich mit der Liebe, auch sie ist zu gleichen Maßen in den Bereichen des Rechts (in der einzig legitimen Form der Ehe) und in der Gefühlswelt der Menschen beheimatet (somit eine Frage der Moral). Wie verhält es sich mit einem liebenden Paar, das nicht in den rechtlich gesicherten und verbindlichen Rahmen der Ehe einsteigen kann? Was obsiegt und was wiegt schwerer – Recht, Moral, gute Sitten, gesellschaftliche Ächtung?

Kollision von Recht und Moral: Es sind Konflikte und Fragen dieser Art, die in den Bürgerlichen Trauerspielen verhandelt werden. Die Frage, die im Hintergrund steht, ist die nach einer wie auch immer gearteten Form von Gerechtigkeit und ihrer poetischen Inszenierung als genuin poetischer Gerechtigkeit. Denn das Wissen um den Stellenwert der Affekte des Menschen wird nicht einseitig aus der philosophischen Traktatliteratur in die Dichtung importiert, es verhält sich vielmehr umgekehrt. Die Dichtung ist es, die diejenigen Konstellationen ersinnt, in denen Ansprüche vermeintlich gleichen Rechts kollidieren. Das, was dem Individuum geschieht, erhält dadurch exemplarischen Charakter für den Menschen an sich.

Individualisierung – Individuum – Individualität
Liebe als Grundlage für die Ehe: Dabei ist zu bedenken, dass der Mensch in Gesellschaft nicht schon immer auch Individuum war, also als ein Einzelner in seiner Einzigartigkeit und Besonderheit wahrgenommen wurde. Im Gegenteil, das Phänomen ist vergleichsweise jung; Individualität entwickelt sich erst im Verlauf der Frühen Neuzeit, mit einem deutlichen Schwerpunkt im 18. Jahrhundert (Luhmann 1993; Taylor 1996). Diese sozial- und mentalitätsgeschichtlichen Umstellungen sind zugleich der Nährboden von Konflikten, wie sie im Bürgerlichen Trauerspiel Gestalt annehmen. Es kommt zu grundlegenden Verwerfungen im privaten und öffentlichen Leben der Menschen, der Möglichkeitsspielraum der Gestaltung, etwa im Bereich der Eheschließung und Partnerwahl, ändert sich radikal. Niklas Luhmann schreibt in *Liebe als Passion*: „Die Personen werden als änderbar, als entwicklungsfähig, als perfektibel begriffen, und die Liebe dadurch als bestandsfähig, ja schließlich sogar als mögliche Ehegrundlage. Der Zusammenhang bleibt, aber die Vorzeichen kehren sich um; die Unbestimmtheit und Plastizität der Charaktere ermöglicht Beständigkeit in der Liebe" (Luhmann 1994, S. 126). Nicht länger sind ökonomische Überlebenssicherung und Haushaltsführung die einzigen Beweggründe für eine Eheschließung, das Moment der Liebe der beiden Individuen kommt

als Bedingung der Möglichkeit hinzu. Dabei richtet sich die Liebe in aller Regel nicht nach Äußerlichkeiten, sondern nach dem Charakter, wie man das aus heutiger Sicht formulieren würde.

„,Empfindsamkeit' und selbst ,Zärtlichkeit' sind in der deutschen Literatur Begriffe, die sich auf die objektiven moralischen Qualitäten der geliebten Person beziehen" (Luhmann 1994, S. 145). Das ist auch der Grund, warum man einen Menschen lieben kann, den man nur aufgrund seiner Eigenschaften aus Erzählungen kennt und ihn persönlich – von Angesicht zu Angesicht – noch nie getroffen hat (Lessing gestaltet genau das in seiner Komödie *Minna von Barnhelm*). Dieses Moment einer Liebe, die sich einzig an der moralischen Güte des oder der Geliebten bemisst, ist eine zentrale Voraussetzung für das Verständnis des Bürgerlichen Trauerspiels. Nur vor diesem Hintergrund sind die ausführlichen Diskussionen zur jeweiligen Tugend und Moralität der Figuren im Bürgerlichen Trauerspiel verständlich. Es ist schlicht von zentraler Bedeutung für die Lebensführung, wie es um die moralischen Qualitäten des Gegenübers bestellt ist. Ist eine tiefe, uneigennützige Freundschaft möglich, beruht diese auf Gegenseitigkeit? Ist die geliebte Person meiner Liebe würdig und umgekehrt, bin ich selbst der Liebe anderer würdig?

Bürgerlich – natürlich / öffentlich – privat
Intimität: Diese Fragen werden in den Kontexten der Bürgerlichen Trauerspiele zentral, und nicht selten scheitern die Figuren an der (rechtzeitigen) Erkenntnis genau dieser Zusammenhänge von Intimitäten. Es steht dabei nicht weniger auf dem Spiel als die Aussicht auf ein gelungenes und glückliches Leben, denn „,[d]ie Familie wird zum Ort der Intimität. In dieser Hinsicht können nun Kontingenzen, Sozialisationsleistungen und Ansprüche auf persönliche Sinnerfüllung gesteuert werden" (Luhmann 1993, S. 169). ,Sinnerfüllung' ist das zentrale Stichwort: es geht nicht länger – wie etwa im barocken Trauerspiel eines Andreas Gryphius – um große Staatsaffären, wo das Schicksal ganzer Länder auf dem Spiel steht und persönliche Befindlichkeiten keinen Raum haben, sondern um das individuelle, je einzelne Schicksal und den damit verbundenen Anspruch auf Glück. Diese Konfliktlagen können sich aber ebenfalls auf den Bereich des Politischen erstrecken, bis hin zum Untergang ganzer Dynastien, wie etwa in Johann Anton Leisewitz' Trauerspiel *Julius von Tarent* (1776). Wenn das persönliche Streben nach Glück (im Sinne einer Liebesbeziehung oder Heirat) dem Wohl des Staates (in der Figur des Herrschers) entgegensteht, prallen zwei in der Regel unversöhnliche Bezugssysteme aufeinander. Vor der Aufklärung waren diese Konfliktdimensionen in aller Regel getrennt und folgten am Theaterabend in Form einzelner Stücke aufeinander.

▶ Die **Haupt- und Staatsaktion** spielt grundsätzlich in höfischen Kreisen und zeichnet sich durch eine starke Trivialisierung sowie ein (meist) versöhnliches Ende aus. ,Hauptaktion' bezeichnet das Hauptstück des Abends im Gegensatz zum Zwischen- oder Nachspiel, wie es zur Zeit der Wanderbühnen üblich war. ,Staatsaktion' bezieht sich auf den ernsten Inhalt des Stücks, das in der Regel in gehobenen Herrscher- und Staatskreisen angesiedelt ist und sich mit politisch relevanten Konflikten befasst.

Das Bürgerliche Trauerspiel geht in seinen Konfliktsituationen nicht von einer Staatsaktion aus, was allerdings nicht heißt, dass es sich um gänzlich apolitische Stücke handeln würde. Umgekehrt wird zunächst einmal die Perspektive, im Zentrum steht der Bürger insofern er Mensch ist. Zudem ist der Bürger derjenige, der zumindest potentiell Zugang zu aufgeklärten Ideen hat, mithin zu der Einsicht fähig ist, was moralisch geboten ist und was als lasterhaftes Verhalten zu verwerfen sei.

Diese Seite des Figurenarsenals hat ihr rezeptionsästhetisches Komplement in den Zuschauer:innen respektive Leser:innen. In seiner theoretischen Abhandlung zum Bürgerlichen Trauerspiel rückt Johann Gottlob Benjamin Pfeil dieses identifikatorische Potential – der Bürger entdeckt im Bürgerlichen Trauerspiel im Bürger auf der Bühne letztlich sich selbst – ins Zentrum: „In dem bürgerlichen Trauerspiele hingegen erblicken wir unsere eigenen Laster. Wir sehen, daß uns oft nur wenige Schritte fehlen, um ebender Bösewicht zu sein, der uns auf dem Theater vorgestellt wird. Wir können nicht anders, wir müssen anfangen, wegen unserer eigenen Person zu zittern" (Pfeil: Vom Bürgerlichen Trauerspiele (1755), zit. nach Pfeil 2006, S. 105; siehe hierzu Abschn. 4.2.1). Die Fragen nach der Moralität der zur Darstellung gebrachten Figuren – so eine der poetologischen Lösungen der Zeit – wirkt unmittelbar zurück auf die Erkenntnis der eigenen Dispositionen zu Tugend und Laster. Die Fokussierung auf die moralischen Qualitäten der Person, wie sie als Figur im Bürgerlichen Trauerspiel gestaltet wird, hat indes ebenfalls historisch rekonstruierbare Gründe.

Literatur

Quellen

Lessing, Gotthold Ephraim: Werke und Briefe in zwölf Bänden, hg. von Wilfried Barner zusammen mit Klaus Bohnen u.a., Frankfurt am Main 1985–2003, Bd. 3. [WuB 3]
Pfeil, Johann Gottlob Benjamin: Vom bürgerlichen Trauerspiele. In: Ders.: Lucie Woodvil. Ein bürgerliches Trauerspiel (1756). Vom bürgerlichen Trauerspiele (1755). Hg. von Dietmar Till. Hannover 2006, S. 95–109.
Pufendorf, Samuel von: De iure naturae et gentium. Acht Bücher vom Natur- und Völcker-Rechte. Leipzig 1711.
Daunicht, Richard: Lessing im Gespräch. Berichte und Urteile von Freunden und Zeitgenossen. München 1971.

Forschungsliteratur

Bach, Oliver: Christian Fürchtegott Gellert über die Bedeutung der Unsterblichkeit der Seele für das Naturrecht der Aufklärung. In: Jahrbuch Aufklärung 29 (2017), S. 213–241.
Bleckmann, Albert: [Art.] Samuel Freiherr von Pufendorf. In: Großes Werklexikon der Philosophie. Hg. von Fabio Volpi. 2 Bde. Stuttgart 2004, Bd. 2, S. 1235–1237.
Denzer, Horst: Moralphilosophie und Naturrecht bei Samuel Pufendorf. Eine geistes- und wissenschaftsgeschichtliche Untersuchung zur Geburt des Naturrechts aus der praktischen Philosophie. München 1972.

Konersmann, Ralf: Wörter und Sachen. Zur Deutungsarbeit der Historischen Semantik. In: Ernst Müller (Hg.): Begriffsgeschichte im Umbruch? Hamburg 2005, S. 21–32.

Koselleck, Reinhart (Hg.): Historische Semantik und Begriffsgeschichte. Stuttgart 1979.

Luhmann, Niklas: Individuum, Individualität, Individualismus. In: Ders: Gesellschaftsstruktur und Seminar. Studien zur Wissenssoziologie der modernen Gesellschaft, Bd. 3. Frankfurt am Main 1993, S. 149–258.

Luhmann, Niklas: Liebe als Passion. Zur Codierung von Intimität. Frankfurt am Main 1994.

Martus, Steffen: Aufklärung: Das deutsche 18. Jahrhundert – ein Epochenbild. Reinbek bei Hamburg 2015.

Taylor, Charles: Quellen des Selbst. Die Entstehung der neuzeitlichen Identität. Frankfurt am Main 1996.

Vollhardt, Friedrich: Gotthold Ephraim Lessing. Epoche und Werk. Göttingen 2018.

Weimar, Klaus: „Bürgerliches Trauerspiel“. Eine Begriffsklärung im Hinblick auf Lessing. In: Deutsche Vierteljahrsschrift für Literaturwissenschaft und Geistesgeschichte 51 (1977), S. 208–221. https://doi.org/10.1007/BF03376302.

Wierlacher, Alois: Zum Gebrauch der Begriffe „Bürger“ und „bürgerlich“ bei Lessing. In: Neophilologus 51 (1967), S. 147–156.

Weiterführende Literatur

Eibl, Karl: Die Entstehung der Poesie. München 1995.

Glinka, Holger: Zur Genese autonomer Moral. Eine Problemgeschichte des Verhältnisses von Naturrecht und Religion in der frühen Neuzeit und in der Aufklärung. Hamburg 2012.

Habermas, Jürgen: Strukturwandel der Öffentlichkeit. Untersuchungen zu einer Kategorie der bürgerlichen Gesellschaft. Neuwied 1962.

Schneiders, Werner: Naturrecht und Liebesethik. Zur Geschichte der praktischen Philosophie im Hinblick auf Christian Thomasius. Hildesheim 1971.

Vollhardt, Friedrich: Selbstliebe und Geselligkeit. Untersuchungen zum Verhältnis von naturrechtlichem Denken und moraldidaktischer Literatur im 17. und 18. Jahrhundert. Tübingen 2001.

Abschrecken oder Mitleiden – Der Ort der Moral im Bürgerlichen Trauerspiel

4

Inhaltsverzeichnis

Die grundsätzliche Neuerung, die das Bürgerliche Trauerspiel ins Werk setzt, ist die Konzentration der Konflikte auf moralische Übel. Die Trennung zwischen natürlichen und moralischen Übeln fällt in die erste Hälfte des 18. Jahrhunderts und gewinnt noch einmal an Dringlichkeit nach der epochalen Katastrophe des Erdbebens von Lissabon im Jahr 1755. Das blieb nicht ohne Auswirkungen auf die literarische Gestaltung moralisch relevanter Handlungen. Ein Beispiel hierfür ist das Drama *Die Lissabonner* (1758) von Christian Gottlieb Lieberkühn.

Abschrecken und Mitleiden: Mit dem Begriffspaar ‚Abschrecken‘ und ‚Mitleiden‘ sind zwei mögliche Wirkungsintentionen des Bürgerlichen Trauerspiels benannt. Diese beiden historisch realisierten Möglichkeiten hat Cornelia Mönch ins

M. Multhammer, *Das bürgerliche Trauerspiel*,
https://doi.org/10.1007/978-3-662-72212-1_4

Zentrum einer umfassenden Studie zu den Wirkungsabsichten in der Dramatik des 18. Jahrhunderts gestellt (Mönch 1993). Die Opposition ist insofern hilfreich für die Beschreibung und Klassifikation Bürgerlicher Trauerspiele, als dass sie es erlaubt, nach Graden zu unterscheiden und so unterschiedliche Ausrichtungen in der Wirkabsicht innerhalb des Genres voneinander abzugrenzen.

Ort der Moral: Das Bürgerliche Trauerspiel hat es sich zur Aufgabe gesetzt, eine moralische Botschaft zu verkünden oder zu gestalten. Diese Unterscheidung wird im Folgenden von umfassender Bedeutung sein, um zu klären, in welcher Weise ein Drama überhaupt auf die moralischen Vorstellungen der Zuschauer wirken kann. Zudem stellt sich die Frage, welchen Wirkungsbereich man für das Bürgerliche Trauerspiel anzusetzen hat. Es wurde ja schon bei der Problematisierung des Attributs ‚bürgerlich‘ deutlich, dass hier mit komplexen Einschränkungen zu rechnen ist. Der Nahbereich des Privaten spielt ebenso eine Rolle wie der Zugang zu Ideen der Aufklärung. Die Moralvorstellungen stecken den Rahmen ab, innerhalb dessen sich die Konflikte des Bürgerlichen Trauerspiels bewegen. Lieberkühns *Die Lissabonner* eignet sich in besonderem Maße zur Illustration dieser Zusammenhänge und Limitierungen.

4.1   Erdbeben – Katastrophe – Drama

Um 1755 kommt es zu einer sehr ungewöhnlichen Koinzidenz. Denn hier scheinen sich Natur-, Begriffs- und Literaturgeschichte für einen kurzen Moment zu berühren. Es ist ein Glücksfall für den Historiker, auch den Literaturhistoriker, wenn ein komplexer geistesgeschichtlicher Sachverhalt die Wendung ins Konkrete erlaubt.

Das Erdbeben von Lissabon: Eine solch semantisch dichte Konstellation stellt das Erdbeben von Lissabon im Jahre 1755 samt seinen medialen Begleiterscheinungen dar. Es bietet sich hier an, den Versuch zu unternehmen, ganz unterschiedliche Fäden zu einem Knoten zu verbinden, der dieses literatur- und realgeschichtliche Ereignis zu einem guten Ausgangspunkt für die weiteren Untersuchungen zum Bürgerlichen Trauerspiel werden lässt. Der Darstellung der realen historischen Ereignisse um das Erdbeben von Lissabon im Jahr 1755 folgt eine kurze Skizze der Begriffsgeschichte der ‚Katastrophe‘, um schlussendlich zu einem der ersten Bürgerlichen Trauerspiele – Christian Gottlieb Lieberkühns Drama *Die Lissabonner* – zu kommen.

4.1.1   Das Erdbeben von Lissabon im Jahr 1755

Die tatsächlichen Geschehnisse: Am 1. November 1755 gegen neun Uhr am Morgen traf die portugiesische Hauptstadt Lissabon ein äußerst starkes Erdbeben, man vermutet heute, dass es wohl Stärke neun auf der Richterskala erreichte (s. Abb. 4.1). Aufgrund einiger Nachbeben und der dadurch entstandenen Brände flüchteten sich viele Überlebende Richtung Hafen. Dort war das Meer bereits

VII.—The Earthquake of Lisbon.

Abb. 4.1 Die Zerstörung der Stadt Lissabon durch ein Erdbeben 1755. (© duncan 1890/ getty images)

zurückgewichen, zahlreiche weitere Opfer forderten die sich anschließenden Flutwellen, die im Nachgang des Bebens über die Hafenstadt hereinbrachen. Lissabon wurde in weniger als einer Viertelstunde in eine Ruinenlandschaft verwandelt. Wer nicht von den Trümmern der einstürzenden Häuser erschlagen worden war und auch den Tsunami überlebt hatte, musste seinen Weg aus der immer noch in Teilen brennenden Stadt finden. Man mag sich das Chaos gar nicht vorstellen. Die vorsichtigsten Schätzungen gehen von 30.000 Opfern aus, bisweilen werden auch Opferzahlen von bis zu 100.000 genannt (mit eingeschlossen sind dann andere ebenfalls betroffene Gebiete, wie Sevilla).

Auswirkungen auf die europäische Ökonomie: Lissabon war Mitte des 18. Jahrhunderts die viertgrößte Metropole Europas, nach London, Paris und Berlin. Zudem war Lissabon eine bedeutende Handelsstadt, ihr Reichtum begründete sich vornehmlich aus dem Gold- und Diamantenimport aus der neuen Welt. Die großen Hafenstädte am Atlantik und in der Nordsee hatten im Verlauf der letzten hundert Jahre den Handelszentren im Mittelmeerraum (Venedig, Genua) den Rang abgelaufen. Als Folgen des Erdbebens waren demnach nicht nur die Opferzahlen zu beklagen, sondern auch ein immenser ökonomischer Schaden zu verzeichnen, der Investoren aus ganz Europa betraf. Die Auswirkungen dieser Naturkatastrophe waren also nicht lokal begrenzt. Auch wer mit dem Leben davongekommen war – weil er gerade nicht in Lissabon anwesend war – konnte in finanzieller Hinsicht um seine Existenz gebracht worden sein. Nur vor diesem Hintergrund lässt sich die schnelle und detaillierte Verbreitung der Geschehnisse verstehen.

Die zeitgenössische Wahrnehmung: Die Nachricht von der Zerstörung Lissabons verbreitete sich wie ein Lauffeuer in Europa. Schon knapp zwei Wochen nach der Katastrophe erreichten ausführliche Meldungen die Metropolen Europas – Zeitungsberichte trugen das Wissen um die Katastrophe in breite Teile der Bevölkerung. Das Ausmaß der Katastrophe war derart gigantisch, dass die Einmaligkeit dieses Ereignisses sofort wahrgenommen wurde. Ein „außerordentliches Weltereignis" sei es gewesen, wie Goethe rückblickend in *Dichtung und Wahrheit* festhielt, das nach einer Erklärung verlangte.

Unmittelbare Reaktionen: In Johann Heinrich Zedlers *Universallexikon* finden sich für das Lemma ‚Erdbeben' zwei Einträge: einmal als Naturereignis und einmal als Strafe Gottes (Zedler 1734, Sp. 1520). Diese beiden Möglichkeiten spannen den Rahmen auf, innerhalb dessen sich die zeitgenössische Berichterstattung und die darin enthaltenen Erklärungsversuche bewegen (Wilke 2008).

Ein vernetztes Europa: Interessant ist in diesem Zusammenhang, dass die Meldung einer solchen Katastrophe schon damals die gleichen unmittelbaren Auswirkungen zeitigte, wie wir sie auch heute beobachten können, insofern sie ebenfalls für das gesamte Europa der Zeit gefährlich werden konnte. Denn schon bald nach den ersten Berichten stürzten die Börsenkurse ab, Banken weigerten sich zeitweise, Wechsel auszustellen, die in irgendeiner Verbindung mit der portugiesischen Hauptstadt standen, Hilfsgüter wurden gesammelt und per Schiff in die zerstörte Stadt geschickt. Bereits in der Mitte des 18. Jahrhunderts muss man Europa über die engen Grenzen der Nationalstaaten hinweg denken.

Konfessionelle Gräben: Weitere unmittelbare Reaktionen kamen von den Kanzeln der Kirchen. Während Europa im Bereich des Ökonomischen weitgehend vernetzt war, waren die konfessionellen Gräben umso tiefer. Vor allem in den protestantischen Gebieten wurde man nicht müde, das Erdbeben von Lissabon als eine gerechte Strafe Gottes gegen die vermeintlich falsche Kirche und das Papsttum auszulegen (Jacobs 2007). Die Tragödie mit so vielen Toten ließ sich aber nicht nur kontroverstheologisch bestens ausschlachten, sie konnte zudem dazu dienen, die eigenen Gläubigen zu Umkehr und Buße zu ermahnen.

Das Erdbeben als Medienereignis: Das Interesse an der Katastrophe machte das Erdbeben zu einem der großen Medienereignisse des 18. Jahrhunderts (Lauer 2008). Dafür waren in den vorangegangenen Jahrzehnten die Ausgangsbedingungen geschaffen worden. Eine Vielzahl periodisch erscheinender Zeitungen und Zeitschriften konnten sich des Themas annehmen und es für ihre Leser:innen passend erschließen. So fand die Katastrophe Eingang in ganz unterschiedliche Journale: physikalische, theologische, literarische und naturgeschichtlich ausgerichtete Veröffentlichungen kommentierten das Ereignis aus einer je unterschiedlichen Warte. Diese Diskussionen befeuerten ganz grundsätzliche Fragen über die Vorstellungen der Einrichtung der Welt (Neiman 2004, S. 353–366, dazu auch Reder/Risse/Cojocaru 2017).

Philosophische Konsequenzen und literarische Bearbeitungen: Großen Wider-
hall fand das Erdbeben in der zeitgenössischen Literatur und Philosophie – beinahe
über ein halbes Jahrhundert hinweg äußerten sich namhafte Philosophen und Dichter zu diesem Jahrhundertereignis und versuchten sich an einer Deutung. Der im
Genfer Exil lebende Voltaire (1694–1778) nahm die Naturkatastrophe zum Anlass
für eine Grundsatzdebatte. In seinem äußerst erfolgreichen und auflagenstarken
Lehrgedicht *Poème sur le désastre de Lisbonne ou Examen de cet axiome ‚Tout es
bien‘* (1756), zeichnete der Philosoph ein Muster des Aufklärungsoptimismus. Er
schließt damit an Überlegungen von Gottfried Wilhelm Leibniz und dessen *Essai de
théodicée* (1710) an. Leibniz hatte postuliert, dass wir in der ‚besten aller möglichen
Welten‘ leben müssen und gründete seine Argumentation auf die Wesenseigen-
schaften Gottes. Als allwissendes, allmächtiges und allgütiges Wesen kennt Gott die
beste aller möglichen Welten, er kann sie aufgrund seiner Allmacht erschaffen und
wird sie seinem Geschöpf, dem Menschen, aufgrund seiner Güte nicht vorenthalten.
Fraglich ist dann, wie es in der besten aller Welten zu einer solchen Katastrophe
kommen kann, die Schuldige und Unschuldige gleichermaßen trifft. Auch in England waren solche Thesen bereits vernommen worden, allen voran Alexander Pope
(1688–1744) modellierte in seinem *Essay on Man* (1733/1734) eine optimistische
Grundhaltung der Aufklärung, die auch auf dem Kontinent zu einer breiten Debatte führte.

Rousseau und Voltaire: Voltaires Absicht war es indes, dieses Denken *ad ab-
surdum* zu führen. Der gleichen Absicht entsprang seine satirische Novelle *Candide
ou l'Optimisme* (1759), in dem der naive Held zusammen mit seinem Lehrer Doktor
Pangloß, beide Anhänger des philosophischen Optimismus, absurde Erfahrungen
machen und in den Strudel des Erdbebens von Lissabon geraten. Bei all dem Übel,
das sie erleben und das ihnen auch selbst widerfährt, halten sie an ihrer optimisti-
schen Weltdeutung fest.

Voltaire erregte damit in Europa großes Aufsehen. Widerlegungen ließen nicht
lange auf sich warten. Sein philosophischer Dauerkontrahent Jean-Jacques Rousseau
(1712–1787) dachte ganz lebensweltlich-pragmatisch: Nicht göttliche Strafe sei für
die unzähligen Toten verantwortlich, sondern die schlechte Bausubstanz und die
Enge der städtischen Bebauung. Der Mensch sei den Naturgewalten unterworfen,
ihnen habe er in letzter Konsequenz nichts entgegenzusetzen.

Mit den beiden prominentesten französischen Philosophen des 18. Jahrhunderts – Voltaire und Rousseau – ist nur die Speerspitze des philosophischen Dis-
kurses genannt, der in der zweiten Hälfte des Jahrhunderts zuerst heftig aufloderte
und dann weiter präsent blieb. Wie verträgt sich der Optimismus der Aufklärung mit
solchen Naturkatastrophen wie dem Erdbeben von Lissabon? Allen voran in literarischen Publikationen wurde das Thema immer wieder aufgegriffen und variiert. Es
lässt sich – wie Harald Weinrich das getan hat – eine ganze Literaturgeschichte entlang dieses Ereignisses schreiben (Weinrich 1971, S. 64–76). Noch Heinrich von
Kleists Erzählung *Das Erdbeben in Chili* (1807) nimmt direkt auf diese Katastrophe
Bezug und verleiht ihr literarische Gestalt.

Zukunftsoptimismus? Was ist eigentlich im geistigen Haushalt der Epoche mit dem Erdbeben von Lissabon zerbrochen? Die einfache Antwort auf diese Frage ist: der Optimismus der Aufklärung. Das ist – wie bei komplexen historischen Umständen immer – wahr und falsch zugleich. Dass die Aufklärung ihren Optimismus in Gänze verlor, ist sicher falsch (Jacobs 2007). Das Projekt ‚Aufklärung' wurde ja keineswegs aufgegeben – die Verhaltensmuster vieler Akteure blieben in der Regel stabil. Es ist vielmehr so, dass einige der Prämissen (allen voran die von Leibniz und Pope) kritisch hinterfragt wurden, und das ist wiederum ein aufklärerischer Akt par excellence.

Natürliche und moralische Übel: Zudem kommt ein Thema wieder in den Diskurs, das man bereits als umfänglich diskutiert angesehen hatte. Die Rolle des Bösen, die Aufspaltung in physische oder natürliche – so der zeitgenössische Ausdruck – Übel einerseits und moralische andererseits. Im Ausgang der Ereignisse von 1755 wurde hier erneuter Diskussionsbedarf gesehen, die alten Antworten – etwa aus der Physikotheologie, die die göttliche und gottgewollte Ordnung der Natur priesen – konnten nicht länger überzeugen. So wurde dieses Katastrophenereignis zu einem Katalysator philosophischen Nachdenkens. Die Überzeugung, dass es vernünftig zugeht in der Welt, wurde nicht wirklich erschüttert, das, was man bisher als vernünftig angesehen hatte, bedurfte allerdings einer deutlichen Korrektur. Ziel war sogar, die Katastrophe selbst als vernünftig oder doch zumindest der Vernunft gemäß zu erklären, eine ganz neue, schwierige Herausforderung. Aber was ist eigentlich eine Katastrophe?

4.1.2   Was ist eine ‚Katastrophe'?

Im 21. Jahrhundert ist die Katastrophe allgegenwärtig. Sie bestimmt die tägliche Medienberichterstattung sowie unseren alltäglichen Sprachgebrauch. Dass es sich bei einer ‚Katastrophe' um ein durchweg negatives Ereignis, ein Ereignis mit schlechten, schlimmen, oder doch mindestens unerwünschten Folgen handelt, steht außer Frage. Das war nicht immer so. Es ist das Ergebnis einer über die Jahrhunderte sich hinziehenden Bedeutungsveränderung und Bedeutungsverengung, die die im heutigen Deutsch gültige Semantik hervorgebracht hat. Denn ursprünglich hatte das Wort eine anders geartete Bedeutung.

Auf der Suche nach der ursprünglichen Wortbedeutung: Die Grundbedeutung des griechischen, zweiteiligen Wortstammes ließe sich in etwa mit ‚wenden', ‚drehen', ‚(um-)drehen' angeben, wobei die Präposition ‚kata' eine Umkehr- oder Abwärtsbewegung andeuten kann. Bis in das 15. Jahrhundert hinein finden sich zahlreiche Bedeutungsvarianten. So kann das Wort als Verb unter anderem „ein Buch beenden" wie auch ein „Leben beenden" bedeuten (Briese/Günther 2009). Ein besonderer Kontext – der des antiken Theaters – wird maßgeblich bestimmend für die Semantik und das Verständnis von ‚Katastrophe' in den folgenden Jahrhunderten.

Katastrophe im Drama: Im 4. vorchristlichen Jahrhundert ist eine erste Bedeutungsverschiebung zu beobachten. Bei Antiphanes (in seinem fragmentarisch überlieferten Drama *Poiesis*) bezeichnet es den vierten und damit letzten Teil der Komödie. Diese Entwicklung sollte Folgen haben. „‚Katastrophe' wurde so, vermittelt über bestimmte römische Poetiken seit der Renaissance ein ästhetischer, dramentheoretischer *terminus technicus*, der im regelpoetischen Sinn formal Handlungsabläufe fixierte, genauer: den letzten Teil eines Dramas." (Briese/Günther 2009, S. 161)

Doch Katastrophe kann ebenfalls einen „Zustand der Stille, der Beruhigung, des Abebbens von Gefühlen" (Briese/Günther 2009, S. 162) bedeuten und rückt damit in die Nähe der aristotelischen Katharsis-Lehre. Am Ende eines Stücks hat sich die Aufregung gelegt, erneut kehrt Ruhe ein. Katastrophe kann auch ganz schlicht eine Veränderung in der dramatischen Handlung beschreiben, also ein Umschlag zum Schlechten oder zum Guten. Die Annahme, dass ‚Katastrophe' schon immer den letzten Akt einer Tragödie – wie viele Einführungen in die Dramentheorie immer noch fälschlicherweise lehren – bezeichnet, ist schlichtweg falsch. Vielmehr ist das erstens nicht auf die Tragödie beschränkt und zweites ist Katastrophe zunächst einmal völlig wertneutral; dass es sich um einen schlechten oder irgendwie schlimm gearteten Ausgang handeln muss, ist dabei keineswegs impliziert.

▶ Die **Katastrophe** ist ein Begriff der Dramentheorie für den letzten Teil eines Dramas, in welchem der dramatische Konflikt aufgelöst wird. Die Bezeichnung geht ursprünglich zurück auf Aristoteles. Der Katastrophe geht eine vom Wollen der Person getragene und sich entfaltende Handlung voraus, die durch den Krisen- bzw. Wendepunkt, die *Peripetie* vorbereitet wird und in rasch fallender Handlung zum Ende des Dramas führt. Oft ist sie an die *Anagnorisis*, das Wiedererkennen einer Person, gekoppelt. Wichtig ist: Die Katastrophe meint alle – das heißt auch friedliche – Lösungen des Konflikts.

Die Welt als Theater – der Einfluss der Poetiken: Wegbereitend für die weiteren Bedeutungsdifferenzierungen waren die Poetiken der Renaissance, hier allen voran die einflussreichen *Poetices libri septem* (1561) von Julius Scaliger. Obgleich sie die neulateinische Dichtung zum Gegenstand hatte, wirkte gerade diese Poetik massiv auf die volkssprachlichen Literaturen. Auch der geläufige Begriff der ‚Katastrophe', als Signatur von Dichtung, wird so weiterverbreitet. Es kommt zu einer parallelen Entwicklung, die Bedeutung im Sinne eines Dramenelements bleibt erhalten, weitet sich aber auch auf das Leben als solches aus. Wenn die Welt nichts anderes als Theater ist (‚theatrum mundi', so ja die barocke Vorstellung), dann liegt es nicht fern, sich das Leben ebenfalls als katastrophal, also von Katastrophen durchzogen, vorzustellen. Der Ereignischarakter des Umschlags steht hier noch ganz deutlich im Vordergrund.

▶ **Klassischer Dramenaufbau – das Regeldrama:** Gustav Freytag hat in *Die Technik des Dramas* (1863) den Aufbau **des klassischen fünfaktigen Dramas** als Pyramide beschrieben und sich dabei auf Aristoteles' Poetik bezogen. Die fünf Akte gliedern sich idealtypischerweise wie folgt:

Die **Exposition** macht die Zuschauer:innen mit der Vorgeschichte bekannt, führt Handlungsort, Zeit und Figuren ein und präsentiert die Verhältnisse, aus denen sich der dramatische Konflikt entwickelt. Dieser wird in Form einer ‚steigenden' Handlung – **Klimax** – präsentiert und der dramatische Konflikt verschärft sich. In aller Regel im dritten Akt kommt es zum **Höhepunkt** der Handlung, der häufig mit der *Peripetie*, einem Wendepunkt, zusammenfällt, der das Ende der Handlung eigentlich schon bestimmt. Hinausgezögert wird dies im vierten Akt durch das sogenannte **retardierende Moment**, bevor das Drama in der Lösung des Konflikts, der **Katastrophe**, seinen Abschluss findet.

Erster Bedeutungswandel – die Katastrophe als das Negative: Im Verlauf des späten 16. und frühen 17. Jahrhunderts wird der Begriff der Katastrophe deutlich negativer in seiner Semantik. Am Ende dieser Entwicklung, die nach und nach alle positiven Konnotationen erodiert, steht unser heutiges Verständnis von Katastrophe als dem schlechten oder schlimmstmöglichen Ausgang einer Entwicklung oder Begebenheit (Briese/Günther 2009, S. 164). In seiner nunmehr geläufigen Begrifflichkeit als Naturkatastrophe ist der semantische Kern, die vornehmliche inhaltliche Bestimmung zu sehen. Wenn wir heute von einer Katastrophe sprechen, dann beziehen wird das Gesagte meist metaphorisch oder doch zumindest metonymisch auf die Naturkatastrophe mit ihren typischen Eigenschaften: Sie kommt plötzlich und weitestgehend unvorhersehbar, sie ist eminent zerstörerisch und birgt Gefahr für Leib und Leben; man kann Naturkatastrophen in der Regel nichts entgegensetzen, der Mensch ist ihnen gegenüber überwiegend machtlos.

Immanuel Kant: Erstmals im deutschen Sprachraum findet sie sich in Kants Abhandlung *Geschichte und Naturbeschreibung der merkwürdigsten Vorfälle des Erdbebens, welches an dem Ende des 1755sten Jahres einen großen Theil der Erde erschüttert hat* (1756). Das Erdbeben von Lissabon ist also auch zugleich die Geburtsstunde des deutschen Begriffs ‚Naturkatastrophe', die für Kant dem Menschen deutlich seine Grenzen aufzeigt:

> „Die Betrachtung solcher schrecklichen Zufälle ist lehrreich. Sie demüthigt den Menschen dadurch, daß sie ihn sehen läßt, er habe kein Recht, oder zum wenigsten, er habe es verloren, von den Naturgesetzen, die Gott angeordnet hat, lauter bequemliche Folgen zu erwarten, und er lernt vielleicht auch auf diese Weise einsehen: daß dieser Tummelplatz seiner Begierden billig nicht das Ziel aller seiner Absichten enthalten sollte." (Kant: Geschichte und Naturbeschreibung der merkwürdigsten Vorfälle des Erdbebens, welches an dem Ende des 1755sten Jahres einen großen Theil der Erde erschüttert hat [1756], S. 429)

Der Mensch hat mit der Vertreibung aus dem Paradies das Recht eingebüßt, dass sich die Welt auf seine Bedürfnisse einstellt und diesen entgegenkommt. Im Gegenteil, die Natur kann dem Menschen schädlich werden, mithin zu einem Übel ganz eigener Art.

Freiheit des Menschen in moralischen Belangen: Der Anblick eines so schrecklichen Ereignisses wie des Erdbebens von Lissabon ist noch in einer zweiten Hinsicht lehrreich – es zeigt dem Menschen seine Grenzen auf. Es wird Kants Programm der kommenden Jahrzehnte werden, genau diese Grenzen auszuloten und auf die drei philosophischen Hauptfragen ‚Was kann ich wissen?‘, ‚Was soll ich tun?‘ und ‚Was darf ich hoffen?‘ Antworten zu geben. Bei aller Abhängigkeit von der Natur bleibt das moralische Gesetz unberührt. Das Ästhetische und das Moralische triumphieren über das rein Natürliche – im Erdbeben von Lissabon, darin besteht seine Besonderheit – berühren sich alle diese Punkte zum ersten Mal in einer genuin aufgeklärten Perspektive.

Inhaltliche Neuausrichtung der Tragödie: Gerade dieser Umstand macht Christian Gottlieb Lieberkühns Drama *Die Lissabonner* zu einer so geeigneten Vorlage, um die neue Ausgangsbasis des Bürgerlichen Trauerspiels zu verstehen und seinen Gegenstand näher zu bestimmen. Nicht länger die großen, naturgesetzlich sich ereignenden Schicksalswendungen, die ganze Reiche untergehen lassen (wie etwa im *Sterbenden Cato* Gottscheds), sondern der Umgang der Menschen untereinander, die Sphäre der Moral wird zum Schauplatz und Thema der Tragödie.

4.1.3 Christian Gottlieb Lieberkühns *Die Lissabonner, ein bürgerliches Trauerspiel in einem Aufzuge*

Christian Gottlieb Lieberkühn: Lieberkühn (s. Abb. 4.2) wurde um 1730 in Potsdam geboren, er starb, vermutlich noch vergleichsweise jung, 1761 ebenfalls in Potsdam (Zelle 2010). Er studierte Theologie in Halle und disputierte am 23. No-

Abb. 4.2 Christian Gottlieb Lieberkühn, Radierung von Johann Gottlieb Glume, Hamburger Kunsthalle, Kupferstichkabinett, Inv. Nr.: 34700. (© bpk/ Hamburger Kunsthalle/ Julia Bau)

vember 1753 unter Vorsitz von Sigmund Jakob Baumgarten *de indole, auctoritate, numeroque conciliorum oecumenicorum* (Über die Art, Autorität und Anzahl ökumenischer Beschlüsse). Für die damalige Zeit ist dieser frühe erste Abschluss nichts völlig Ungewöhnliches, wenngleich es dann doch eher die Ausnahme als die Regel war. Die folgenden Jahre liegt seine Biographie im Dunkeln. Erneut in Erscheinung tritt Lieberkühn erst wieder 1757, als er sich für den Kriegsdienst in der preußischen Armee meldet. Bis 1761 stand er als Feldprediger im Regiment Prinz Heinrich in preußischen Diensten.

Lieberkühn als Lyriker und Übersetzer: Die Zeit beim Militär nutzt Lieberkühn zu ersten literarischen Versuchen, die dann auch das Licht der Öffentlichkeit erblicken. Sein Gedichtband *Zum Vergnügen*, erstmals erschienen 1754 (ohne Ort), schaffte es innerhalb von zwei Jahren sogar in die dritte Auflage (1756), ein Anzeichen für einen gewissen Erfolg. Weitere kleinere Arbeiten folgten (Kemper 2010).

Während Lessing Lieberkühns scherzhafte Dichtung in seiner Rezension der Lieder für die *Berlinische privilegierte Zeitung* trotz einiger Abstriche positiv beurteilte, stieß Lieberkühn mit seinen *Sittlichen Gedichten* […] (Berlin 1758) auf die scharfe Kritik Friedrich Nicolais, der den poetischen Versuchen kaum etwas Positives abgewinnen konnte (Rezension in der *Neuen Bibliothek der schönen Wissenschaften*, Bd. 3, 1. Stück, S. 160–167). Lieberkühn versuchte sich auch mehrfach als (wenig gerühmter) Übersetzer aus dem Lateinischen. Weitaus positiver wurde der Dramatiker Lieberkühn wahrgenommen. Neben dem Stück *Die Lissabonner* (Breslau 1758), das am 29.1.1757 in Breslau von der Schuchischen Truppe uraufgeführt wurde, ist von Lieberkühn noch ein Lustspiel mit dem Titel *Die Insel der Pucklichten* (Breslau 1758. Auch in: Theater der Deutschen. 4. Tl., Lpz. 1767) im Druck überliefert. Überdies erschienen noch ein Lehrgedicht sowie einige umfangreichere poetische Übersetzungen aus dem Französischen.

Wie lässt sich das in der Summe bewerten? Lieberkühn war sicher kein herausragend begabter Dichter, aber eben auch nicht ohne Talent, denn Dilettanten im Bereich des Dramatischen sind zahlreich in der Zeit der Aufklärung. Auch die gewählten Genres entsprechen ganz dem Geschmack der Zeit. Lieberkühn war also ein durchaus umfassend gebildeter junger Mann, dessen Militärdienst ihm Zeit genug für eigene poetische Gehversuche ließ. Dass er mit seinen Dichtungen in jedem Fall aber am Puls der Zeit war, belegt sein Bürgerliches Trauerspiel *Die Lissabonner*.

Christian Gottlieb Lieberkühn: *Die Lissabonner, ein bürgerliches Trauerspiel in einem Aufzuge* (1757)
Zeit und Ort der Handlung des Trauerspiels sind genau datierbar. Am Allerheiligentag des Jahres 1755 hatte ein Erdbeben die Stadt Lissabon erschüttert und eine darauf folgende Flutwelle weite Teile der Stadt zerstört. Die Handlung setzt unmittelbar nach dieser Katastrophe ein. Don Pedro, ein adliger junger und nicht ganz unvermögender Mann hat sich auf das Landgut seines Schwiegervaters in spe Don Diego geflüchtet – er hat die Naturkatastrophe

unbeschadet überlebt. Sorgen macht er sich um seine Verlobte Isabelle, von der er noch keine Nachricht hat. Der tugendhafte Diener Concallo macht sich sogleich auf die Suche. Don Pedro befürchtet das Schlimmste – ohne Isabelle hätte sein Leben seiner Ansicht nach keinen Wert. Don Diego kann ihm die Nachricht überbringen, dass sich Isabelle in Sicherheit befindet und zusammen mit ihrer Mutter Elvire auf dem Weg zu ihnen sei.

Gleichzeitig muss der zerknirschte und schuldbewusste Don Diego Don Pedro aber eröffnen, dass seine Tochter Isabelle auf Wunsch der Mutter nun an einen reicheren schottischen Edelmann, Sir Carl, versprochen ist. Für Don Pedro ist diese Nachricht schlimmer als der Tod, dem er gerade entgangen ist. In einem Gespräch zwischen Don Diego und Isabelle erfährt der Vater, dass die Tochter Don Pedro noch immer liebte, allerdings aus Treue zur Mutter der neuen Verbindung zugestimmt hätte. Der hier angezeigte Gewissenskonflikt wird zum tragischen Moment – tugendhaftes Verhalten und empfindsame Liebe stehen in Opposition. Der Vater will sich bemühen, der Liebe zu Don Pedro zu ihrem Recht zu verhelfen. In der Zwischenzeit erfährt man, dass Sir Carl durch das Erdbeben seiner Güter und damit seines Reichtums beraubt wurde. Die primäre Motivation der Mutter Elvire ist damit gegenstandslos.

Sir Carl sieht seine Chancen auf Isabelle, die nie als Ehefrau, sondern als bloße Mätresse sein Interesse gefunden hatte, schwinden. Er plant Don Pedro zu ermorden. Hinterlistig wird Don Pedro in die Stadt gelockt und dort tödlich verwundet. Zurück auf dem Landsitz versichern sich Isabelle und der sterbende Don Pedro ihrer gegenseitigen Liebe. Zur allgemeinen Verwunderung schwindet auch Isabelles Lebenskraft. Diese hatte ein vergiftetes Getränk zu sich genommen, das Sir Carl eigentlich für die wortbrüchige Mutter Elvire vorgesehen hatte. Seine letzte Hoffnung hatte in einer Entführung Isabelles bestanden, wenn seine beiden Opponenten (Elvire und Don Pedro), keine Gegenwehr mehr leisten könnten.

Isabelle stirbt mit ruhigem Gewissen. In gegenseitiger Liebe mit Don Pedro vereinigt, verliert für beide der Tod seinen Schrecken. Die Mutter hingegen verfällt dem Wahnsinn, als ihr bewusst wird, dass sie den Tod der beiden letztlich zu verantworten hat. Sie flieht von der Szene und erdolcht sich. Der durch und durch tugendhafte Don Pedro verzeiht seinem Schwiegervater Don Diego, der diese Milde nur schwer erträgt, bevor er schlussendlich ebenfalls stirbt. Zurück bleiben Don Diego und die Dienerin Isabelles, Osmyde, die sich der Unergründbarkeit der göttlichen Ratschlüsse beugen. Am Ende bleibt die Erkenntnis: Es ist das Laster, das die Menschen verdirbt.

Natürliche Übel als Auslöser: Am Beginn des Dramas steht das Erdbeben, das die Stadt Lissabon verwüstet hat. Das Interessante an der im Drama vorgeführten Konstellation ist, dass die natürlichen Übel hier – gleich in der ersten Szene so eingeführt – zunächst nur den Hintergrund, das Panorama bilden, vor der sich die eigentliche Tragödie abspielt. „Dein Scharfsinn [Gottes M.M.], den du angewandt hast, diese Königsstadt zu verderben, ist schon zu sehr ermüdet, als daß du noch auf einen besonderen Jammer für mich denken könntest" (1. Auftritt). Don Pedro, der Protagonist, irrt sich in dieser Beziehung. Denn die Tragödie besteht ja keineswegs in dem Leid, das die Figuren durch das Erdbeben erlitten haben, alle haben diese Naturkatastrophe ja wie durch ein Wunder überlebt, sondern sie ergibt sich aus der moralischen Korrumpierbarkeit von Teilen der *dramatis personae*.

Die natürlichen Übel bleiben im Handlungsverlauf präsent, da sie handlungsmotivierende Funktion haben. Sir Carls Chance auf Isabelle verdankte sich seinem Reichtum, der nun größtenteils zerstört und damit verlorenen ist. Don Pedro wird durch eine List erneut in die vom Erdbeben zerstörte Stadt, der er schon entkommen war, gelockt und dort tödlich verwundet. Don Diego hat ebenfalls einen Teil seines Vermögens eingebüßt, so dass die Verbindung seiner Tochter mit Don Pedro nun doch standesgemäß wäre. Isabelle und ihre Mutter kommen aufgrund der Katastrophe den entscheidenden Moment zu spät, da sich die beschwerliche Reise aus der Stadt verzögert. Man könnte noch weitere Beispiele anfügen.

Moralische Übel: Über alle dem steht der Ratschluss Gottes – das Zitat deutete es bereits an. Die Vorsehung selbst wird nicht angeklagt, sie bleibt bis zum Ende des Dramas, das auch die familiäre Tragödie rekapituliert, von Zweifeln verschont. Don Diego spricht das direkt aus: „Unerforschlicher Rathschluß, warum muss dein Würgeengel doch bei mir einhalten?" (19. Auftritt). Es entsteht somit eine Opposition zwischen der großen Katastrophe und ihren unerklärlichen Gründen und der familiären Tragödie, für die die Gründe (relativ) offen zu Tage liegen. Die Dienerin Osmyde artikuliert im letzten Satz des Stückes die moralische Belehrung: „Vertraut euch dem Lasterhaften! – Ein Unglück darf ihn nur treffen, so wird seine Wuth euch dasselbe unendlich vergrößert eigen machen." (19. Auftritt) Der Lasterhafte, als derjenige, der sich von der Tugend und einem moralischen Lebenswandel abgewandt hat, wird zum Movens der gesamten Handlung. Seine Boshaftigkeit und Untugend wirken zurück auf diejenigen, die sich ihm anvertrauen. Das moralisch Böse passiert nicht einfach, sondern es setzt einen Entschluss voraus – hierin besteht der fundamentale Unterschied. Gegen natürliche Übel ist man machtlos – das Lasterhafte lässt sich bekämpfen und die schlimmsten Folgen könnten abgewendet werden.

Das Personal – Der Nahbereich der Familie: In Szene gesetzt wird die dramatische Handlung im familiären Nahbereich, die Figuren entstammen dem niederen Landadel, was einzig bedeutet, dass sie sich in einer gewissen Entfernung zum Hof befinden. Gegenstand ist also auch hier nicht eine wie auch immer geartete Emanzipation des Bürgertums (s. Kap. 3). Der Feind und Verderber in Person von Sir Carl, ebenfalls von Adel, kommt von außen, er gehört gerade nicht in den Bereich des natürlichen, gemeinschaftlichen Nahbereichs der Familie. Der Soziologe Ferdinand Tönnies hat das auf die griffige und titelgebende Formel von *Gemeinschaft und Gesellschaft* (1887) gebracht. Gemeinschaft beruht auf persönlicher Bekanntschaft und Vertrauen, für die Gesellschaft gilt das Gegenteil. Im Wesentlichen resultiert das Tragische dieses Trauerspiels gerade aus dem Umstand, dass hier eine

Familie in Zeiten größten Glücks (das Erdbeben wurde überlebt) in das tiefste Unglück gestürzt wird. Das unmoralische oder lasterhafte Betragen der Familienmitglieder führt in die Katastrophe, am Ende sind drei Tote zu beklagen. Das ist im doppelten Sinne gut aristotelisch. Gestaltet wird ein Umschlag vom Glück ins Unglück, der sich aus einer Verfehlung – einem Fehler – der Protagonisten heraus notwendig und folgerichtig ergibt. Beide Elternteile handeln wider besseres Wissen: Isabelles Mutter will ihre Tochter aus rein finanziellen Erwägungen verheiraten und ihr Vater ist zu schwach, diesem Plan Einhalt zu gebieten, was zum Tod Isabelles und Don Pedros führt.

Handlung als das tragische Element: Ebenfalls konform zur Tradition der aristotelischen *Poetik* wird die Handlung, oder genauer die Nachahmung von Handlung, zum Zentrum des dramatischen Konflikts. Es ist die Mutter Elvire, die unmoralisch handelt – es geht um eine Tat: Denn sie bevorzugt den vermeintlich vermögenden Sir Carl aus niederen Motiven und verhindert so die glückliche Verbindung ihrer Tochter mit dem tugendhaften, aber eben weniger begüterten Don Pedro. Sie folgt in ihren Handlungen einer unmoralischen Grundhaltung, zudem setzt sie ihre Tochter unter Druck. Sie bringt Isabelle in einen Loyalitätskonflikt, wenn sie verlangt, die Liebe zur Mutter und den Gehorsam höher zu stellen als ihre Liebe zu Don Pedro, was schlussendlich fatale und vor allem tödliche Konsequenzen hat. Isabelle spricht das Dilemma direkt an:

> „Aber, die Liebe eines Fremden durch den Verlust der Liebe einer zärtlichen Mutter zu erhalten, ach das war mein zu weiches Herz, so heftig ich ihn auch geliebt hatte, nicht fähig." (4. Auftritt)

Auch Don Diego macht sich schuldig. Der Vater handelt trotz besserer Einsicht nicht; erst das Elend, in dem er den Geliebten seiner Tochter sieht, öffnet ihm die Augen. Sein Entschluss, selbst Handelnder zu werden, kommt zu spät. Auch die Tolerierung des Lasterhaften – trotz besserer Einsicht – wird so zu einem Baustein der Katastrophe. Isabelle ist mehr eine Leidende, sie hat in keinem Moment die Möglichkeit, selbstständig zu handeln und verkörpert dergestalt eine typische Tochterfigur im Bürgerlichen Trauerspiel (siehe Abschn. 5.3). Ein wirklicher Fehler ist ihr nicht vorzuwerfen, außer man sähe diese Passivität selbst als solchen an.

Klare Verteilung von Tugend und Laster: Die beiden handlungsstärksten Charaktere sind die Dienerfiguren Goncallo und Osmyde. Aus durchweg lauteren Motiven macht sich Goncallo trotz größter Gefahren auf die Suche nach Isabelle, Osmyde enthüllt der Familie das Komplott und die wahren Pläne Sir Carls. Sie kann den Moment der eigenen Schwäche – eine reiche Heirat ihrer Herrin, die ihr selbst sicherlich auch Vorteile verschafft hätte – überwinden und erkennt den Fehler, den sie im Begriff war zu begehen. Somit werden die beiden Dienerfiguren zu Kontrastfolien der Hauptfiguren.

Die Machart von Lieberkühns Einakter *Die Lissabonner* ist vergleichsweise simpel, das Drama orientiert sich weitestgehend an sehr strikten Dichotomien, was für die Eindeutigkeit der moralischen Botschaft selbstredend von Vorteil ist. Die

Szenenabfolge (19 Auftritte) ist strikt linear, Einheit von Zeit, Ort und Handlung sind überwiegend gewahrt. Das gilt gleichfalls für den Inhalt: Tugend und Laster sind klar auf die *dramatis personae* verteilt. Es gibt gute, schlechte und gemischte Charaktere, eine komplexe Entwicklung einzelner Figuren im Stück findet sich nicht.

Gemischte Charaktere: Während die Mutter Elvire und Sir Carl eindeutig negativ gezeichnete Figuren sind, stehen ihnen mit Don Pedro und Isabelle sowie den Dienerfiguren die Guten und moralisch vorbildlichen gegenüber. Bei Don Diego handelt es sich um den einzigen wirklich gemischten Charakter. Aristoteles hatte gerade die gemischten Charaktere als besonders zur Tragik fähig angesehen, und auch hier ist die wahrhaft tragische Figur am Ende der Vater, der als einziger seiner vormals glücklichen Familie überlebt. Im Gegensatz dazu sterben die einen ruhig und mit ihrem Gewissen im Reinen. Die Mutter als Lasterhafte begeht noch im Tod – dem Selbstmord – ihre letzte und schwerste Sünde. Sie kann das göttliche Gericht nicht erwarten und wird so zur Todsünderin. Sir Carl wird sein sündiges Leben fortsetzen, was im Kontext der Zeitgenossen ebenfalls unter Aspekten der Strafe gesehen werden kann, denn er wird weiterhin sündigen und seine Chancen auf Erlösung verringern. Es bleibt die Frage nach der poetischen Gerechtigkeit.

Poetische Gerechtigkeit: Die Tugend wird belohnt, das Laster hingegen bestraft. Relevant ist das moralische Verhalten der Personen vor dem Hintergrund des natürlichen Übels, das alle gleichermaßen trifft. Das Bürgerliche Trauerspiel, so wie es uns hier vorliegt, setzt genau diesen Unterschied in deutlichstem Kontrast in Szene. Von einem gänzlichen Verlust des Optimismus der Aufklärung kann also gar nicht die Rede sein – es verschiebt sich lediglich der Fokus. Waren natürliche und moralische Übel am Beginn des 18. Jahrhunderts nur in Kombination zu denken, kommt es im Nachgang des Erdbebens von Lissabon zu einer Trennung der vormals organisch verbundenen Sphären.

Die Unergründlichkeit der göttlichen Ratschlüsse ist zu akzeptieren, inakzeptabel – und dahin verschiebt sich der Fokus – bleiben die moralischen Übel im zwischenmenschlichen Bereich. Sie sind vermeidbar, die Dienerin Osmyde spricht die letzten Worte im Drama und kommuniziert damit zugleich die moralische Belehrung:

> „Vertraut Euch dem Lasterhaften! – Ein Unglück darf ihn nur treffen, so wird seine Wuth euch dasselbe unendlich vergrößert eigene machen!" (Lieberkühn: Die Lissabonner, 19. Auftritt)

Die Sphäre der Gerechtigkeit, wie sie in Form poetischer Gerechtigkeit im Drama zur Darstellung kommt, beschränkt sich auf den Bereich des Moralischen. In der einfachsten Form bezeichnet poetische Gerechtigkeit zunächst einmal einen direkten Kausalzusammenhang zwischen Laster und Strafe, der in der Literatur zur Darstellung kommt (zum Konzept Zach 1986; Nussbaum 1995; Donat et al. 2012). Auch wenn es insgesamt in der Welt vielleicht nicht gerecht zugeht, zumindest aus der beschränkten Warte des Menschen, so gibt es nun doch einen isolierten kontrollierbaren Bereich, in dem Gerechtigkeit ganz ohne göttliche Einsicht denkbar ist: die Moral. Tugend und Laster sind klar zu unterscheiden, Belohnung und Strafe die logischen Konsequenzen. Diese Form poetischer Gerechtigkeit ist maßgeblich für einen großen Teil der Bürgerlichen Trauerspiele.

▶ Unter **poetischer Gerechtigkeit** versteht man in der Literaturwissenschaft meist einen für die Rezipient:innen nachvollziehbaren Kausalzusammenhang von Laster und Strafe, Tugend und Belohnung im literarischen Werk. Poetische Gerechtigkeit – in einer simplen Fassung – findet genau dann statt, wenn lasterhaftes Verhalten von Figuren bestraft wird, Tugendhaftigkeit indes belohnt. Dieses Verhältnis kann durchaus komplizierter gedacht werden (Segebrecht 1997). Zu bedenken ist in jedem Falle, dass fiktionale Welten eigenständigen Normensystemen unterliegen können, innerhalb derer dann eigene Formen von – wie auch immer gearteter – Gerechtigkeit gelten können. Für das Bürgerliche Trauerspiel ist in den meisten Fällen von einer einfachen Form der poetischen Gerechtigkeit auszugehen, die sich mit unserem natürlichen Moralempfinden in aller Regel deckt.

4.2 Poetik der Abschreckung

Die Ausgangssituation: Im Jahr 1993 erschien eine Studie von Cornelia Mönch mit dem vielsagenden Titel *Abschrecken oder Mitleiden. Das deutsche bürgerliche Trauerspiel im 18. Jahrhundert. Versuch einer Typologie*. Diese Arbeit hat die Sichtweise auf das Genre der Bürgerlichen Trauerspiele grundlegend verändert. Denn das Ergebnis war ebenso verblüffend wie unerwartet: Galt Lessing – allen voran sein Drama *Miß Sara Sampson* – in der Forschung nicht nur als Ursprung der Gattung, sondern auch als genuin repräsentatives Beispiel und Muster aller anderen Bürgerlichen Trauerspiele, so stellte Mönch fest, dass gerade die Lessingschen Dramen Ausnahmen von der Regel sind. Sie funktionieren deutlich anders als das Gros der damals erschienenen Dramen, die sich im Titel oder der Art nach als Bürgerliche Trauerspiele ausgaben. Über lange Jahre, ja Jahrzehnte hinweg war es üblich, sich auf dem Höhenkamm der deutschen Literaturgeschichte zu bewegen, gelegentliche Blicke in die zweite Reihe waren gestattet, aber nicht unbedingt notwendig. Dass diese gut geübte Praxis zu deutlichen Fehleinschätzungen führen kann, belegt nicht zuletzt die Studie von Mönch eindrucksvoll.

Warum den Dramen von Lessing allerdings zu Recht ihre hohe Qualität zugesprochen wird, erweist sich erst auf einer wesentlich breiteren Quellenbasis. Diese hat Cornelia Mönch erstmals erarbeitet. Ziel ihrer Arbeit war es, wirkungsästhetisch unterschiedliche Strukturtypen zu identifizieren, zu beschreiben und die je unterschiedlichen Poetiken, die den Stücken zugrunde liegen, gegeneinander abzugrenzen.

Das Korpus der Untersuchung: Bereits 1798 hatte der Gießener Literaturprofessor Christian Heinrich Schmid in seiner *Litteratur des bürgerlichen Trauerspiels* sich an einer ersten Zusammenstellung von Dramen versucht, die er dem fünfzig Jahre zuvor entstandenen Genre zurechnete. Das Attribut ‚bürgerlich' im

Titel war dabei nicht maßgeblich leitend für die Zusammenstellung, es finden sich dort zahlreiche Beispiele, die schlicht ‚Trauerspiel' oder ähnlich überschrieben sind. Schmid kommt so zwischen 1755 (den ersten Eintrag bildet Lessings *Miß Sara Sampson*) bis zum Erscheinen seiner Studie 1798 auf insgesamt 229 Stücke. Cornelia Mönch ergänzt diese Liste noch einmal um knapp 30 Werke. Auch wenn man sich im Einzelfall darüber streiten kann, ob jedes der in diese Liste aufgenommenen Dramen als Bürgerliches Trauerspiel gelten darf, zeigt es doch den enormen Umfang und die Präsenz der Gattung in der zweiten Hälfte des 18. Jahrhunderts.

Die Auswahl an kanonischen Vertretern der Gattung, meist werden auch in Überblicksdarstellungen kaum mehr als zehn genauer untersucht, steht also in einem eklatanten Missverhältnis zur eigentlichen Quellenbasis. Sicherlich gibt es gute Gründe für die kanonisierte Auswahl, Exemplarität und Qualität sind nur zwei der möglichen Kriterien, und doch sollte man bei einer Auswahl auch immer das im Blick haben, was man weglässt – auch wenn man dafür gute Gründe hat. Diese Gründe in einem ersten Schritt zu benennen oder überhaupt benennen zu können, ist schon eine Erkenntnisleistung an sich.

Um der nicht unbeherrschbaren, aber doch großen Sammlung von Trauerspielen ein mögliches Raster zu geben, hat Cornelia Mönch eine Typologie entwickelt, die sich nach strukturellen Formen der poetischen Gerechtigkeit richtet und als Kriterium heranzieht, wie diese ins Werk gesetzt wird. In der Literaturwissenschaft ist die Konzeption einer ‚poetischen Gerechtigkeit' nicht ganz einfach handzuhaben, allein schon welchen Maßstab man für ‚Gerechtigkeit' anlegt, muss hoch umstritten bleiben (Donat/Lüdeke/Packard/Richter 2012). An welchen Konzepten von Gerechtigkeit soll man sich orientieren, gelten juristische Maßstäbe oder gar göttliche? Noch weitaus schwerer zu bestimmen bleibt, ob es dann ferner eine eigene ‚poetische Gerechtigkeit' gibt, die nicht mit anderen Formen der Gerechtigkeit identisch ist. Das sind alles Fragen, die nur im Einzelfall und innerhalb historischer Kontextualisierungen zu beantworten sind (Zach 1986). Pauschale Aussagen hierzu sind schwer zu treffen.

Die Typologie: Im Falle des Bürgerlichen Trauerspiels gibt es immerhin einen – vergleichsweise – engen Bezugsrahmen: Die Tugend- und Affektlehre des 18. Jahrhunderts, die man als Grundlage zur Bestimmung einer möglichen ‚poetischen Gerechtigkeit' heranziehen kann. Man muss sich aber immer den Konstruktionscharakter eines solchen Modells vor Augen halten, es kann nur eine erste Richtschnur sein, ein Raster, das eine erste Sortierung erlaubt und dadurch auf Unterschiede im Einzelnen aufmerksam macht. Cornelia Mönch unterscheidet sechs bzw. sieben grundsätzliche Typen, die in sich weiter differenziert werden.

1. Totale Erfüllung der poetischen Gerechtigkeit: Lohn der Tugend und Strafe des Lasters
2. Partielle Erfüllung der poetischen Gerechtigkeit: Untergang der Tugend und Strafe des Lasters

3. Partielle Erfüllung der poetischen Gerechtigkeit: Rettung der Tugend ohne Strafe des Lasters
4. Ohne Erfüllung der poetischen Gerechtigkeit: Untergang der Tugend und Triumph des Lasters
5. Verzicht auf eine Inszenierung poetischer Gerechtigkeit im herkömmlichen Sinne: *tragic end*
6. Verzicht auf eine Inszenierung poetischer Gerechtigkeit im herkömmlichen Sinne: *happy end*
7. Dramen, die sich nicht problemlos in dieses Raster einordnen lassen

Man kann schon an dieser schematischen Aufstellung sehen, welche Spielräume sich innerhalb der Gattung ergeben können. Für alle diese Varianten finden sich historische Beispiele innerhalb des gewählten Quellenkorpus, so dass es *die* Erwartungshaltung, die man an das Bürgerliche Trauerspiel hat, eigentlich nicht gibt oder auch nur geben kann: Pluralität statt Eintönigkeit, so könnte man ein erstes Zwischenfazit formulieren. Doch was bedeutet das für die wirkungsästhetische Ausrichtung der Stücke?

Offensichtlich kann die Vermittlung einer moralischen Botschaft auf ganz unterschiedlichen Wegen von Statten gehen, und Abschreckung ist nur eine, wenn auch vielleicht die intuitivste, davon. Denn das bleibt ja das erklärte Ziel einer jeglichen Form von Dramatik im 18. Jahrhundert, in bessernder Hinsicht auf den Zuschauer zu wirken. Dieses Ziel, die Tugenden zu fördern und das Laster als verabscheuungswürdig vorzustellen, bleibt eine Konstante, ohne diesen Hintergrund ist das Drama des 18. Jahrhunderts – ganz gleich ob Tragödie oder Komödie – nicht denkbar (Alt 1994). Wie dieses Ziel indes am besten erreicht werden kann, bleibt die offene Frage und eine mögliche Antwort lautet eben: das Bürgerliche Trauerspiel.

Erkenntnisse für die grundgelegte Poetik: Die Frage nach der Realisierung der poetischen Gerechtigkeit zum Zwecke der moralischen Besserung des Publikums führt also ins Zentrum jeglicher Poetik. Wie muss ein Stück angelegt sein, um seiner intendierten Bestimmung gerecht zu werden? Die Rahmenbedingungen hatte bereits Aristoteles in seiner *Poetik* abgesteckt, die Kommentare in dieser Tradition versuchten ja durchweg, diese weiter auszubuchstabieren und in eine neue und der Gegenwart angemessene Regelhaftigkeit zu überführen (Wels 2009). Ob man nun auf Abschreckung setzt, also die möglichen Folgen eines lasterhaften Verhaltens deutlich auf die Bühne bringt, oder aber auf eine Verfeinerung der Empathiefähigkeit des Publikums setzt, bedingt enorme Unterschiede für die Anlage eines Stücks. Das Dramengeschehen und die durch es vermittelte moralische Botschaft bestimmen sich nach der erhofften Wirkung und der Überzeugung des Dichters, wie diese am besten zu erreichen sei.

Neue Norm: Abschrecken, statt Mitleiden: Der Wert der Studie von Cornelia Mönch liegt im Besonderen darin, dass sie gezeigt hat, dass ein Großteil der Autoren auf Abschreckung setzt. In einer forschungsgeschichtlichen Perspektive war das lange Zeit alles andere als klar, wie erwähnt wurden die Lessingschen Dramen mit ihrer ganz eigenen Mitleidspoetik (siehe Abschn. 4.3.2) ja gerade als Vorbild und Norm der Gattung angesehen. Gerade das Gegenteil scheint der Fall zu sein. Hat man diesen Befund einmal vor Augen, dann ist eine Erklärung für diesen Umstand auch gar nicht so schwer. Wenn man auf Abschreckung setzt, hat man einen viel direkteren Zugang zum Affekthaushalt des Menschen. Es ist leicht nachvollziehbar und bedarf auch keiner großen interpretatorischen Kompetenz, um aus den dargestellten Lastern und den daraus erwachsenden, unglücklichen und unheilvollen Folgen seine eignen Lehren zu ziehen. Das Laster bestraft sich in der Konsequenz selbst und ebenso ergeht es dem Menschen. Der Weg zu einem tugendhaften Leben führt nach dieser Vorstellung über die Vermeidung alles Lasterhaften, darin besteht der pädagogische Effekt. Aus Schaden wird man klug, weiß der Volksmund, und man könnte hinzufügen: unter Umständen eben auch aus dem Schaden anderer. Die Stücke erhalten so Exempelcharakter, wie sie das zeitgenössische Publikum aus dem Bereich der Religion kannte, dort oft ins Positive gewendet in Form der Heiligenlegenden. Letztlich steht geistesgeschichtlich hier immer noch ein Modell von Schuld und Sühne im Hintergrund, von Belohnung und Bestrafung der eigenen Taten. Auch Johann Gottlob Benjamin Pfeil steht in dieser Tradition.

4.2.1 Johann Gottlob Benjamin Pfeils Abhandlung *Vom bürgerlichen Trauerspiele* (1755)

Zur Person: Sonderlich umfassend sind wir nicht über Johann Gottlob Benjamin Pfeil unterrichtet. Er wurde 1732 in Freiberg geboren und gehört damit zur Generation jener Autoren, die sich in den 1750er-Jahren an der Universität befanden oder diese gerade verlassen hatten. Pfeil entstammte einer Kaufmannsfamilie und studierte Jura in Leipzig. Zur gleichen Zeit war Goethe dort eingeschrieben, die beiden jungen Männer kannten sich persönlich, der Umgang war freundschaftlich. Nach seinem abgeschlossenen Studium erhielt er eine Anstellung als Justizamtmann in Rammelburg. Hier verkehrte er auf dem Schloss der Freiherren von Friesen unter anderem mit Gottfried August Bürger und Leopold Friedrich Günther von Goeckingk, dem Bruder seiner zweiten Frau. Der Anschluss an literarische Zirkel hatte über die Studienzeit hinaus Bestand.

Einen ersten Namen in der literarischen Szene machte sich Pfeil bereits in seiner Studienzeit mit dem an Richardson, Prévost und Gellert orientierten Ich-Roman *Die Geschichte des Grafen von P.* (Leipzig 1755, ⁴1762. Neudr. Ffm. 1970). „Der zentrale Leitsatz ‚Fürchte dein eignes Herz als deinen gefährlichsten Feind' findet in den verwickelten Liebesabenteuern des Helden seine Bestätigung: Die eigentlich hochbewerteten empfindsamen Regungen des Herzens bergen in sich die Gefahr, in unkontrollierte, auch juristische Normen verletzende Affektausbrüche umzuschlagen" (Volkert 2010, S. 199). Schon hier werden mögliche Bruchlinien eines tugendhaften Lebens angesprochen, sich allein den Affekten zu überlassen – ohne rationale Gegensteuerung und Kontrolle – birgt die Gefahr des Unglückes, so sehr eine authentische, an wahren Gefühlen orientierte Lebensweise auch wünschenswert ist. Es sind also die im aufgeklärt-empfindsamen Kontext selbst schon angelegten Fallstricke, die tragisches Potential haben. Die Grenze zwischen ‚recht‘ und ‚gerecht‘ ist nicht immer einfach zu bestimmen.

Dieser juristische Hintergrund, aus dem Pfeil kommt, ist auch für die Poetik seiner Texte ein gewichtiger Baustein. Er selbst hat sich im Laufe seines Lebens immer weiter von der Dichtung entfernt, als 1786 ein Neudruck seines frühen Trauerspiels *Lucie Woodvil* ohne sein Wissen und Zutun erschienen war, sah er sich genötigt, sich öffentlich von diesem als peinlich empfundenen Werk seiner Jugendzeit zu distanzieren. Ganz anders war das noch in der Mitte der 1750er-Jahre.

Das bürgerlich Tragische: Johann Gottlob Benjamin Pfeil verdanken wir die erste theoretische Abhandlung über das Bürgerliche Trauerspiel, sie erschien noch vor seinem ersten eigenen literarischen Versuch. Der Titel ist ebenso einfach wie eindeutig: „Vom bürgerlichen Trauerspiele". Sie erschien 1755 – also im gleichen Jahr wie Lessings *Miß Sara Sampson* – anonym in den *Neuen Erweiterungen der Erkenntnis und des Vergnügens*, einem führenden literarischen Journal der Zeit. Die Abhandlung ist relativ kurz, sie umfasst sechzehn lose miteinander verbundene Paragraphen, die sich darum bemühen, dem neuen literarischen Genre der Bürgerlichen Trauerspiele einen Platz im System des Dramatischen zu sichern. Vornehmlich geht es Pfeil darum, die Existenzberechtigung eines Bürgerlichen Trauerspiels zu erweisen und es gegen das – bei ihm – heroische und lyrische Trauerspiel abzugrenzen.

Breiten Raum nimmt dabei die sprachliche Gestaltung, Vers einerseits und Prosa andererseits, ein. Das muss an dieser Stelle nicht weiter interessieren. Wesentlich gewichtiger für den vorliegenden Zusammenhang sind seine Überlegungen zur Wirkungsästhetik Bürgerlicher Trauerspiele: „Die Hauptabsicht des Trauerspiels ist, Schrecken und Mitleiden zu erwecken, oder wenn man lieber will, die Tugend auch ohngeachtet ihres Unglücks liebenswürdig und das Laster allezeit verabscheuungswürdig vorzustellen" (Pfeil 2006, S. 96). Wenn dies das Wesen der Tragödie sei, dann sei nicht einsichtig, warum darin nur ‚hohes‘ Personal vorkommen dürfte. „Sind bürgerliche Personen der Tugenden und der Laster weniger fähig als Helden?" (Pfeil 2006, S. 96) Die Antwort lautet: nein, auch wenn Pfeil im weiteren Verlauf Einschränkungen vornimmt. Der Pöbel – bei ihm Handwerker und Bauern etc. – haben auf der Tragödienbühne nichts verloren, sie sind tatsächlich weder zu Tugend oder Laster in einem außerordentlichen Maße fähig. Pfeil macht das daran fest, dass sie schlicht nicht über genügend Zeit verfügen, sich um derlei Dinge einmal gründlich Gedanken zu machen, mithin haben sie also keine deutliche Vorstellung von Tugend und Laster, diese sei aber unbedingte Voraussetzung für das Tragische. „Kein Schneider, kein Schuster ist einer tragischen Denkungsart fähig. Es gibt einen gewissen Mittelstand zwischen dem Pöbel und den Großen. Der Kaufmann, der Gelehrte, der Adel, kurz, Jedweder, der Gelegenheit gehabt hat, sein Herz zu bessern, oder seinen Verstand aufzuklären, gehört zu denselben" (Pfeil 2006, S. 107). Das ‚Bürgerliche‘ des Bürgerlichen Trauerspiels hängt also direkt mit dem Zugang zu aufgeklärten Ideen zusammen. Erst vor diesem Hintergrund, dem falschen oder lasterhaften Verhalten trotz besseren Wissens, wird die Handlung tragisch.

Formen einer Wirkungsästhetik: Diese Eingrenzung des Personals hat nach Pfeil einen weiteren, sowohl produktions- wie auch wirkungsästhetischen Vorteil. Der Dichter kennt das Milieu seiner Figuren – im Gegensatz zu Göttern, Helden und Königen – nicht nur aus der Geschichte, sondern aus der eigenen Anschauung und dergestalt kann er das Personal seines Stücks umso wahrhaftiger darstellen. Gleiches gilt für die Rezeption: Der Zuschauer kennt die Lebensumstände und Handlungen, die auf der Bühne nachgeahmt werden, aus seinem eigenen Umfeld und hat so direkteren Zugang zu den dargestellten Schicksalen. Die Fehler und das lasterhafte Verhalten der Figuren könnten potenziell seine eigenen sein.

> „Das lyrische Trauerspiel erhebt sich bis zu Göttern und Helden, das heroische bis zu den Helden, allein das bürgerliche schränket sich bloß in die Schranken des bürgerlichen Standes ein; doch so, daß es diese Schranken zugleich auf den gemeinen Adel ausdehnet, von dem Pöbel aber sich durch dieselben absondert. Man erblicket in diesem keine Sieger, keine Tyrannen, keine ihrer Kronen und ihres Lebens beraubte Prinzen; sondern Bösewichte und redliche Männer, wie wir sie täglich im gemeinen Leben wahrnehmen." (Pfeil 2006, S. 100)

Das Trauerspiel wird geerdet, in die Lebenswelt der Zuschauer überführt.

> „Die Unglücksfälle die wir hier erblicken, haben wir oft selbst empfunden, oder wir sind doch noch wenigstens alle Tage zu empfinden fähig. Wir kennen also die Last derselben. Wir bedauern in den unglücklichen Personen oft uns selbst." (Pfeil 2006, S. 104)

Das ist der zentrale Satz. Dramenfiguren und Publikum fallen in eins. Dieser Umstand ist zudem der Garant für die unmittelbare Wirkung, die sich aus einer direkten Identifikationsmöglichkeit mit dem Personal ergibt.

Poetische Gerechtigkeit: Das bringt uns zurück zur poetischen Gerechtigkeit. Die Wirkmächtigkeit des Bürgerlichen Trauerspiels resultiert nach Pfeil daraus, dass sich das Gerechtigkeitsempfinden des Publikums mit dem auf der Bühne Dargestellten deckt. Die Sanktionen, die lasterhaftes Verhalten nach sich ziehen, sind identisch mit den Erfahrungen der Zuschauer. Hier wird keine höhere, am Ende gar göttliche Gerechtigkeit ins Werk gesetzt (als ein *deus ex machina*, der die Lösung bringt), sondern die Gerechtigkeit stellt sich entlang des bürgerlichen Moralkodex ein. Verfehlungen haben unmittelbare Konsequenzen, und diese sind kalkulierbar, insofern jedem aufgeklärten Bürger die Tugendlehre bekannt ist. Der Grundcharakter ist selbstredend theologisch – es ist die christliche Tugendlehre, die hier ins Werk gesetzt wird und die die Rahmenbedingungen für das Bühnengeschehen und dessen Bewertung liefert. Es ist daher eine Gleichung ohne Unbekannte – nur so funktioniert eine Poetik der Abschreckung. Eine Probe davon gibt Pfeil in seinem bürgerlichen Trauerspiel *Lucie Woodvil*.

4.2.2 Johann Gottlieb Benjamin Pfeils *Lucie Woodvil* (1756)

Johann Gottlieb Benjamin Pfeil: *Lucie Woodvil, ein bürgerliches Trauerspiel in fünf Handlungen* [1756]

Die Dramenhandlung ist schnell umrissen. Sir Willhelm Southwell hat einen Sohn, Karl, der die tugendhafte Lucie Woodvil liebt, die schon lange auf dem Schloss der Familie Southwell lebt. Der Vater ist gegen die Beziehung der beiden, verweigert ihr seinen Segen. Viel lieber sähe er, dass sich Karl mit der Tochter seines besten Freundes und engen Vertrauten Sir Robert vermählt. Amalie, so der Name der Tochter, fühlt sich durchaus zu Karl hingezogen, liebt ihn aufrichtig. Schon gleich zu Beginn (I,1) wird das Motiv deutlich, warum Sir Willhelm die sich anbahnende Ehe zwischen seinem Sohn und Lucie um jeden Preis verhindern will – Lucie ist seine uneheliche Tochter aus einer nicht standesgemäßen Beziehung. Karl und Lucie wissen nicht, dass sie einander Halbbruder und Halbschwester sind. Allein der Stolz von Sir Willhelm gebietet ihm, die wahren Umstände vorerst nicht preiszugeben.

Doch die Tragödie nimmt bereits ihren vorgezeichneten Verlauf: Lucie ist schwanger von Karl, das Ergebnis einer ersten Liebschaft der beiden, einem Moment der Schwäche der ansonsten tugendhaften Lucie. Eine Heirat wäre der einzig denkbare Ausweg. Unterdessen offenbart Sir Willhelm Lucie seinen Plan, Karl mit Amalie zu verheiraten, die sich nun vollends ins Unglück gestürzt sieht. Aus der tugendhaften jungen Dame wird eine zornige Frau, die sich um ihr Glück betrogen fühlt. Erschwerend kommt hinzu, dass Karl kurzzeitig – bis zur Entdeckung der Schwangerschaft – durchaus mit dem Gedanken spielt, Amalie zu heiraten und dem Wunsch seines Vaters Folge zu leisten. Amalie hingegen verzichtet freiwillig – aus Pflicht – auf ihre Ansprüche an Karl. Auf der Suche nach einem letzten Ausweg – eine gemeinsame Flucht von Karl und Lucie hat sich zerschlagen – ermordet Lucie, angestachelt durch die durchweg unmoralische Dienerin Betty, ihren eigenen Vater. Die Erkenntnis über die wahren Zusammenhänge kommt zu spät. In einer Klimax des Lasters – nach der Schwangerschaft und Vatermord – tötet Lucie ihre Dienerin und begeht anschließend Selbstmord. Karl verfällt dem Wahnsinn. Den beiden Überlebenden des Stücks – Sir Robert und seiner Tochter – bleibt einzig, das Geschehene zu kommentieren. Sir Robert sagt, das Stück beschließend: „Komm, meine Amalie, laß uns mit einer stillen Ehrfurcht vor dieser Gerechtigkeit zittern, die auch die geringsten Verbrechen nicht ungerochen läßt. Laß uns aus Karls und Luciens unglücklichem Beispiel lernen, das demjenigen das größte Laster nicht weiter zu abscheulich ist, der sich nicht scheut, das allergeringste auszuüben."

Die Figuren: Das Figurentableau des Stücks ist übersichtlich und auch hier zeichnen sich die Figuren durch einen hohen Grad an Stabilität aus, es gibt klar gute Charaktere (Sir Robert, seine Tochter Amalie und den moraldozierenden Diener Jakob), sowie eindeutig schlechte Charaktere, allen voran die Bedienstete von Lucie Woodvil, Betty. Sie handelt beinahe durchweg aus niederen Motiven und Eigennutz. Bei Lucie und Karl, die zusammen das Zentrum des Stücks bilden, handelt es sich um wandlungsfähige bzw. nicht eindeutig charakterisierbare Figuren, die im Verlauf des Stücks eine Veränderung durchlaufen. Karl ist ein durchweg unentschiedener Charakter, dessen Lasterhaftigkeit nicht unbedingt in seinen vorsätzlichen Handlungen als vielmehr in seinen Versäumnissen zu suchen ist. Wankelmütig ist der Sohn, wenn er sich – hingerissen zwischen der Liebe zu Lucie und dem Wunsch des Vaters – nicht eindeutig zu entscheiden vermag. Damit ist er zwar nicht Auslöser der sich schlussendlich einstellenden Katastrophe, leistet ihr aber durch sein mehrmaliges Zaudern Vorschub, indem Lucie sich immer tiefer ins Unglück gestürzt sieht. Der Furor Lucies, in den sie sich immer weiter hineinsteigert und sich dadurch immer weiter von der tugendhaften Person entfernt, die sie (vermeintlich) zu Beginn des Stücks ist, findet seinen Kontrapunkt im Vater Willhelm. Beide, Vater und uneheliche Tochter, haben eine gemeinsame Eigenschaft, die Pfeil ins Zentrum rückt. Sowohl Willhelm als auch Lucie haben sich zu einem (vorläufig gesehen noch kleinen moralischen) Fehler hinreißen lassen (hier angelehnt an die antike Vorstellung einer *Hamartia*), beide haben sich entgegen den Tugendvorstellungen der Zeit auf eine Liebschaft außerhalb der Ehe eingelassen. Die Konsequenzen dieser vermeintlich harmlosen Übertretung sind die Grundlage des Dramas.

Affekt und Pflicht im Widerstreit: Der in *Lucie Woodvil* dargestellte dramatische Konflikt resultiert aus einer ungenügenden Affektkontrolle des Individuums. Gleichwohl über tugendhaftes Verhalten im Bilde, also im Sinne der Zeit aufgeklärt, handeln sowohl Sir Willhelm als auch Lucie entgegen ihrer eigentlichen Einsicht im Affekt. Beide unterliegen im Widerstreit von Pflicht und Affekt und lassen sich zu einer lasterhaften Handlung verleiten, von der sie – und das ist der entscheidende Punkt – wissen, dass sie mit der Tugend in Konflikt steht. Hier stolpert niemand unwissend in eine Falle, das wäre nicht den Gerechtigkeitsvorstellungen der Aufklärung adäquat, sondern beide Figuren haben einen Fehler wider besseren Wissens gemacht, der Folgen zeitigt: Willhelm wurde Vater einer außerehelichen Tochter (Lucie), Lucie selbst erwartet ein Kind.

Zwar werden die Affekte und Leidenschaften des Menschen im Verlauf des 18. Jahrhunderts sukzessive aufgewertet und als nicht per se schlecht – wie noch in weiten Teilen in den Jahrhunderten zuvor – angesehen, aber mit dieser Aufwertung geht gleichzeitig die Frage einher, wie der Mensch seine Leidenschaften kontrollieren kann und in welchem hierarchischen Verhältnis Affekt und Pflicht, Leidenschaft und Tugend zueinander stehen (Schings 1994; Sauder 2015). Die Antwort fällt hier vergleichsweise eindeutig aus: Die aus Vernunftgründen zu akzeptierenden Vorstellungen einer allgemeinen Tugend müssen die unteren Seelenvermögen – so ein weiterer Ausdruck der Zeit – regieren, Pflicht über den Affekt triumphieren. Darin besteht in erster Instanz die Schuld von Lucie und Sir Willhelm, dass sie sich beide als aufgeklärte, eben bürgerliche Personen dieser Umstände bewusst sind und dennoch gegen die eigene Einsicht gehandelt haben.

Einfache Moral: Der transportierte moralische Lehrsatz, den das Drama ins Werk setzt und der dem Publikum zur Nachahmung empfohlen wird, ist daher auch vergleichsweise simpel. Sir Robert, sich an seine Tochter wendend, schließt: „Komm, meine Amalia, laß uns mit einer stillen Ehrfurcht vor dieser Gerechtigkeit zittern, die auch die geringsten Verbrechen nicht ungerochen läßt. Laß uns aus Karls und Luciens unglücklichem Beispiele lernen, daß demjenigen das größte Laster nicht weiter zu abscheulich ist, der sich nicht scheut, das allergeringste auszuüben." (Pfeil 2006, S. 93) Die Schlüsselwörter zum Verständnis lauten: Laster (als Verbrechen), Gerechtigkeit und Rache. Gerechtigkeit wird am Ende des Stücks dergestalt erreicht, dass sich das lasterhafte Verhalten im Laster selbst straft. Untugendhaftes rächt sich an der Person, in dem es sie in den Untergang führt. Allzu säkular und diesseitig darf man sich diese Gerechtigkeitskonzeption nicht vorstellen, letztlich sind es theologische Konzepte, die im Hintergrund stehen. Die Einrichtung der Welt nach göttlichem Willen organisiert auch die weltliche Dichotomie von Laster und Tugend, Strafe und Belohnung. Mit dem Verstoß gegen göttliches Gebot in der Wahl der Sünde respektive des Lasters bestraft man sich unweigerlich selbst.

Dominante Motive: Benjamin Gottlob Pfeil bietet mit seinem Jugendstück *Lucie Woodvil* eine ganze Reihe an Motiven und Figurenkonstellationen, die im weiteren Verlauf der Gattungsgeschichte charakteristisch werden. Die Klaviatur des Lasters, die er uns vorstellt, und die tragische Lösung des Konflikts in der Katastrophe, als diametrale Entgegensetzung von Laster und Tugend, sind für eine ganze Reihe von Bürgerlichen Trauerspielen wegweisend gewesen. Am augenscheinlichsten werden diese Adaptationen vielleicht in Heinrich Leopold Wagners Bürgerlichem Trauerspiel *Die Kindermörderin* aus dem 1776.

4.2.3 Heinrich Leopold Wagners *Die Kindermörderin* (1776)

Wagners *Die Kindermörderin*: Leopold Heinrich Wagner (1747–1779) gehörte zur Generation der Stürmer und Dränger. Der jung verstorbene Jurist hinterließ ein schmales Werk, das aber nachgerade typische Situationen des Bürgerlichen Trauerspiels gestaltete. In *Die Kindermörderin* konstruiert Wagner ein juristisch-moralisches Dilemma um eine Schwangerschaft, deren Entdeckung immer näher rückt. Obgleich im Stück beinahe durchgehend lautere Motive am Werk sind, endet das Drama mit einem Kindsmord – die neben Selbstmord im 18. Jahrhundert schlimmstmögliche Tat, die in der Regel mit dem Tode bestraft wird (Luserke-Jaqui 2017, S. 328–338).

Heinrich Leopold Wagner: *Die Kindermörderin. Ein Trauerspiel* (1776)

Wagner greift mit seinem Trauerspiel eine in der zweiten Hälfte des 18. Jahrhunderts vielfach bearbeitete und vor allem diskutierte Thematik auf: den Kindsmord. Als Strafe für dieses Verbrechen sahen die zeitgenössischen Gerichtsbarkeiten (beinahe) zwingend das Todesurteil der oder des Schuldigen vor. In diese Debatte schreibt sich das Trauerspiel ein. Das Drama beginnt mit einer eindringlichen (und bei den ersten Aufführungen oftmals wegen ihrer Drastik gestrichenen) Verführungssituation eines jungen Mädchens. Evchen, die Tochter des Metzgers Humbrecht und seiner Frau, darf in Begleitung der Mutter und ohne Wissen des Vaters zum ersten Mal auf einen Ball gehen. Leutnant von Gröningseck, der zu dem gemeinsamen Ballbesuch gedrängt hatte, ist Untermieter im Hause Humbrecht und es gelingt ihm, gemeinsam mit Mutter und Tochter in der späten Nacht den Ball kurzzeitig zu verlassen und die beiden in ein als schäbig beschriebenes Gasthaus zu führen. Dort kommt es nach reichlich genossenem Alkohol zum – einvernehmlichen – Akt; der Mutter wurde zwischenzeitlich durch einen Schlaftrunk, den ihr von Gröningseck verabreicht hatte, die Aufsicht entzogen. Die reuige Tochter kann dem betrunkenen Leutnant vor der gemeinsamen Rückkehr auf den Ball noch ein Heiratsversprechen abringen, wobei unklar bleibt, wie ernst diese Einlassung ist.

Der Vater, ein strenger, etwas grobschlächtiger, aber prinzipiell tugendhafter Mann ist am folgenden Morgen ungehalten wegen des heimlichen nächtlichen Ausflugs – er befürchtet das Schlimmste, den Verlust von Ehre und Tugend Evchens. Es entspinnt sich ein Gespräch zwischen mehreren beteiligten Personen über die Schädlichkeit gesellschaftlichen Zeitvertreibs und die möglichen Folgen auch nur eines einzigen Fehltritts für ein tugendhaftes Leben.

Im dritten Akt erfährt man von den lauteren Absichten des Leutnants, er liebt Evchen tatsächlich und ihn quält sein Gewissen. Die schwangere und doch nicht verheiratete Metzgerstochter wird zum Streitpunkt zwischen von Gröningseck und seinem Kameraden Leutnant von Hasenpoth. Die Ehre einer Bürgerstocher, so Letzterer, sei es nicht Wert, eine unstandesgemäße Ehe einzugehen. Von Gröningseck ist anderer Meinung. Er beantragt Urlaub, um seine finanziellen Angelegenheiten in seiner Heimat zu regeln, im Anschluss daran will er um Evchens Hand anhalten. Von Hasenpoth will diese Absicht, die er für eine Torheit hält und die dem Ansehen des Regiments schadet, hintertreiben.

Evchen geht es in der Folge immer schlechter, die Geheimhaltung ihrer Schwangerschaft und die ungewisse Zukunft stürzen sie in eine tiefe Melancholie, die auch den Eltern nicht verborgen bleibt. Zwar informiert von Gröningseck Evchen über seine Absichten, die Aussicht auf die zweimonatige

Wartezeit, bis zur Rückkehr des Leutnants, quälen Evchen weiter, wenngleich sie auch die Hoffnung auf ein gutes Ende nie aufgibt.

Evchen gelingt es immer schlechter, die Schwangerschaft zu verheimlichen, die Anzeichen für eine Entdeckung der wahren Umstände werden dichter. So beobachtet etwa Magister Humbrecht, ein Theologe und Vetter der Familie, eine Ohnmacht Evchens während der Messe, als in der Predigt der Kindsmord angesprochen wird. Der Magister macht sich auf, dem Vater Bericht zu erstatten und seine Besorgnis zum Ausdruck zu bringen. Evchen flieht unterdessen mit unbestimmtem Ziel von zuhause. Im Zuge der Unterredungen kommen immer mehr Details aus der Ballnacht ans Tageslicht, die besorgte Familie macht sich auf, Evchen zu suchen.

Im sechsten Akt kommt es zur Katastrophe – der Schauplatz hat erneut gewechselt. Evchen sitzt mit ihrem mittlerweile geborenen Kind unerkannt bei einer armen alten Tagelöhnerin, die Situation scheint ausweglos, es fehlt selbst an Nahrung für das Kind. Die Selbstvorwürfe Evchens werden noch gravierender, als die Alte ihr die Geschichte der Muttermörderin Humbrecht erzählt, die sie im Dorf gehört hatte. Evchen realisiert, dass sie ihre eigene Mutter, die vor Kummer gestorben ist, ins Grab gebracht hat und offenbart der Alten ihre wahre Identität. Als diese kurz das Haus verlässt, tötet Evchen ihr Neugeborenes, die letzte Kraft für den Selbstmord fehlt ihr indes. In schneller Folge erscheinen ihr Vater und auch von Gröningseck, den eine schwere Krankheit an der frühzeitigen Rückkehr gehindert hatte. Doch sie alle kommen zu spät, der vermeintlich mögliche glückliche Ausgang wird durch den Kindsmord verhindert. Mit dem Erscheinen der Gerichtsbarkeit am Tatort schließt das Drama – eine Aussicht auf Begnadigung Evchens wird zwar als offene Frage in den Raum gestellt, scheint aber unwahrscheinlich.

Sexualmoral und Kindsmord: Der Ausgangspunkt ist in Wagners Drama – ebenso wie in *Lucie Woodvil* – zunächst eine Verfehlung im Bereich der Sexualmoral. Es kommt zu einer vorehelichen und somit verbotenen Annäherung der Protagonisten, deren Resultat sich als nicht mehr beherrschbar herausstellt. Auch hier entspringt aus einer Laune, einer an und für sich noch verzeihlichen Lasterhaftigkeit, die größtmögliche Katastrophe. Nicht nur stirbt am Ende ein Kind durch die Hand der eigenen Mutter, die sich aus Verzweiflung nicht mehr zu helfen weiß – es wird eine ganze bestehende Familie sowie eine erst noch zu gründende ins Elend gestürzt. Auch Wagner bedient sich einer dezidierten Poetik der Abschreckung. Das Laster wird am Ende konsequent betraft. Erschütternd ist tatsächlich die Wucht und Umfänglichkeit der Strafe, wie sie hier in Szene gesetzt wird. An der dargestellten Gerechtigkeit dürften die zeitgenössischen Zuschauer kaum gezweifelt haben. Für einen modernen Leser stellt sich hingegen die Frage nach der Verhältnismäßigkeit von Vergehen und Strafe.

4.2.4   Joachim Wilhelm von Brawes *Der Freygeist* (1755)

Intellektuelle Verfehlungen: Moralische Verfehlungen, die schlussendlich in einer Katastrophe münden, sind aber nicht nur im Bereich niederer Motive (wie Habsucht, Ehrgeiz, sexuelle Triebhaftigkeit und dergleichen mehr) und unkontrollierter Affekte zu finden, sondern sie erstecken sich auch auf den Ideenhaushalt der Epoche der Aufklärung. Intellektuelle Verfehlungen betreffen in erster Linie Fragen der Religion, die nach wie vor Garant und Korrektiv moralischer Vorstellungen des Zeitalters ist. Abweichungen von den dogmatischen Lehrinhalten der christlichen Religion bieten ein Gefährdungspotenzial, das mindestens ebenso tragisch sein kann. Ein hochambitioniertes Drama in diesem Zusammenhang ist Joachim Wilhelm von Brawes *Der Freygeist*.

Joachim Wilhelm von Brave und *Der Freygeist*: Von Joachim Wilhelm von Brave sind uns nur zwei literarische Texte überliefert, das Bürgerliche Trauerspiel *Der Freygeist* sowie ein weiteres historisches Drama in Versen mit dem Titel *Brutus*. Das ist dennoch eine beachtliche Leistung, denn Brave verstarb bereits im Alter von 20 Jahren innerhalb weniger Tage nach der Erkrankung an Pockenfieber. Zuvor hatte er als Sohn eines höheren Regierungsbeamten in Diensten der Weißenfelser Herzöge eine hervorragende Ausbildung – unter anderem in der Landesfürstenschule Schulpforta – genossen. Während seines Jurastudiums, das er zu Beginn des Jahres 1755 in Leipzig aufnimmt, kommt er mit Christian Ewald von Kleist, Lessing und Christian Felix Weiße in engeren Umgang. Vorlesungen hört er unter anderem bei Christian Fürchtegott Gellert, mit dem er auch brieflich in Kontakt stand. Sein Umfeld in Leipzig ist literarisch geprägt und er hält sich just zu der Zeit dort auf, als Lessing von dort aus mit Friedrich Nicolai und Moses Mendelssohn in Berlin intensiv über das Wesen eines Bürgerlichen Trauerspiels nachzudenken beginnt. Im Zuge dessen hatte der Verleger Friedrich Nicolai einen Wettbewerb für das beste originale Bürgerliche Trauerspiel ausgerufen (siehe hierzu auch Abschn. 4.3.1). An dieser Preisaufgabe nahm auch der noch ganz junge Brawe mit *Der Freygeist* Teil.

Obwohl ihm die Unterstützung Lessings sicher war und insgesamt nur drei Trauerspiele rechtzeitig eingesandt wurden, wurde ein anderes Stück prämiert, nämlich Johann Friedrich von Cronegks *Codrus*. Nicolai und Mendelssohn hatten noch einiges auszusetzen an Brawes literarischem Erstling. Gedruckt wurde Brawes *Der Freygeist* indes doch, und so auch einem größeren Publikum bekannt. Der Erfolg stellte sich auch in Form diverser Aufführungen ein. Brawe selbst erlebte dies nicht mehr – wie sein Ruhm auch in den folgenden Jahrzehnten schnell verblasste, auch die literaturwissenschaftliche Forschung hat sich lange nicht um Brawes Trauerspiel bemüht (umfassend jetzt Fischer 2013, zuvor schon Alt 1994, S. 222–234). Dabei ist das Stück mit seiner Ausrichtung auf Rache und die Bemühungen um die Vernichtung des Helden aus niederen Motiven mit den Mitteln der intellektuellen Verführung einzigartig.

Joachim Wilhelm von Brawe: *Der Freygeist. Ein Trauerspiel in fünf Aufzügen* [1755]

Henley sinnt auf Rache, da er sich gegenüber Clerdon vom Schicksal benachteiligt fühlt. Die beiden jungen Männer entstammen benachbarten Familiengütern, die schon immer in Konkurrenz zueinander standen. Der tugendhafte und in der christlichen Religion verwurzelte Clerdon ist Henley dabei seit Jugendtagen überlegen gewesen, gleich ob es um die Chancen einer Anstellung oder den Erfolg bei der Brautwerbung um Amalia ging – stets behielt der allseits beliebte und vom Glück begünstigte Clerdon die Oberhand. Der Plan Henleys ist perfide, er versucht seinen Rivalen zu demütigen, indem er ihm seiner größten Kostbarkeit – seiner Tugend – beraubt. Nach und nach schafft er es unter dem Deckmantel der Freundschaft, Clerdon zum Freigeist zu machen, mit allen negativen Folgen, die der Abfall vom rechten Glauben in den Augen der Zeitgenossen haben muss. Er bricht mit der Familie, Freunden und seiner Verlobten, um sich einem lasterhaften Leben mit zahllosen (nicht eigens genannten) Ausschweifungen hinzugeben.

In einem nordenglischen Gasthaus trifft der gutmütige Jugendfreund Granville und seine Schwester Amalia auf die beiden Rivalen, die nach wie vor eine, wenn auch falsche, Freundschaft verbindet. Die Nachricht vom Tod des Vaters erschüttert Clerdon, er hegt nach Gesprächen mit Granville tiefgreifende Zweifel an der eingeschlagenen Lebensweise, die Henley allerdings abermals zerstreuen kann. Letztlich siegt Clerdons Eitelkeit und Stolz, er „will nicht der Spott der Welt werden", wenn er zu den überwundenen Vorurteilen der Religion zurückkehrt.

Ein Brief von Henleys Diener, den bereits zu Beginn des Stücks Gewissensbisse wegen des Plans seines Herrn geplagt hatten und der um sein eigenes Seelenheil fürchtet, erreicht Clerdon. Darin wird er vor einem falschen Freund gewarnt, der ihn verderben will. Henley erhält Kenntnis von diesem Brief und beeinflusst die Deutung des anonymen Schriftstücks durch Clerdon zu seinen Gunsten, indem er den Verdacht auf Granville lenkt. Dieser bestrebe nicht weniger als Clerdons Verderben, als Rache aus enttäuschter Freundschaft. Clerdon beschließt, Granville in seinem vermeintlichen Vorhaben zuvorzukommen. Auch die Begegnung mit Amalia und deren Beteuerung ihrer und Granvilles Freundschaft können Clerdon nicht besänftigen – er flieht ihre Gegenwart. Die Geschwister haben eine erste, noch undeutliche Ahnung des Komplotts, deren Opfer auch sie werden sollen.

Der Entschluss Clerdons, seine Ehre im Tod Granvilles zu retten, steht nunmehr fest. Henley triumphiert – sein Racheplan scheint aufzugehen. Das Ziel, Clerdon als Mörder seines besten Freundes und damit auf ewig unglücklich zu sehen, rückt in greifbare Nähe. Clerdon, vom Gespräch mit Henley aufgewiegelt und voller Zorn, versucht im Garten Granvilles habhaft zu werden, es kommt zum tödlichen Duell – Clerdon flieht unbemerkt. Ein letztes Gespräch zwischen den Freunden – die Diener tragen den Sterbenden in das Gasthaus – schafft Klarheit über die wahren Verhältnisse: Granville wollte

Clerdon auf den Pfad der Tugend zurückführen, ihn und seine Schwester verheiraten. Sterbend vergibt Granville Clerdons Taten, der Ausdruck christlicher Tugendhaftigkeit martert den verzweifelten Freund.

Ein weiteres Gespräch mit Amalia schließt sich an und auch hier wechselt die Bestürzung über die Tat in eine nachsehende und verzeihende Milde. Zuletzt bietet sich auch noch Clerdons alter Diener Truwort an, die Strafe für das Verbrechen auf sich zu nehmen, was dieser allerdings ausschlägt – somit sind alle im Nahbereich Clerdons als tugendhafte Menschen charakterisiert, Clerdon wird seine eigene Verblendung deutlich, er verflucht die Freigeisterei. Im letzten Auftritt des Dramas entdeckt Henley Clerdon seine Pläne und erklärt seine Rache für vollendet. Clerdon erdolcht Henley, bevor er die Waffe gegen sich selbst richtet.

Freigeisterei und Vernichtung: Es gehört zur Natur der Sache im Bürgerlichen Trauerspiel mit seiner Ausrichtung auf die moralische Besserung des Menschen, dass die Übertretung moralischer Normen – gewollt und bewusst oder aber nur aus Unwissenheit und Schwachheit, den Boden für den späteren, tragischen Konflikt bereitet, der seinen konsequenten und notwendigen Abschluss in der Katastrophe findet. So auch in Brawes Stück *Der Freygeist*, auch hier finden sich am Ende des Stücks eine Vielzahl an Leichen auf der Bühne. Allein die Ausgangsbedingungen sind in diesem Fall andere und genau dieser Umstand macht das Stück als Zeitzeugnis und moralisches Experiment so interessant.

Freigeisterei bezeichnet im 18. Jahrhundert eine Form von (vermeintlichem) Unglauben, der bis hin zu Vorwürfen des Atheismus führen kann. Die Wahrnehmungen der Schwere des Vergehens, gerade auch in moralischer Perspektive, divergieren freilich, je nachdem, wer urteilt. In jedem Falle aber gilt, dass auch noch im 18. Jahrhundert der Vorwurf der ‚Atheisterey‘ mitunter existenzgefährdend oder gar -zerstörend sein konnte. Wenngleich sich die Vorgeschichte der Freigeisterei der Sache nach sicherlich weit in die Vergangenheit verlängern ließe, so steht begrifflich doch *A Discours of Freethinking* des englischen Deisten Anthony Collins hier Pate, das erstmals 1713 gedruckt wurde.

Anthony Collins: *A Discours of Freethinking***:** Collins war Teil der englischen Frühaufklärung, Frei-denken heißt in einem ersten Schritt und in diesen Zusammenhängen nicht viel mehr als Selbstdenken, also eine dezidierte Orientierung an rationalistischen Prinzipien. Eine Folge davon ist ein Gottglauben ohne weitere Bezüge auf eine wie auch immer geartete Offenbarung – bisweilen spricht man in der Zeit auch von einer ‚natürlichen Religion‘. Das ging vielen bereits zu weit und aus christlich-orthodoxer Sicht war mit dieser sehr privaten Religionsauslegung die Grenze zur Leugnung Gottes bereits deutlich überschritten. Das Doppelgepräge des strikt Rationalen und dabei doch moralisch Ruchlosen ist den Zeitgenossen bekannt, es gehört fest zum Ideenhaushalt des 18. Jahrhunderts. Aber zurück zu Brawes Drama, denn dort wird genau dieser innere Konflikt, in den Clerdon von Henry gedrängt wird, inszeniert – mit all seinen negativen Folgen.

Aus der Freigeisterei Clerdons – das ist die Überzeugung der Zeit und das illustriert das Drama eindrucksvoll – folgen weitere moralische Fehltritte beinahe mit zwingender Konsequenz. Er entfernt sich von seinem ihn liebenden Jugendfreund Granville, er verliert seine Braut Amalia, stürzt den Vater ins Elend und wird dergestalt verantwortlich für seinen Tod. Klimaktisch angelegt kommt es sogar zum Mord am empfindsam liebenden Freund, gesteigert nur noch in der Rache an seinem Verderber und dem sich anschließenden Selbstmord. Der Ausgangspunkt dafür schien lapidar – eine allzu freie Auslegung der Religion und die Überzeugung, es besser zu wissen. Diese Form der Hybris, der Selbstüberschätzung und damit der Fehleinschätzung der Umstände ist seit der Antike ein für die Tragödie konstitutives Merkmal (vgl. den Begriff der *Hamartia)*. Wer sich vom rechten Glauben abkehrt, wird auch zusehends moralisch haltlos. Granville hält seinem lieben Freund schon frühzeitig den Spiegel vor:

> „**Granville**. Sind hier Beweise nöthig? Würde ich nicht diesen so oft beschämten, so oft wiederholten Zweifeln zu viel Ehre erzeigen, wenn ich sie einer neuen Beantwortung würdigen wollte? Würde ich nicht zugleich Ihrem Verstande einen gewiß ungerechten Vorwurf machen, gleich als wüßten sie nicht bereits, wie man diese ohnmächtigen Phantomen, die Bosheit und Unverstand erschaffen, niederkämpfen kann? Sie kennen ihre Religion. Es war eine Zeit, da Sie es würden für eine Beleidigung angesehn haben, wenn man an ihrer Verehrung gegen dieselbe gezweifelt hätte. Durchforschen Sie sich unparteyisch. Wenn [sic] wurden Sie ein Freygeist? War es nicht der unglückliche Zeitpunkt, mit dem sich zugleich ihre Ausschweifungen anfingen? War es nicht der Haß gegen eine verdrüßliche Lehrerinn, die ihnen Ihre Fehler verwies? war es nicht Stolz, Eitelkeit, Zerstreuung, die Sie wider ihren Schöpfer –
> **Clerdon**. Schöpfer, Granville? Setzen Sie mich in die Classe der Gottesleugner?
> **Granville**. Nein, Clerdon, eines solchen Grades der Raserey sind nur die Verworfensten des menschlichen Geschlechts fähig. Ich will es ihnen zugestehn, sie gehören zu denen, die auf das stolze Bekenntniß einer natürlichen Religion trotzen. Allein muß ihr System davon nicht das verächtlichste Gespinst seyn, das je ein menschlicher Wahn zusammengewebt hat? Vernünftig handeln wollen und mitten in einem verschwenderisch um uns her ausgegoßnen Überfluß von Licht mit Gewalt sich die Augen zudrücken; einen Schöpfer verehren, ihn erkennen wollen und doch den vorzüglichsten Weg, uns von ihm zu unterrichten, sogleich im voraus ohne alle Ursache sich verschließen und zugleich sich mutwillig in Gefahr stürzen, als der undankbarste Frevler gegen ihn zu handeln, wenn eine aus Parteylichkeit verworfne Religion wahr seyn sollte, die uns ihn" – (Brawe: Der Freygeist, II, 6; S. 29)

Der mit den Ideen der Aufklärung vertraute und trotzdem fest in seiner Religion verwurzelte Granville wird hier zum Sprachrohr einer poetischen Gerechtigkeit. Seine Weitsicht wirft bereits ein Licht auf das Ende des Trauerspiels. Denn mit der Religion ist nicht zu spaßen, im Falle der Verfehlungen von Clerdon erstrecken sich die Folgen als Wirkung bis ins Jenseits. Ewige Verdammnis ist das Resultat. Genau dieser Umstand ist das Perfide an dem Racheplan Henleys, er macht nicht im Diesseits halt, sondern erstreckt sich noch ins Jenseits, und das für alle Zeit. Die Vernichtung, die Henley für Clerdon angedacht hat, ist insofern eine totale. Die Abschreckung für die ZuschauerInnen daher maximal. „Bewunderung und Schrecken genügen dem Stück als Strategien, um moralisch zu wirken" (Fischer/Riemer 2002, S. 91). Die Inszenierung der poetischen Gerechtigkeit ist umfassend – die beiden lasterhaften Charaktere Henley und Clerdon gehen unter, während tugendhaftes Leben belohnt wird. Selbst im Sterben ist Granville noch ein umfassend tugendhafter Charakter, der mit seinen letzten Atemzügen dem eigenen Mörder vergibt und Trost spendet.

Entfernung von der Religion: An Brawes Bürgerlichem Trauerspiel *Der Freygeist* lässt sich eine Grundlage der Aufklärung präzise studieren, nämlich dass Religion und Vernunft sich gerade nicht ausschließen, sondern in den allermeisten Fällen komplementär gedacht werden. Aufklärung ist so gut wie nie – außer in ihren radikalen Formen (Israel/Mulsow 2014) – das Gegenteil der Religion. Im 18. Jahrhundert behauptet daher auch die christliche Tugendlehre ihr Recht. Weicht man von ihren Grundsätzen ab, führt dies zu Zerstörung, Elend und Verblendung. Auch wenn die Zeitgenossen darüber nachdenken, ob sich Moral und damit tugendhaftes Verhalten unabhängig von der Religion denken lassen – das ist die berühmte Frage, ob ein Atheist tugendhaft sein könne –, bleibt die praktische Ausrichtung im Leben weitestgehend an die christlichen Überzeugungen rückgebunden. Aufklärung ist also keine Unternehmung, die geradlinig auf eine säkulare Gesellschaft zusteuert.

Ausnahmezustände und Abschreckung: Offensichtlich überzeugt eine Poetik der Abschreckung gerade mit den Situationen, die einen Ausnahmezustand anzeigen. Je drastischer die Umstände, umso sicherer scheint die moralische Botschaft als Abschreckung zu wirken. Grauzonen einer poetischen Gerechtigkeit finden sich hier nicht. Bezogen auf die Problemlagen – Naturkatastrophe (*Die Lissabonner*), Inzest (*Lucie Woodvil*), Kindsmord (*Die Kindermörderin*) und Atheismus (*Der Freygeist*) – ist die Botschaft eindeutig. Die schwerwiegendsten Vergehen haben die drastischsten Folgen, ohne Wenn und Aber. Die moralische Drohkulisse, die sich dahinter aufbaut, ist freilich gewaltig: Auch die kleinste Verfehlung kann direkt in den Untergang führen.

4.3   Poetik des Mitleids

4.3.1 *Briefwechsel über das Trauerspiel*

Zu Form und Entstehungsgeschichte: Der erst später so genannte *Briefwechsel über das Trauerspiel* der drei Freunde Lessing, Nicolai und Mendelssohn war rein privater Natur und nie zur separaten Veröffentlichung bestimmt (Multhammer 2021). Den Ausgangspunkt bildet eine Reise, die Lessing im Oktober 1755 antritt, die ihn in räumliche Distanz zu seinen Freunden in Berlin setzt und den Briefwechsel so erst nötig macht. Durch die Abreise Lessings „[ging] eine vielversprechende Diskussionsgemeinschaft in die Brüche […], um freilich, zum Gewinn der Nachwelt, als Korrespondenzgemeinschaft auf Zeit wieder aufzuerstehen" (Barner in WuB 3, S. 1379). Erstmals zugänglich waren diese Briefe in einer Edition aus dem Jahre 1789 – acht Jahre nach Lessings Tod –, die allerdings das Gespräch nicht im Zusammenhang darstellte. Es handelt sich um eine umfangreichere, aber durchaus sehr selektive Sammlung. In seiner jetzigen Form und unter dem Titel *Briefwechsel* *über das Trauerspiel* erschienen die Texte erstmals 1910 in einer Edition von Robert Petsch. Für die Forschung zum Bürgerlichen Trauerspiel wurden diese freundschaftlichen Einlassungen zum Thema jedoch von herausragender Bedeutung.

Den Anstoß gab der ansonsten recht müßige Briefschreiber Lessing selbst, als er im Mai 1755 „eine Menge unordentlicher Gedanken über das bürgerliche Trauerspiel" ankündigt, die Nicolai für seine geplante *Abhandlung vom Trauerspiel* vielleicht nützlich sein könnten (zur bisher wenig gewürdigten Eigenständigkeit von Nicolais Tragödienpoetik siehe Martinec 2008). Mit Nicolais Antwortschreiben vom August 1756, in dem er Lessing die Grundgedanken seiner Schrift schildert, nimmt der Briefwechsel erste Fahrt auf. In der Folge nimmt die Frequenz deutlich zu, der Freund ‚Herr Moses', wie ihn Lessing und Nicolai respektvoll nennen, steigt in die Diskussion mit ein und bereichert die Korrespondenz um eine dezidiert philosophische Perspektive. Im *Briefwechsel über das Trauerspiel* wird zusehends deutlich mehr verhandelt als die dramentheoretischen und poetologischen Grundlagen einer neu zu schaffenden Gattung, es ist auch ein Querschnitt der philosophischen Positionen der 1750er-Jahre.

Ästhetik im Brennglas: Der *Briefwechsel über das Trauerspiel* ist ein Diskurs über Kunst, das steht außer Frage, und es ist insofern auch ein Diskurs über Ästhetik, könnte man meinen. Die Ästhetik war im 18. Jahrhundert eine noch junge Disziplin innerhalb der Philosophie, sie entsteht erst – als solche – im Verlauf der Aufklärung. Im Verständnis des 18. Jahrhunderts ist „Ästhetik […] die philosophische Disziplin, die sich mit der sinnlichen Wahrnehmung und den sinnvollen Gefühlen, vorzüglich aber mit dem Schönen in Natur und Kunst befasst" (Recki 1995, S. 29). Von ‚Ästhetik' im engeren begrifflichen Sinne lässt sich im 18. Jahrhundert erst nach der Veröffentlichung von Alexander Gottlieb Baumgartens *Aesthetica* sprechen, die 1750 erstmals erschien. Die Fragen nach den Möglichkeiten einer sinnlichen Erkenntnis sind indes freilich älter, sie waren bereits in der ersten Hälfte des 18. Jahrhunderts deutlich konturiert. Zu welcher Leistung waren die ‚unteren Seelenkräfte', also die Leidenschaften oder Affekte, eigentlich fähig? Was trugen sie zum menschlichen Seelenhaushalt bei? Waren sie ein zu überwindendes Übel – wie man über weite Strecken der Frühen Neuzeit hinweg annahm –, oder hatte man etwas übersehen? Der Optimismus der Frühaufklärung scheint den Boden bereitet zu haben, den Gefühlen einen neuen Platz auch in den philosophischen Systemen (freilich nicht in allen) einzuräumen. War die Frage nach der Schönheit einstmals von untergeordnetem Interesse oder in die Rhetorik ausgelagert, steht das Schöne in der Philosophie nun wieder auf einer einstmals bereits erreichten Stufe.

Das ist im *Briefwechsel* der Freunde nicht unmittelbar ersichtlich: Über die Schönheit der Tragödie wird nicht offen disputiert. Aber es geht über weite Strecken um Gefühle, also um die Möglichkeit einer wie auch immer gearteten Form sinnlicher Erkenntnis. Das ist das ungemein aktuelle und vor allem raumgreifende der in den Briefen skizzierten Programme, sie wollen allesamt weit mehr leisten, als eine neue Poetik der Tragödie vorzustellen. Das Gebiet, auf dem die Kontroverse ausgeführt wird aber eignet sich wie kein zweites, hier konzentrieren sich und kulminieren die brisanten Fragestellungen der Zeit.

Moral: Das Wahre, Schöne und Gute bilden bereits seit der Antike eine Einheit. Im 18. Jahrhundert wird diese Verbindung neu konturiert. Wenn sich etwas als wahr erweist – so einer der Grundgedanken des Rationalismus, dann ist es auch gut. Das Gute, mithin also Moral, ist der Vernunft einsichtig und zugänglich. Worin dieses Gute aber besteht, hat sich fundamental geändert. War es etwa bei Hobbes noch die Aufgabe der Vernunft, die Affekte unter Kontrolle zu halten, hat sich in Teilen der Philosophie – etwa bei Shaftesbury – die Überzeugung durchgesetzt, dass die Affekte ein direkter Ausdruck der an sich guten Natur sind. Hier muss Natur also nicht gezähmt werden, sondern die Moralität des Menschen stellt sich gerade in seinem natürlichen Verhältnis zur Welt her. Dieses Verhältnis ist insofern auch vernünftig, als es sich an der Grundeinrichtung der Welt orientiert. „An der Weltbeschaffenheit selbst liegt es also, daß Erkenntnis, Moralphilosophie und Ästhetik unmöglich voneinander getrennt werden können – weder auf der Ebene des Objekts noch auf der des Subjekts" (Kondylis 1986, S. 396). Es ist genau diese Einheit in der Vollkommenheit, die den Glauben an ein Ideal des Trauerspiels nährt. Denn wenn diese Beziehung Gültigkeit für sich beanspruchen darf, dann muss sie auch abbildbar sein. Das Trauerspiel könnte hierfür der geeignete Ort, die Bühne sein. Das Drama wäre dann eine Möglichkeit zu dieser Vollkommenheit beizutragen, einerseits in der Darstellung, andererseits in der Wirkung auf das Publikum.

Perfektibilität: Vor allem in der zweiten Hälfte des 18. Jahrhunderts setzt sich die Auffassung endgültig durch, dass der Mensch ein Wesen sei, das nach Vollkommenheit strebt, diese Vollkommenheit aber ein Zustand ist, den es erst noch zu erreichen gilt. Zeitgenössisch spricht man von der Perfektibilität des Menschen (Hornig 1980). Der Mensch ist – der Anthropologie der Zeit folgend – ein Mängelwesen und als solches überhaupt erst zu einer Weiterentwicklung, die immer auch eine Höherentwicklung ist, fähig. Dieser Befund ist sowohl empirischer Natur (das Kleinkind ist nicht allein überlebensfähig) als auch theologisch begründet. Durch den Sündenfall des Menschen und die Vertreibung aus dem Paradies haftet ihm ein Makel an. Gleichwie, in beiden Fällen muss der Mensch ein Erziehungsprogramm durchlaufen, um die ihm angemessene Entwicklungsstufe zu erreichen. Das Konzept der Perfektibilität ist eine der grundlegenden Vorstellungen der Aufklärung und findet sich in beinahe allen relevanten Bereichen des menschlichen Lebens. Denn in allen Bereichen soll der Mensch nach Vollkommenheit streben, in seiner Bildung, seiner sittlichen Ausrichtung und seinem moralischen Urteil und Streben. Er soll seinen Geschmack vervollkommnen und lernen, was schön ist. Dieser universelle Anspruch ist das Komplement der angenommenen Einheit des Wahren, Guten und Schönen. Ganz gleich, wo man ansetzt, es gibt eine positive Rückwirkung auf die anderen Bereiche. Gleiches gilt aber auch umgekehrt: versäumt man einen Bereich, hat das immer negative Folgen für den ‚ganzen Menschen'.

Suche nach einem zu begründenden Genre und dessen ästhetischen Regularien: Vor diesem Hintergrund lässt sich auch das zähe Ringen um die angemessene Form eines Bürgerlichen Trauerspiels besser verstehen. Wenn man unter ‚bürgerlich' eine Gesellschaftsschicht versteht, die Zugang zu den Ideen der Aufklärung hat, dann macht es sicherlich Sinn, genau diese gesellschaftliche Gruppe auf die Bühne zu bringen, um pädagogische Zielsetzungen zu verwirklichen. Doch dabei begegnet man einer eminenten Schwierigkeit: Wie soll man ein pädagogisches Programm auf der Bühne in Szene setzen, wenn die Regularien dieses Programms noch nicht einmal feststehen? Menschliche Vollkommenheit oder Vervollkommnung ist ein reichlich abstraktes Ziel, das nicht einen Weg zur potenziellen Erfüllung kennt. Schon allein die Diskussion darüber, ob das Theater etwas Genuines zu dieser Entwicklung beitragen kann, mag man als Indiz dafür ansehen. Die Diskussion um das Bürgerliche Trauerspiel hat deshalb gleich mit mehreren unbekannten Variablen zu kämpfen.

Es handelt sich um ein dialektisches Verfahren. Poetologische Überlegungen sind unmittelbar als philosophische Anleitungen zu verstehen und umgekehrt. Dabei ist gar nicht geklärt, was in diesen Überlegungen Prämisse und was Folgerung ist, was Mittel und was Zweck. Diese Umstände finden sich in der Gestalt des *Briefwechsels über das Trauerspiel* wieder: Lessing argumentiert aus einer poetologischen Position heraus, die sich zuvorderst an Aristoteles orientiert, Moses Mendelssohn gründet seine Sicht auf die Möglichkeiten und Wirkungen der Tragödie vornehmlich auf die Einsichten der Psychologie und Metaphysik seiner Zeit, seine Affektlehre ist das Produkt einer Philosophie seit Gottfried Wilhelm Leibniz und Christian Wolff. Friedrich Nicolai hingegen bestreitet, dass die Tragödie eine moralische Wirkung haben muss, solange sie nur die Leidenschaften erregt. Alle der möglichen Positionen finden sich demnach im *Briefwechsel*, was seinen besonderen Stellenwert in der Debattenlage des 18. Jahrhunderts ausmacht, sie ist dort gleichsam wie im Brennglas verdichtet und konzentriert.

Die drei Positionen im ‚Briefwechsel'
Friedrich Nicolai: Christoph Friedrich Nicolai (* 18. März 1733 in Berlin; † 8. Januar 1811 ebenda) war ein deutscher Schriftsteller, Verlagsbuchhändler, Kritiker und Dichter. Er war einer der Hauptvertreter der heute so genannten Berliner Aufklärung. Seine größte Wirkung entfaltete er zweifelsohne in seiner Funktion als einer der großen Verleger der Aufklärung. Seine Zeitschriftenprojekte, etwa die *Allgemeine deutsche Bibliothek*, waren über lange Zeit hinweg meinungsbildend für die aufgeklärte Öffentlichkeit. Unter den Beiträgern waren die führenden Köpfe des Zeitalters vertreten. Nicolai selbst war ein hervorragender Netzwerker, zudem Freimaurer und Illuminat. Seine Beschäftigung mit dem Trauerspiel muss vor diesem Hintergrund eines allgemeinen Interesses an Themen der Aufklärung gesehen werden; dass er eine eigene Abhandlung zum Thema plante, zeigt die Wichtigkeit des Gegenstandes.

Praxisorientierte Ausrichtung: Zwar schafft Friedrich Nicolai mit den Grundgedanken seiner im Entstehen begriffenen *Abhandlung vom Trauerspiele* die Grundlage, auf die die nachfolgende Diskussion aufsetzt, in der Auseinandersetzung selbst aber ist er der Zurückhaltendste der drei Freunde. Das mag vielleicht mit der Zielsetzung seiner Schrift zusammenhängen: Nicolais Intention war es, darzustellen, was in seinen Augen ein gutes Trauerspiel leisten müsste. Er orientiert sich zwar ebenfalls an Aristoteles, nimmt die Tradition der Auslegung der Schriften des Griechen allerdings nur kursorisch zur Kenntnis. Ihm ist es nicht um eine gelehrte Auseinandersetzung mit den vorhandenen Positionen gegangen, sondern es ist eine Programmschrift für ein Theater, wie er es sich wünschen würde. Ob das von Seiten der Theorie des Dramas und den hierbei zugrundeliegenden philosophischen Prämissen auf dem Stand der Zeit ist, kümmert ihn nur wenig. Sein primärer Gewährsmann ist der französische Philosoph Abbé (Jean-Baptiste) Dubos und dessen Ideen einer sensualistischen, also auf dem Gefühl beruhenden Ästhetik, wie er sie in den 1755 erschienen *Réflexions critique sur la poésie et sur la peinture* entwickelt hatte.

Die Tragödie erregt Leidenschaften: Er folgt Dubos in seiner Auffassung darin, was Kunst leisten sollte und vielleicht auch nur leisten kann: Sie soll Leidenschaften im Menschen wecken, da eine Armut an äußeren Einflüssen (Langeweile) für den Menschen unerträglich sei. Nicolai denkt in die gleiche Richtung, allerdings auf die Tragödie beschränkt. Das Hauptziel eines jeden Trauerspiels sei – und da ist er mit Aristoteles' *Poetik* konform – die Erregung von Leidenschaften beim Theaterpublikum. Das ist die vornehmste Aufgabe der Schaubühne. Damit bezieht er eine Frontstellung gegen Gottscheds Dramentheorie und deren Anhänger, die die Vermittlung eines moralischen Lehrsatzes ins Zentrum gestellt hatten. Nicolai ist sich nicht einmal sicher, ob das Theater die Menschen überhaupt bessern könne. Wichtig sei in erster Instanz das Hervorrufen von Gefühlen, ganz gleich, ob diese nun gut oder schlecht sind. Schrecken, Mitleid und Bewunderung sind die zentralen Affekte, an die Nicolai denkt. Auch hier steht er vordergründig in der Tradition Aristoteles', die Bewunderung als dramatischer Affekt entstammt der Tradition der heroischen Trauerspiele. Nicolai betreibt eine „Emanzipation der Leidenschaften" (Fick 2016, S. 153). Die Handlung orientiert sich zwar an den sittlichen Vorstellungen der Zeit – diese sollen nicht gewaltsam verletzt werden – eine unmittelbare Wirkung schreibt er der Tragödie aber nicht zu. „Erneut geht es Nicolai nicht um einen etwaigen moralischen Auftrag der Tragödie, sondern um die Maximierung der gefühlsmäßigen Wirkung" (ebd., S. 154).

Die ästhetische Komponente steht bei Nicolai klar im Vordergrund, dafür ist er bereit, auf eine moraldidaktische Funktion weitestgehend zu verzichten. Das hat sicherlich auch mit der Frontstellung gegen Gottsched zu tun, die oftmals fahlen Ergebnisse, blutleere und letztlich auch langweilige Dramen in der Nachfolge Gottscheds, wollte Nicolai um jeden Preis vermeiden.

Die Tragödie bessert nicht unmittelbar: Nicolai hat seine kleine Abhandlung zum Trauerspiel als praktische Anleitung erdacht. Ein von ihm ausgelobter Preis für ein neues Theaterstück sollte sich in etwa an die von ihm aufgestellten Regeln halten, das sollte garantieren, dass die Stücke nicht nach den Vorgaben Gottscheds eingerichtet werden. Er gibt eine kurze Zusammenfassung davon in seinem Brief vom 31. August 1756, der alle wesentlichen Punkte benennt:

> „Hauptsächlich habe ich den Satz zu widerlegen gesucht, den man dem Aristoteles so oft nachgesprochen hat, es sei der Zweck des Trauerspiels die Leidenschaften zu reinigen oder die Sitten zu bilden. Er ist, wo nicht falsch, doch wenigstens nicht allgemein, und Schuld daran, daß viele deutsche Trauerspiele so schlecht sind. Ich setze also den Zweck des

Trauerspiels in die Erregung der Leidenschaften, und sage: das beste Trauerspiel ist das, welches die Leidenschaften am heftigsten erregt, nicht das, welches geschickt ist, die Leidenschaften zu reinigen. Auf diesen Zweck suche ich alle Eigenschaften des Trauerspiels zu vereinigen. Das vornehmste Stück ist und bleibt die Handlung, weil dieselbe zu der Erregung der Leidenschaften am meisten beiträgt." (WuB 3, S. 664)

Nicolai distanziert sich von dem Anspruch, dass die Tragödie einen moraldidaktischen Zweck verfolgen solle. Ebenso weist er jegliche Form einer Katharsis im aristotelischen Sinne zurück. Beides ist in seiner Dramenkonzeption entbehrlich, es kommt ihm lediglich darauf an, dass überhaupt Leidenschaften geweckt werden.

▶ **Katharsis**, f. [gr. = Reinigung] ist ein von Aristoteles etablierter dramentheoretischer Begriff aus dessen *Poetik*, der die Wirkung der Tragödie als ‚Reinigung der Seele‘ versteht. Ausgelöst wird dieser therapeutische Prozess beim Zuschauer durch Jammern (*éleos*) und Schaudern (*phóbos*), also dem Durchleben und der Entladung der eigenen Affekte während der Rezeption. Später gibt es immer wieder paradigmatische Umdeutungen des Katharsis-Begriffs, beispielsweise durch Herder, Lessing und auch Goethe (siehe hierzu auch Kap. 1).

Der Primat der Dramenhandlung liegt auf der Erzeugung von Affekten, zunächst einmal ganz gleich welcher Art, es müssen nicht einmal positiv konnotierte Affekte wie das Mitleid oder die Rührung sein. Auch mit den drei Einheiten muss man es nicht zu genau nehmen, auch sie unterliegen letztlich nur dem Diktat der Erregung von Leidenschaften:

„Die wesentlichen Eigenschaften der Handlung sind die Größe, die Fortdauer, die Einfalt. Die tragische Größe einer Handlung bestehet nicht darin, daß sie von großen oder vornehmen Personen vollbracht wird, sondern darin, daß sie geschickt ist, heftige Leidenschaften zu erregen. Die Fortdauer einer Handlung bestehet darin, daß sie nie durch eine andere Handlung unterbrochen werde; und die Simplizität, daß sie nicht durch Inzidenthandlungen so verwickelt werde, daß es Mühe kostet, ihre Anlage einzusehen. Hat sie diese beiden letzteren Eigenschaften, so hat sie zugleich die Eigenschaft, welche die Kunstrichter schon längst unter dem Namen der Einheit anbefohlen haben. Die Einheit der Handlung ist durchaus notwendig; ohne sie können wohl Teile, aber niemals das Ganze schön sein. Die Einheiten der Zeit und des Orts dürfen nicht so strenge beobachtet werden, und es ist am besten, Zeit und Ort nicht allzu genau zu bestimmen." (WuB 3, S. 665)

Das Regelwerk wird bei Nicolai mehr und mehr zum bloßen Beiwerk, dabei kommt es ihm im Wesentlichen auf die Wirkung der Leidenschaften an, daran bemisst sich auch die besondere Einteilung der unterschiedlichen Tragödientypen:

„Die Trauerspiele lassen sich nach den Leidenschaften, die sie erregen wollen, einteilen: 1) in Trauerspiele, welche Schrecken und Mitleiden zu erregen suchen. Diese nenne ich rührende Trauerspiele, und hieher gehören alle bürgerliche Trauerspiele, ferner alle die, in welchen bürgerliches Interesse herrschet, [...] 2) Trauerspiele, welche durch Hülfe des Schreckens und Mitleidens Bewunderung erregen, nenne ich heroische; [...] 3) Trauerspiele, worin die Erregung des Schreckens und Mitleidens mit der Bewunderung vergesellschaftet ist, sind vermischte Trauerspiele, [...] 4) Trauerspiele, welche ohne Hülfe des Schreckens und Mitleidens Bewunderung erregen sollen, sind nicht praktikabel, weil der Held im Unglücke die größte Bewunderung, aber auch zugleich Mitleiden erregt." (WuB 3, S. 665)

Es gibt demnach rührende, heroische und gemischte Trauerspiele, die sich nach Thematik und ihrer Zielsetzung unterscheiden. Für Nicolai ist das genug an Systematik. Er spannt einen Rahmen auf, innerhalb dessen man als Dichter relativ frei agieren kann, so lange man sich daran hält, Leidenschaften zu erregen. Deutlich subtiler und philosophisch ausgefeilter wird das bei Moses Mendelssohn.

Moses Mendelssohn: Moses Mendelssohn (* 6. September 1729 in Dessau; † 4. Januar 1786 in Berlin) hat wie erwähnt einen deutlich philosophischeren Zugang zur Trauerspielthematik. Letztlich ist es ein Prüfstein für seine eigenen philosophischen und psychologischen Überlegungen. Prinzipiell steht er in der Diskussion deutlich näher auf der Seite Nicolais, er „übersetzt dessen dramentheoretische Termini in die Sprache des Metaphysikers und bindet somit dessen Positionen in die Vollkommenheitslehre ein, wie sie von Wolff und Leibniz ausformuliert wurde. Psychologische Analyse, ästhetische Reflexion und metaphysische Orientierung bilden bei Mendelssohn eine unaufhebbare Einheit" (Fick 2016, 154).

Vermischte Empfindungen: Zum zentralen Begriff wird bei Mendelssohn die ‚Bewunderung'. Für Mendelssohn ist die Theorie der Perfektibilität grundlegend, der Mensch sei auf der Suche nach immer neuen ‚Vorstellungen', die zu einem rastlosen Nacheinander an Empfindungen führen. Das ist durchweg positiv gemeint, der Mensch besteht darauf, Neues zu erfahren, es ist eine lustvolle Betätigung. Diese kann auf ganz unterschiedliche Art und Weise ins Werk gesetzt werden, je nachdem, wie die Erweiterung der Erkenntnisse im Menschen zustande kommt. Zwei Wege stehen hier grundsätzlich zur Verfügung, die Mendelssohn der Psychologie seiner Zeit entsprechend in ‚untere' und ‚obere' Seelenvermögen unterteilt.

Diese Unterteilung ist deutlich hierarchisiert: während die ‚unteren' Seelenvermögen, also die Leidenschaften und Affekte, zwar unmittelbarer auf die Seele des Menschen wirken, bleibt ihnen doch nicht mehr, als dass sie undeutliche Erkenntnisse ermöglichen. Erst die rationale Überprüfung und Rückbindung durch den Verstand und den bewussten Willen des Menschen – als die ‚oberen Seelenkräfte' – ermöglicht eine deutliche Form der Erkenntnis. Für Mendelssohn ist die Tragödie daher ein Abbild der menschlichen Wirklichkeit, sie zeigt Handelnde als Handelnde und ahmt somit einen Teil der Wirklichkeit nach – den immer strebenden Menschen. Ihr Zweck ist es, Leidenschaften zu erregen, die den Menschen auf seinem Weg zur Vollkommenheit antreiben. Das kann die Tragödie leisten, mehr aber auch nicht. Die wirkliche Erkenntnis bleibt eine Sache der Vernunft, sie ist die regulierende Kraft, die aus den Empfindungen gut und schlecht abstrahiert.

Das Mitleiden in der Tragödie ist nur eine unter vielen möglichen Empfindungen und keineswegs – hier lässt sich Mendelssohn im *Briefwechsel* auch nicht umstimmen – privilegiert. Denn Mitleid könne man auch mit Bösewichtern haben, eine sittliche Größe ist nicht zwingende Voraussetzung für Mitleid. So – folgert Mendelssohn – könne zwar ein starker Affekt hervorgerufen werden, aber eine direkte moraldidaktische Absicht lässt sich nicht daraus ableiten. Erst die rationale Kontrolle der Affekte zeitigt einen sittlichen Nutzen.

Als stärksten Affekt favorisiert Mendelssohn die Bewunderung und damit einhergehend auch die heroische Tragödie:

> „Bitten Sie also die Bewunderung, diese Mutter der Tugend, um Verzeihung, daß Sie von ihrem Werte so nachteilig gedacht haben. Sie ist nicht bloß ein Ruhepunkt des Mitleidens, der nur deswegen da ist, um dem von neuem aufsteigenden Mitleiden wieder Platz zu machen; nein! die sinnliche Empfindung des Mitleidens macht einer höhern Empfindung Platz, und ihr sanfter Schimmer verschwindet, wenn der Glanz der Bewunderung unser Gemüt durchdringt. Die Bewunderer der Alten mögen zusehen, wie sie es entschuldigen wollen, daß die größten Dichter Griechenlands nie bewundernswürdige Charaktere auf die Bühne gebracht haben. So viel mir von ihren Trauerspielen bekannt ist, weiß ich mich nicht einen einzigen Zug eines Charakters zu erinnern, der von Seiten seiner Moralität unsere Bewunderung verdienen sollte." (WuB 3, S. 676)

Mendelssohn spielt das Mitleid und die Bewunderung gegeneinander aus, wobei Letztere als der wirkungsvollere Affekt die Oberhand behält. Diesem Verhältnis entspricht die Stellung des „physisch Guten" im Vergleich zum „moralisch Guten". Das „moralisch Gute" nötigt uns Bewunderung ab, wie Mendelssohn meint, die Seele des Protagonisten zeigt sich unempfindlich gegen Schicksalsschläge und die natürlichen Versuchungen. „Unerschrocken" ist der ideale Held, wie ihn sich Mendelssohn denkt, gegen sein Schicksal unempfindlich. Es ist letztlich ein Sieg der Vernunft über die Affekte, den sich Mendelssohn idealerweise vorstellt. Die Vernunft hat das letzte Wort, sich von den Leidenschaften überwältigen zu lassen ist nur ein erster Schritt, die rationale Kontrolle wiederzugewinnen oberstes Gebot. Nur so ist eine fortschreitende Erkenntnis und damit eine Vervollkommnung des Menschen möglich.

Aufklärung wird hier zu einem vergleichsweise elitären Geschäft. Wenn die Erregung von Leidenschaften keinen unmittelbaren Effekt auf die Moralität des Menschen hat, nimmt das der Tragödie ihre überwältigende Wirkung im Sinne einer Besserung des Menschen. Diese hat Mendelssohn aber auch nicht beabsichtigt, seine Konzeption sieht vor, dass die Vorstellung der Schicksalsfälle in der Tragödie den Hintergrund bildet, vor welchem in einem zweiten Schritt eine deutliche Erkenntnis möglich wird – es ist ein intellektueller Akt.

Gotthold Ephraim Lessing: Lessing (* 22. Januar 1729 in Kamenz; † 15. Februar 1781 in Braunschweig) widerspricht sowohl Nicolai als auch Mendelssohn auf das Entschiedenste. Im Gegensatz zu seinen beiden Briefpartnern setzt er das Mitleid ins absolute Zentrum seiner dramentheoretischen Überlegungen. Es lassen sich drei Hauptpunkte benennen, in denen Lessings Position deutlich abweicht, ja geradezu bis ins Gegenteil. 1) Im Gegensatz zu Nicolai und Mendelssohn ist Lessing der Überzeugung, dass die Tragödie unmittelbar wirkt, die Zuschauer also ohne Umwege bessert. Ihre genuine Leistung bestehe darin, dass eine eigene Reflexion seitens der Rezipienten entfällt, auf eine intellektuelle Komponente kann Lessing so verzichten. 2) Möglich wird das durch das Mitleid, das die Dramenhandlung beim Zuschauer hervorruft; dieses Mitleid macht jeden Zuschauer zu einem besseren Menschen. Das erhöht die Reichweite, die Tragödie bessert eben nicht nur

‚Menschen von Verstande', sondern den ‚Dummkopf' gleichermaßen. 3) Schließlich lehnt Lessing die ‚Bewunderung' als zentralen tragischen Affekt ab, die Bewunderung wird ebenso wie der ‚Schrecken' dem Mitleid untergeordnet. Das hat fernerhin Konsequenzen für die heroische Tragödie, sie ist letztlich eine verfehlte Tragödie, da sie bewusst darauf verzichtet, das Mitleid ins Zentrum zu setzen. Die Bewunderung kann in der Tragödie ihren Platz haben, allerdings immer nur im Hinblick auf das Mitleiden – sie ist nur ein stillgestelltes Mitleiden, das aber niemals das Ende eines Dramas ausmachen dürfe. Die wahre Form der Tragödie ist somit immer das Bürgerliche Trauerspiel, in dem es einzig um die Erregung von Mitleid geht.

Mitleid und Moral: Die innovative Idee Lessings besteht vor allem darin, dass er das Mitleid selbst schon als zentralen moralischen Wert begreift. Das Mitleid ist nicht – wie sonst häufig im Anschluss an Aristoteles – als ein Mittel zum Zweck der Besserung des Menschen gedacht, sondern die Erregung von Mitleid als zentrale Leidenschaft ist bereits moralisch wertvoll. Im Mitleid selbst besteht bereits der moralische Nutzen. Damit setzt sich Lessing deutlich von älteren Konzepten, wie etwa dem Gottscheds, ab. Denn eine explizite Moral, als ein ausgesprochener oder zur Darstellung gebrachter Lehrsatz, ist gar nicht intendiert. Die Tragödie zerfällt also nicht länger in zwei Teile – auf der einen Seite die sinnliche Darstellung als Stück auf der Bühne, die möglichst effektvoll Leidenschaften vorstellt, auf der anderen Seite eine daraus extrahierbare moralische Anweisung oder Lehre. Bei Lessing fällt beides in ein Moment zusammen.

Doch der Streitpunkt der Briefpartner ist auf den ersten Blick gar nicht so einfach zu bestimmen, operieren doch alle mit den gleichen Begrifflichkeiten und weisen ihnen nur einen je unterschiedlichen Stellenwert zu. Die Konsequenzen, die sich daraus ergeben, sind indes enorm. Um es auf den Punkt zu bringen: Lessing versucht das Mitleid derart aufzuwerten, dass es unmittelbar auf den Zuschauer – quasi an der Vernunft vorbei – wirkt. Das Mitleid überwältigt den Zuschauer, ohne dass eine rationale Kontrolle oder Durchdringung der Materie vonnöten wäre. Es muss gar nicht zu einer klaren und deutlichen Erkenntnis kommen. Damit steht seine Konzeption im offenen Widerspruch zu derjenigen Mendelssohns und den meisten seiner Zeitgenossen. Dass sich eine Erkenntnis auf rein sinnlichem Wege Bahn brechen könnte, sehen die zeitgenössischen philosophischen und psychologischen Positionen nicht vor. Doch Lessing ist eben kein Philosoph, sondern hier in erster Linie Dramatiker und Theaterpraktiker. Daher geht es ihm auch nicht um Erkenntnis, sondern um die maximale dramatische Wirkung, und er glaubt im Mitleid genau denjenigen Affekt ausgemacht zu haben, der im Gegensatz zu allen anderen Affekten die Fähigkeit besitzt, den Menschen ohne Umwege zu bessern. Das können weder Schrecken noch Bewunderung.

Charaktere: Letztlich ist es daher auch zweitrangig, woran sich das Mitleid entzündet, es müssen nicht die eindimensionalen, moralisch vorbildhaften Charaktere sein, die durch ihren Untergang unser Mitleid verdienen. Zwar gesteht Lessing, dass das Mitleid größer ist, wenn wir einen vollkommeneren Menschen im Unglück sehen, zwingende Voraussetzung ist das indes nicht. Die Aufgabe des Tragödiendichters ist es also vornehmlich, sich eine Handlung und die entsprechenden Charaktere zu ersinnen, die im besten Maße dazu geeignet sind, unser Mitleid zu erregen. Lessing ist der Überzeugung, dass seine Konzeption mit der ursprünglichen Intention des Aristoteles übereinstimmt. Alle anderen Interpretationen seien letztlich falsche Auslegungen eines an sich ganz einfachen Sachverhalts. Aristoteles verlange nicht mehr, als dass die Tragödie Mitleid erregen soll. Der Rest ergebe sich von selbst.

Welt und Theater: Lessings Konzeption steht quer zu den dramentheoretischen (und zum Teil auch philosophischen) Überzeugungen seiner Zeit. Sie durchbricht die starre Dichotomie von Tugend und Laster, die sich so ohnehin nur im Theater, nicht aber in der Realität findet. Insofern ist Lessings Konzeption auch einem komplexeren Verständnis von Moralität und Perfektibilität geschuldet. Oftmals, so Lessings Überzeugung, ist eine eindeutige moralische Bewertung der Handlungen von Anderen gar nicht leistbar. Das entbindet uns als Zuschauer und Menschen aber nicht davon, Mitleid gegenüber diesen Menschen zu empfinden. Bewundern werden wir nur wenige Große, und auch hier nicht immer die tatsächlich Vorbildlichen, wie Lessing meint, das Unglück anderer Menschen bewirkt indes immer Mitleid.

Der mitleidigste Mensch ist der beste: Das Mitleiden wird dergestalt zu einer Art Super-Tugend, die alle anderen Tugenden in sich fasst. Es ist eine universelle Empfindung, die unmittelbar und vor allem nachhaltig wirkt. Erst in dieser Kontextualisierung wird die volle Tragweite dieses Konzepts sichtbar:

> „Wenn es also wahr ist, daß die ganze Kunst des tragischen Dichters auf die sichere Erregung und Dauer des einzigen Mitleidens geht, so sage ich nunmehr, die Bestimmung der Tragödie ist diese: sie soll unsre Fähigkeit, Mitleid zu fühlen, erweitern. Sie soll uns nicht bloß lehren, gegen diesen oder jenen Unglücklichen Mitleid zu fühlen, sondern sie soll uns weit fühlbar machen, daß uns der Unglückliche zu allen Zeiten, und unter allen Gestalten, rühren und für sich einnehmen muß. Und nun berufe ich mich auf einen Satz, den Ihnen Herr Moses vorläufig demonstrieren mag, wenn Sie, Ihrem eignen Gefühl zum Trotz, daran zweifeln wollen. Der mitleidigste Mensch ist der beste Mensch, zu allen gesellschaftlichen Tugenden, zu allen Arten der Großmut der aufgelegteste. Wer uns also mitleidig macht, macht uns besser und tugendhafter, und das Trauerspiel, das jenes tut, tut auch dieses, oder – es tut jenes, um dieses tun zu können." (WuB 3, S. 671)

Hier fallen in Lessings Dramenkonzeption Mittel und Zweck der Tragödie in eins zusammen. Und auch die erwünschte Wirkung ergibt sich unmittelbar und zwanglos, sie gründet sich in der menschlichen Fähigkeit, Mitleid zu empfinden:

> „Die Bewunderung in dem allgemeinen Verstande, in welchem es nichts ist, als das sonderliche Wohlgefallen an einer seltnen Vollkommenheit, bessert vermittelst der Nacheiferung, und die Nacheiferung setzt eine deutliche Erkenntnis der Vollkommenheit, welcher ich nacheifern will, voraus. Wie viele haben diese Erkenntnis? Und wo diese nicht ist, bleibt die Bewunderung nicht unfruchtbar? Das Mitleiden hingegen bessert unmittelbar; bessert, ohne daß wir selbst etwas dazu beitragen dürfen; bessert den Mann von Verstande sowohl als den Dummkopf." (WuB 3, S. 683)

War Mendelssohns Tragödienkonzeption ein elitäres Moment eingeschrieben, nämlich dass es einer Leistung der Vernunft bedürfte, um die erwünschte Wirkung im Sinne einer Besserung zu erzielen, ist Lessings Entwurf unbedingt egalitär. In dieser Form der Tragödie, die einzig auf die Erregung von Mitleid setzt, können alle Menschen gebessert werden, ein wahrhaft aufklärerisches Projekt.

Mögliche Einflüsse – zur Forschungslage: In der Forschung wurde vielfach diskutiert, welche ideengeschichtlichen Einflüsse, allen voran für Lessing, geltend gemacht werden können. Das ist insofern von Belang, als dass Lessings Position zunächst einmal äußerst originell ist und sich nicht umstandslos in bestehende Traditionen einordnen lässt. Das ist der eine Punkt. Der zweite Punkt betrifft die Repliken Mendelssohns. Dieser beharrt nämlich durchweg auf seiner Position, dass eine deutliche Erkenntnis nur über die oberen Seelenvermögen realisierbar sei. Er übergeht dabei seine eigene Abhandlung *Über die Empfindungen*, die nur kurze Zeit zuvor entstanden war. Dort spielte das Mitleid ebenfalls eine zentrale Rolle, mehr noch, Mendelssohn hatte dem Mitleid dort sogar zugestanden, eine sinnliche Form der Erkenntnis, wie sie im Trauerspiel vorgestellt wird, zu ermöglichen. Lessing knüpft hier direkt an. Umso mehr muss verwundern, dass Mendelssohn an dieser Stelle die Diskussion nicht erneut aufgreift. Eine mögliche Erklärung hat Hans-Jürgen Schings erarbeitet.

Jean-Jaques Rousseau: Schings hat auf die bis dahin übersehene Nähe der Positionen Lessings zu Rousseaus zweitem *Discours* hingewiesen. Rousseaus Konzept des ‚homme naturell‘ stehe im Hintergrund von Lessings Überlegungen. Dieses Konzept steht Mendelssohns striktem Rationalismus diametral entgegen. So hatte Mendelssohn „Rousseaus Auszeichnung des reflexionslosen, reflexionsfeindlichen Mitleids als Fehleinschätzung mit fatalen Folgen" bestimmt (Schings 1980, S. 34). Die These ist vor der Hand nicht unplausibel, dass Mendelssohn sich nicht weiter auf diese Argumentation Lessings einlassen möchte. Er könnte die Vermutung gehegt haben, dass sein Freund „den Rousseauismus nunmehr in die Tragödienlehre einführen" wollte (ebd.). Zwar lassen sich in Lessings Konzeption des Mitleids Anklänge an gewisse Positionen des französischen Philosophen finden, ein ganzes System übernimmt Lessing dabei aber keineswegs. Einig sind sich beide indes darin, dass es sich beim Mitleid um eine vorreflexive, spontane und vor allem universelle Leidenschaft handelt. Damit enden aber die Gemeinsamkeiten schon. Die Folgerungen, die beide daraus ziehen, sind doch unterschiedlicher Natur.

Bei Rousseau ist das Mitleid der zivilisierten Gesellschaft entgegengesetzt, als einziger Affekt, der nicht von der Vernunft korrumpiert ist. So weit geht Lessing nicht, es liegt überhaupt nicht in seinem Interesse, eine generelle Kulturkritik zu üben. Ganz im Gegenteil, das Mitleid ist ein die Gesellschaft über alle Grenzen hinweg verbindendes Element, das zum Ausgangspunkt eines Bildungsprozesses werden kann. Hinzu kommt Rousseaus Fundamentalkritik am Theater, die sich nur schlecht mit Lessings Wirkungsabsichten in Einklang bringen lässt. Eine Nähe der beiden Positionen ist nicht zu leugnen, und auch die Forschung hat wesentlich dazu beigetragen, hier das genuin Neue bei Lessing sichtbarer zu machen. Ein schlichter

Traditionszusammenhang würde Lessings Mitleidskonzeption nicht gerecht. Das gilt in ähnlicher, wenn auch schwächerer Weise für eine zweite ideengeschichtliche Linie, die häufig gezogen wurde.

Moral sense: Am Ende des Briefwechsels bringt Nicolai den Begriff des ‚moralischen Geschmacks‘ in die Diskussion und verweist damit auf eine Traditionslinie, die ihren Ausgang in England und Schottland genommen hatte. ‚Moralischer Geschmack‘ ist die deutsche Übersetzung für englisch *moral sense*. Die vornehmlich aus Schottland stammende sogenannte Moral-sense-Philosophie geht von der Annahme eines besonderen moralischen Sinnes im Menschen aus, der ihn dazu befähige, unmittelbar zwischen ‚gut‘ und ‚schlecht‘ und somit auch ‚recht‘ und ‚unrecht‘ zu unterscheiden. Dieser moralische Sinn oder Geschmack ist dem Menschen angeboren, also ebenfalls kein Produkt eines vernünftigen Räsonierens oder einer nach Erkenntnissen ausgerichteten Bildung. Wenn etwas als ‚gut‘ erkannt wird, erheischt es Zustimmung (Billigung), wird es als ‚schlecht‘ erkannt, ergibt sich eine dezidierte Aversion (Missbilligung).

Der *moral sense* wird der Sinnlichkeit zugeordnet, jedoch als eine in sich reflektierte Form der Sinneserfahrung (*reflected sense*). Und dennoch: Der Kernbereich liegt in den ‚unteren Seelenvermögen‘ und er garantiert Allgemeinheit und Unbestreitbarkeit des moralischen Urteils, das sich aus ihm ergibt. Der *moral sense* geht von Natur aus nicht fehl.

Shaftesbury und Hutcheson: Die beiden Hauptvertreter der Moral-sense-Philosophie sind Anthony Ashley Cooper, Third Earl of Shaftesbury und dessen Schüler Francis Hutcheson. Das Hauptwerk Shaftesburys, die *Characteristics of Man, Manners, Opinions, Times* (1711) versucht in Abkehr von der Lehre Hobbes’ und Lockes die Erneuerung des Gedankens eines „von Natur aus Guten“ (*mere goodness*). Sittlichkeit gehöre zur natürlichen Ausstattung des Menschen. Die Affekte garantieren ein tugendhaftes (moralisches) Handeln und werden durch Einsicht in das von Natur aus Gute möglich (Prolepsis). Das auf Einsicht beruhende Wissen unterscheidet sich von theoretischem Wissen; es ist eben nicht allein über die Ratio begründbar und nur dadurch gültig.

Francis Hutchesons grundlegendes Werk *A system of moral philosophy* wurde 1756 von Lessing ins Deutsche übersetzt. Der Kerngedanke ist auch hier die Annahme eines *moral sense*, dessen Perzeptionen gerade nicht interessegeleitet seien. Es lassen sich nach Hutcheson zwei grundsätzliche Motivationen für das eigene Handeln angeben, Selbstinteresse oder das Wohlwollen gegenüber anderen. Eine moralische Billigung (respektive Missbilligung) einer Handlung soll sich daher nicht nach dem Erfolg, sondern nach dem Motiv richten. Moralisch gute Handlungen sind dementsprechend ausschließlich Handlungen mit dem Motiv des Wohlwollens gegen andere. Hier ist die direkte Verbindung zu Lessings Mitleidskonzeption zu sehen, es ist eine Form der Empathie, die das eigene Handeln grundiert und dergestalt zu einem sicheren Ratgeber wird: „Der mitleidigste Mensch ist der beste Mensch, zu allen gesellschaftlichen Tugenden, zu allen Arten der Großmuth der aufgelegteste.“ (WuB 3, S. 671)

Hamburgische Dramaturgie: Der *Briefwechsel über das Trauerspiel* hat – abgesehen von Lessings eigenen Dramen, allen voran *Miß Sara Sampson* – keine unmittelbare Wirkung auf die Entwicklung des Bürgerlichen Trauerspiels der Zeit, die private Korrespondenz wurde erst posthum durch Lessings Bruder Karl veröffentlicht. Lessing tritt mit seinen dramentheoretischen Überlegungen umfassend erst mit dem Projekt seiner *Hamburgischen Dramaturgie* (1767–1769) ins Licht der Öffentlichkeit. Parallel zur Begründung eines Nationaltheaters in Hamburg versucht Lessing in dieser periodisch erscheinenden Theaterzeitschrift alle Aspekte des Theaters zu beleuchten, die gespielten Stücke zu rezensieren. In diesem Zusammenhang entwickelt Lessing seine Dramentheorie – wenn auch nicht in systematischer Form – weiter. Hat Lessing im *Briefwechsel über das Trauerspiel* noch für ein Maximum an Mitleid argumentiert, wird sich das in der *Hamburgischen Dramaturgie* und allen voran in *Emilia Galotti* ändern. Zwar bleibt das Mitleid weiterhin eine wichtige Kategorie, es wird im Rahmen der aristotelischen Katharsis-Lehre jedoch anders konturiert (siehe Abschn. 4.3.2)

4.3.2   Lessings Trauerspiele als Ausnahme der Regel

4.3.2.1 *Miß Sara Sampson* (1755)

Lessings Bürgerliches Trauerspiel *Miß Sara Sampson* gilt gemeinhin als die Geburtsstunde des Genres. Die einschlägige ältere Forschungsliteratur spricht da mit einer Stimme. Dem ist auch gar nicht zu widersprechen. Die ebenso einhelligen Forschungsmeinungen, dass dieses erste Stück zugleich das Vorbild für viele weitere Bürgerliche Trauerspiele sei, müssen jedoch differenziert werden. Sicherlich strebten viele Autoren von Bürgerlichen Trauerspielen dem Verfasser der *Sara* nach, ob sie den gleichen poetologischen Prämissen folgten, ist indes nicht ausgemacht. Kurzum: Lessings *Miß Sara Sampson* ist deutlich komplexer angelegt, als dass man mit der Annahme einer Dualität von Tugend und Laster sonderlich viel zum Verständnis des Stücks beitragen würde. Im Zentrum steht der Begriff des Mitleids, wie ihn Lessing bereits gegenüber seinen Freunden Friedrich Nicolai und Moses Mendelssohn vertreten hatte (siehe Abschn. 4.3.1). Worum es in dem Stück eigentlich geht, liegt nicht so offensichtlich zu Tage wie das in den bisher behandelten Stücken der Fall ist.

Worum geht es in *Miß Sara Sampson*? Eine beinahe schon komisch zu nennende Zusammenstellung möglicher Interpretationen findet sich bei Roswitha Jacobsen:

> „Daß der tragische Konflikt in Lessings erstem bürgerlichen Trauerspiel auf der Kollision zweier legitimer Ansprüche von allerdings ungleichem Gewicht beruht, ist in der Forschungsliteratur – verschieden akzentuiert – vielfach herausgestellt worden. Für Zimmermann handelt es sich um den Zusammenstoß der göttlichen Ordnung mit der in einer ‚wilden Ehe' sich realisierenden Liebe; für Saße um die Opposition von Familienordnung und Liebe, die – durch Mellefonts Heiratsscheu – sich jener nicht integrieren lasse; für die Autoren des Lessing-Handbuches um den Konflikt von väterlicher Autorität mit der eigenmächtigen Liebeswahl der Tochter, wobei im Anschluß an Seeba die Familie als ‚reduzierte Modellsituation' und ‚Medium der Konfliktdarstellung' begriffen und der Konflikt auf den Gegensatz von Öffentlichkeit und Privatheit zurückgeführt wird; für Neumann um

den Gegensatz von Autorität und gegen sie geltend gemachtem Mündigkeitsanspruch bzw. um die Kollision des ‚väterlichen Über-Ich' mit dem ‚(Freudschen) Es'; für Kittler um den in der familialen ‚Primärsozialisation' zu leistenden Ausgleich von Kultur, Vernunft, väterlichem Gesetz einerseits und der Triebabhängigkeit der inferioren Teile der Familie andererseits; für Eibl um den Zusammenstoß des gesellschaftlichen Normensystems, präsent in verschiedenen überindividuell-autoritären Instanzen, mit individuellen Bedürfnissen; für Vogg um den Konflikt zwischen Sittlichkeit und individueller Freiheit." (Jacobsen 1995, S. 81)

Für Jacobsen selbst ist Saras ‚Fehler' von Beginn an das strukturierende Moment, das das ganze Drama hindurch nicht an Wirkung einbüßt. Erlöst – und damit versöhnt – wird Sara erst im Tod.

Entstehungskontext: Man wird dem Dramentext kaum gerecht werden können, wenn man sich nicht ein wenig auf den unmittelbaren Kontext einlässt, in dem er entsteht. Sowohl die biographische Situation Lessings (s. Abb. 4.3) als auch die Themen, die ihn bis dato in seiner noch jungen Karriere als Schriftsteller und Gelehrter beschäftigt hatten, sind für das Verständnis der dargebotenen Konfliktsituation in *Miß Sara Sampson* und deren schlussendliche Auflösung in der Katastrophe unerlässlich. Allen voran Lessings Nachdenken über die moralische Verfasstheit des Menschen erreicht in der Konzeption seines Bürgerlichen Trauerspiels eine adäquate Form und damit einen ersten Höhepunkt.

Abb. 4.3 Gotthold Ephraim Lessing, Gemälde von Anna Rosina de Gasc (Lisiewska), 1767/1768, Gleimhaus Halberstadt. (Wikimedia Commons)

Der junge Lessing: Als 1755 *Miß Sara Sampson* erscheint, ist Lessing gerade einmal 26 Jahre alt. Er hatte zuvor in Leipzig und Wittenberg quer durch die Fächer studiert, eingeschrieben war er für Medizin, nachdem er eine Art Elitegymnasium – die Fürstenschule St. Afra – absolviert hatte. In der Zwischenzeit aber siedelte er nach Berlin um, unterbrach seine Studien und arbeitete als mehr oder weniger ‚freier Journalist‘, ein Berufsfeld, das es in der Mitte des 18. Jahrhunderts so noch gar nicht gab. Lessing gehörte somit – mit einigen anderen – zu einer kleinen Gruppe von Pionieren, die ausprobierten, ob man vom Schreiben auch leben kann. Mehr schlecht als recht, war die erste bittere Erkenntnis. Der Vater hatte ihn zwischenzeitlich ermahnt, den Weg zurück auf die Universität zu finden, das aufstrebende Göttingen war im Gespräch.

Deutlich mehr Sorgen als das verschleppte Studium machte Lessings Vater die Affinität des Sohnes zum Theater, die sich aus seiner Sicht nur schlecht mit der für Gotthold Ephraim geplanten Karriere als Theologen vertrug. Das Theater war auch noch in der Mitte des 18. Jahrhunderts in gewissen protestantischen Kreisen verpönt, allen voran die strenge Orthodoxie sah darin einen Ort, der die Jugend zum Lasterhaften erziehen könnte (Vollhardt 2019). Lessings Vater war selbst Pastor im sächsischen Kamenz und stand dem Theater äußerst skeptisch gegenüber, zumal dem modernen. Diese väterliche Skepsis war dem jungen Lessing aber auch Antrieb, er wollte dem Vater beweisen, dass das Theater so schlecht nicht sei, wie er dachte und sehr gut dazu geeignet war, eine moralische Botschaft zu transportieren und das Publikum zu bessern. Die literarischen Interessen während seiner Studienzeit hatten ihren Ursprung bereits in der Schule, die viel Raum für das Eigenstudium, allen voran antiker Texte, ließ (Nisbet 2008, Kap. I). Hier hatte sich Lessing großes literarisches Wissen angelesen, auf das er im Verlauf seines Studiums und seiner journalistischen Tätigkeiten immer wieder zurückgreifen konnte.

Frühe Dramen: Lessing war zu diesem Zeitpunkt schon ein vergleichsweise erfahrener Dramendichter. In erster Linie waren es Lustspiele, mit denen der junge Lessing seine Karriere als Bühnenautor begann. Titel wie *Der Freygeist, Der junge Gelehrte* oder *Die Juden* scheinen auf den ersten Blick in der Tradition der sächsischen Typenkomödie zu stehen, aber auch hier sieht man schon das Talent Lessings. Denn zweifelsohne kennt er die historischen Vorlagen für diese Stücke und spielt mit der Erwartungshaltung des Publikums. Alle Stücke eint, dass sie die gängigen – und damit erwartbaren – Gattungskonventionen in unterschiedlicher Weise gezielt unterlaufen und dadurch die Grenzen und Möglichkeiten der Komödie auszuleuchten suchen. Lessings Einstieg in die dramatische Kunst als Praktiker läuft also vornehmlich im Bereich der Komödie und des ‚rührenden Lustspiels‘ ab. Vorbild sind ihm hier auch die antiken Autoritäten, allen voran Plautus, dessen Komödien er ebenfalls übersetzt und mit poetologischen Überlegungen flankiert (Kornbacher-Meyer 2003; Lukas 2005). Schon hier zeigt sich der Anspruch Lessings, nie nur Literaturkritiker zu sein, sondern eben auch selbst Dichter. Diese Rückbindung der theoretischen Reflexion auf Grundlage seiner umfassenden Kenntnis der Literaturgeschichte an die Praxis wird zu einem Signum seines weiteren Schaffens werden.

Man kann hier durchaus einen gewissen Totalitätsanspruch ausmachen. Der Weg von der Komödie hin zur Tragödie ist daher nur folgerichtig und der notwendige zweite Schritt.

Der unmittelbare Anlass und geistesgeschichtliche Voraussetzungen: Von Friedrich Wilhelm Basilius von Ramdohr ist folgende Anekdote überliefert:

> „Leßing war mit Mendelssohn bey der vorstellung eines der französischen weinerlichen dramen zugegen. Der letzte zerfloß in thränen. Am ende des stücks fragte er seinen freund, was er dazu sagte? Das [!] es keine Kunst ist, alte weiber zum heulen zu bringen, versetzte Leßing. Das ist leicht gesagt, aber nicht so leicht gethan, antwortete Mendelsohn [!]. Was gilt die wette, sagte Leßing, in sechs wochen bringe ich ihnen ein solches stück." (Daunicht 1971, S. 82)

Lessing verabschiedete sich – wie üblich – nicht von seinen Freunden (Barner 2005) und bezog stattdessen umgehend ein Apartment in Potsdam. Besuch empfing er in den darauffolgenden Wochen keinen, bis im Frühjahr 1755 *Miß Sara Sampson* fertiggestellt war. Diese Arbeitsweise ist für Lessing nicht untypisch zu dieser Zeit, häufig sind seine poetischen und gelehrten Schriften das Zeugnis eines Kraftakts, was nicht unmittelbar zur Fertigstellung und Vollendung gelangt, bleibt oftmals Fragment, andere – vielleicht interessantere – Arbeiten schieben sich in den Vordergrund. Anders hier in diesem Fall, die prompte Veröffentlichung (im sechsten Teil der *Schrifften* und zugleich als deren Abschluss, Niefanger 2015) mögen zusätzliche Motivation für die rasche Niederschrift gewesen sein. Das Stück ist also innerhalb weniger Wochen entstanden. Anders als viele Dramen der Zeit nimmt sich Lessing keines historischen Stoffes an und gestaltet ihn, sondern er setzt das Dramengeschehen in seine unmittelbare Gegenwart. Der Zeitbezug ist deutlich.

Am Puls der Zeit – Empfindsamkeit: Denn zweifelsohne handelt es sich bei *Miß Sara Sampson* um ein empfindsames Stück – die Handlungen spielen vor einem kulturellen Hintergrund, der uns heute weitestgehend fremd ist, damals aber absolut aktuell war. Die „Diskrepanz zwischen historischer und gegenwärtiger Bedeutung" (Fick 2016, S. 133) ist vielleicht gerade aus diesem Grund besonders groß. Die offen zur Schau gestellten und deutlich nach außen kommunizierten, ja beinahe schon ausgestellten Gefühlsregungen sind für den heutigen Leser nicht unmittelbar zugänglich und könnten zu der vorschnellen Einschätzung führen, dass es sich hier um ein arg rührseliges Stück handelt. Geweint wird nicht zu wenig. Verständlich wird das vor dem Hintergrund der Gefühlskultur der Zeit. Die Empfindsamkeit war auf dem Höhepunkt, die Affekte kamen nach und nach zu ihrem Recht, sie öffentlich auszustellen war ein Zeichen von Bildung und Verstand. Oftmals wurde in der älteren Forschungsliteratur die Kultur der Empfindsamkeit in Opposition zur Aufklärung gesehen, was so nicht richtig ist. Es handelt sich vielmehr um ein komplementäres Verhältnis, Aufklärung (mit ihrer besonderen Betonung der Rolle der Vernunft für das Menschsein) ist nur eine Seite der Medaille, die Affektnatur des Menschen darf dabei nicht außer Acht gelassen werden. Es ist im Gegenteil äußerst vernünftig, sich der eigenen ‚unteren Seelenvermögen' zu vergewissern und diese als Teil des ‚ganzen Menschen' (ein weiteres Stichwort in diesem Kontext, Schings 1994) wahrzunehmen und zu kultivieren. Auch hier befindet sich Lessing also mit seinem Stück auf der Höhe der Zeit.

Als Beleg hierfür kann man die Uraufführung in Frankfurt am 10. Juli 1755 anführen. Auch wenn die Rezeptionszeugnisse spärlich sind, kann ein Brief von Karl Wilhelm Ramler an Johann Ludwig Wilhelm Gleim die Richtung weisen: „Herr Leßing hat seine Tragödie in Frankfurt spielen sehen und die Zuschauer haben drey und eine halbe Stunde zugehört, stille gesessen wie Statüen, und geweint" (Daunicht 1971, S. 88). Die erhoffte Wirkung hatte Lessing offensichtlich erreicht, und es waren sicher nicht nur ‚alte Weiber', die er zum Weinen gebracht hatte.

Gotthold Ephraim Lessing: *Miß Sara Sampson. Ein bürgerliches Trauerspiel in 5 Aufzügen* (1755)

Sir Sampson und sein tugendhafter alter Diener Waitwell haben sich auf den Weg zu einem Gasthaus gemacht, wohin Sir Sampsons Tochter Sara mit ihrem Geliebten Mellefont geflüchtet war. Der Vater war gegen eine Beziehung der beiden. Sara ist unglücklich, zwar liebt sie Mellefont aufrichtig, doch es quälen sie Skrupel wegen ihrer Flucht aus dem Elternhaus, weitaus schlimmer aber ist noch, dass sich die angebahnte Heirat, die erst zu einer rechtmäßigen Beziehung führen würde, immer weiter verzögert. Mit einem tugendhaften Lebenswandel ist das nicht vereinbar. Grund für den fortwährenden Aufschub ist vordergründig eine Erbschaft, die der einst vermögende, nun verarmte Mellefont erwartet. Mellefont hatte durch einen zügellosen und lasterhaften Lebenswandel – es gab immer wieder unterschiedliche Geliebte – seine Mittel beinahe vollständig aufgebracht.

Eine dieser ehemaligen Geliebten, Marwood, macht das Liebespaar ausfindig und versucht Mellefont für sich und die gemeinsame Tochter Arabella zurückzugewinnen. Sie lässt nichts unversucht, aber weder Drohungen noch Schmeicheleien führen zum gewünschten Erfolg, auch wenn Mellefont kurzzeitig ins Wanken gerät. Sein Entschluss, bei Sara zu bleiben, steht fest.

Saras Vater ist hingegen mit dem festen Vorsatz angereist, seiner Tochter zu vergeben. Er offenbart ihr in einem Brief, dass er sogar dazu bereit sei, Mellefont als Gatten zu akzeptieren. Sara stürzt dieser Brief zuerst noch in größere Gewissensnöte, da sie ihr Fehlverhalten einsieht und die Großherzigkeit ihres Vaters nur schwer akzeptieren kann. Dennoch, eine Lösung scheint sich abzuzeichnen. Marwood erfährt von den nun glücklichen Umständen, die gleichzeitig ihr größtes Unglück darstellen, sie sieht sich aller Chancen, Mellefont umzustimmen, beraubt. Ein letztes Versprechen kann sie von Mellefont erpressen: Sie möchte Sara unter falschem Namen und in falscher Rolle – als eine Anverwandte Mellefonts – treffen.

Ein erstes Kennenlernen der beiden Rivalinnen findet im Beisein Mellefonts statt. Marwood täuscht eine Schwäche vor, so kann es zu einem zweiten Treffen kommen, um sich zu verabschieden. Durch eine List der Marwood findet das zweite Treffen ohne Mellefont statt, sie erzählt ihre Geschichte, wie sie einst von Mellefont hintergangen wurde. Sara kann nicht umhin, diese Geschichte mit Rührung und Mitleid anzuhören, bisher kannte sie Marwood nur aus den Erzählungen Mellefonts als eine durch und durch böse und lasterhafte Frau. Erst am Schluss des Gesprächs gibt sich Marwood zu erkennen, offenbart ihre wahre Identität. Sara fällt daraufhin in Ohnmacht und Marwood fasst den Entschluss, Sara zu töten. Das scheint ihr das letzte mögliche Mittel, wenn schon kein Ausweg, so doch die Rache an ihrem ehemaligen Geliebten.

Während sich Saras Dienerin Betty um die Ohnmächtige kümmert, vertauscht Marwood die Medizin mit Gift. Saras Zustand verschlechtert sich zunehmend, nach und nach werden die wahren Gründe offenbar – alle Versuche der Rettung schlagen fehl. Marwood flieht mit Arabella als Geisel. Spät, zu spät, kommt es noch zu einem letzten Gespräch zwischen Vater und Tochter. Sir Sampson vergibt Sara erneut, kann aber nur noch ihr Sterben begleiten. Saras Wunsch, sich zukünftig Mellefont und seiner Tochter anzunehmen, stimmt Sir Sampson zu, bevor sie stirbt. Mellefont hingegen kann mit der begangenen Schuld – Sara verführt und schließlich ihren Tod verschuldet zu haben – nicht weiterleben und begeht Selbstmord. Sir Sampson verfügt, dass beide zusammen begraben werden sollen, er selbst will Arabella suchen und sich um sie kümmern.

Figuren der Aufklärung: Kein Stück der Zeit kennt eine ähnliche Komplexität in der Figurenzeichnung. Die Figuren sind sämtlich gerade keine erwartbaren Schablonen, wie sie das Publikum kannte. Wie in der Forschung vielfach herausgearbeitet, handelt es sich im Mindesten um gemischte Charaktere – allesamt – oder sogar noch weiter, um uneindeutige Charaktere. Der soziale Ort der Personen ist der niedere Adel, also mithin eine Gesellschaftsschicht, der man aus der Sicht der Zeitgenossen unterstellen durfte, dass sie mit den Ideen der Aufklärung in Kontakt gekommen sei. Hier wäre per se vernünftiges Handeln erwartbar, oder doch immerhin aus Einsicht möglich. Zudem scheinen die Figuren mit den aktuellen Diskursen um Moral gut vertraut, sie haben ein deutliches Wissen davon, was moralisch anständig ist und welche Gefahren das Laster birgt. Die Diskurse sind weitestgehend losgelöst von dogmatischen Positionen der Kirche, es ist aber auch keine rein säkulare Moralsphäre, in der das Dramengeschehen angesiedelt ist. Die häufigen Verweise auf die göttliche Gerechtigkeit sind dafür das untrügliche Zeichen. Und gerade im Tod erweist sich die Religion als Stütze – Sara will nicht, dass ihr Tod gerächt wird und überantwortet das Schicksal der Marwood in göttliche Hände. Der Rahmen der christlichen Tugendlehre wird zwar gewahrt, aber es finden sich dennoch beachtliche, wenn auch subtile Korrekturen. Das ist ein Charakteristikum nicht nur der Dramen Lessings, häufig entwirft er modellhafte Situationen, die althergebrachte Konzepte an ihre Grenze führen, um aufzuzeigen, wo erneut nachgedacht werden muss und Korrekturen angezeigt sind. Lessings Figuren sind in der Mehrzahl gebildete Figuren, die er aus einem reichen Traditionsbestand heraus schafft. Es gilt also, dem bürgerlichen Volk aufs Maul zu schauen. Denn hier wird überdies viel debattiert.

Der juristische Kontext: Eine markante Auffälligkeit des Dramas ist der juristische Kontext, in den die Handlung eingebunden ist, diese vielleicht sogar trägt. Es ist ein Gerichtsprozess ohne Richter, der gleich im ersten Akt in Szene gesetzt wird. Anklage und Verteidigung spielen sich dabei nicht in einer wirklichen Gerichtssituation, sondern zwischen den einzelnen Figuren ab. Sie klagen sich gegenseitig an und führen Argumente zu ihrer Verteidigung an. Die Gespräche zwischen Sara und Mellefont sowie Mellefont und Marwood sind geprägt von gegenseitigen Schuldzuweisungen und deren Rücknahme, Verteidigungsreden für die Integrität der eigenen Person und des eigenen Handelns sind über weite Strecken des Dramas die Handlung selbst. Man könnte auch sagen: Es passiert wenig, außer dass debattiert wird. Mehr noch, im weiteren Verlauf des Dramas können beide Instanzen – Anklage und Verteidigung – sogar innerhalb einer einzigen Figur zusammenfallen: Wenn Mellefont mit seinem bisherigen Lebenswandel ins Gericht geht (IV, 2), wird hier ein Urteil vor der Instanz des Gewissens und der Vernunft gefällt.

Verklagt, angeklagt, beschuldigt und verurteilt wird viel in den ersten Szenen der *Miß Sara Sampson* und im weiteren Handlungsverlauf des Stücks. Es findet sich eine wahre Kanonade an juristischem Vokabular. Schuldzuschreibungen und Schuldeingeständnisse wechseln einander in steter Folge ab und verhindern eine eindeutige Einschätzung der Lage. Johann Jakob Dusch, ein Anhänger Gottscheds, macht darauf in einer in einen fiktiven Rahmen eingespannten Beurteilung des Stücks aufmerksam. Der fiktive Respondent hält der Redundanz in der Informationsverteilung entgegen:

> „Sie beklagen sich über gar zu viele Nachrichten in dem Trauerspiele; wir müssen also sehr verschieden von demselben urtheilen: denn ich habe noch nicht Nachrichten genug! Ich weis zu wenig Böses von der Marwood und von dem Mellefont, und zu wenig Vortheilhaftes von der Sara, daß ich mich schon für sie, für einen jeden nach Verdienst, intereßieren könnte, indem ich sie sehe." (Dusch 1758, S. 78 f.)

Die Klagen über die uneindeutigen Charaktere in Lessings erstem Trauerspiel haben sich verfestigt – unter den Zeitgenossen, aber auch in der Forschung – und sie wiederholen sich beim meistinterpretierten Drama der deutschen Literatur, *Emilia Galotti* (Ter-Nedden 2011). So gehört es bei den Interpreten beinahe zum guten Ton, darauf zu verweisen, dass Sara zu unschuldig sei, um das ihr von Lessing zugedachte Schicksal zu ,verdienen‘. Überdies ist das Dramengeschehen nur schwer mit dem moralischen Optimismus der Aufklärung zu vereinbaren (Nisbet 2008, S. 267), was Leser und Interpreten nach immer wagemutigeren Erklärungen suchen ließ (siehe hierzu die aufgeführten Interpretamente bei Fick 2016, S. 135–142). Schon allein aus diesem Grund ist eine philologische Annäherung an den Gegenstand allen übrigen Spekulationen zu Sinn und Unsinn von Saras Schicksal vorzuziehen.

Die Anklage: Die Ausgangssituation erinnert an den Auftakt eines Prozesses, die Erhebung der Anklage mit dem Verweis auf die Gattung als Trauerspiel ist dabei vorausgesetzt. Ähnlich unübersichtlich ist die Lage, in der die einzelnen Parteien ihre je eigene Sicht auf die Situation schildern und die Beweisaufnahme beginnt.

Festmachen lässt sich diese nicht nur metaphorische Nähe zum Gerichtsgeschehen an der auffälligen Häufung juristischen und juridischen Vokabulars (Anwendung der Gesetze sowie deren sittlich moralische Herleitung), das bisher von den Interpreten nicht zur Kenntnis genommen wurde (Multhammer 2013). Eine kleine Auswahl aus dem ersten Akt mag das in loser Reihung illustrieren: So will Mellefont „ihr [Sara] und mir Gerechtigkeit widerfahren [lassen]" und weist seinen Diener Norton im Zuge dessen darauf hin, dass er sich „seiner Verbrechen mit teilhaft gemacht" hat (WuB 3, S. 437). Norton kontert mit dem Verweis auf seinen „strafbare[n] Umgang mit allen Arten von Weibsbildern" (ebd., S. 437). Sara hingegen kann sich auf ihr Mitgefühl gegenüber Mellefont zurückziehen, wenn sie ihre eigene Frage selbst beantwortet: „Was sollte ich Ihnen nicht vergeben? Sie wissen, was ich Ihnen bereits vergeben habe!" (440) Es gibt „mühsame Gebäude von Schlüssen" (ebd.) und „strafende Stimmen" (441), die „Lust zu strafen" (443) und sich anschließende „Blutgerichte" (445).

Polyperspektivität: Bereits im ersten Akt wird deutlich, dass eine einfache Zuschreibung von Schuld hier schwierig ist. Die Darstellung des immer gleichen Sachverhalts aus den unterschiedlichen Perspektiven der Figuren verhindert eine eindeutige Parteinahme des Zuschauers, niemand ist unschuldig und gleichzeitig haben alle gute Argumente für ihr jeweiliges Verhalten zur Hand. Der Witwer Sir Sampson will seine einzige Tochter nicht verlieren, weil sie die „Stütze seines Alters" ist. Saras Flucht ist motiviert durch einen (erst einmal) unverzeihlichen Fehltritt, der nur durch eine Heirat zu einem verzeihlichen wird. Mellefont übernimmt die Verantwortung für Sara, wenngleich auch noch aus undeutlichen Motiven, Liebe ist aber sicherlich eines davon. So funktioniert das gesamte Stück. Die Polyperspektivität verhindert ein schnelles und vor allem eindeutiges und damit allgemeingültiges Urteil.

Poetische Gerechtigkeit: Es ist also keinesfalls einfach zu entscheiden, wer in diesem Drama schuldig ist oder sich schuldig macht. Seit dem Erscheinen des Stücks melden sich Stimmen, die mit seinem Ausgang nicht zufrieden sind – Saras Fehler, der Verlust ihrer Jungfräulichkeit und die daraus folgende Flucht – seien eigentlich nicht hinreichend, um ihr Schicksal zu erklären. Zumal sie sich reumütig zeigt und auf eine baldige Heirat drängt, die die Beziehung legitimieren würde. Damit ist eine Frage aufgeworfen, die ins Zentrum des Stücks und seiner wirkungsästhetischen Absichten führt. Eine dezidierte Poetik der Abschreckung, wie sie in Pfeils *Lucie Woodvil* zu finden ist, findet hier offensichtlich keine Anwendung. Es ist nicht so, dass hier einfach die Tugend belohnt und das Laster bestraft wird. Selbst die einzige Figur, die als zunehmend lasterhaft vorgestellt wird, Marwood, und deren Taten im Giftmord an Sara gipfeln, entzieht sich der Strafe durch Flucht (wobei man überlegen könnte, ob nicht gerade darin die Strafe besteht). Die Charaktere sind allesamt zu uneindeutig, um mit dem einfachen Schema einer Belohnung der Tugend und einer Strafe des Lasters operieren zu können. Bestraft wird ferner Mellefont, vielmehr bestraft er sich durch seinen Freitod selbst, und sieht das als seine gerechte Strafe. Pikanterweise stirbt er für eine Schuld, die ihm von Sir

Sampson bereits vergeben wurde. Auch das lässt sich nur schwer mit einer Form von poetischer Gerechtigkeit im einfachen Sinne erklären.

> „**Sampson**. Ich bin Vater, Mellefont, und bin es zu sehr, als daß ich den letzten Willen meiner Tochter nicht verehren sollte. – Laß dich umarmen, mein Sohn, den ich teurer nicht erkaufen konnte!
> **Mellefont**. Nicht so, Sir! Diese Heilige befahl mehr, als die menschliche Natur vermag! Sie können mein Vater nicht sein. – Sehen Sie, Sir *(indem er den Dolch aus dem Busen zieht)*, dieses ist der Dolch, den Marwood heute auf mich zuckte. Zu meinem Unglücke mußte ich sie entwaffnen. Wenn ich als das schuldige Opfer ihrer Eifersucht gefallen wäre, so lebte Sara noch. Sie hätten Ihre Tochter noch und hätten sie ohne Mellefont. Es stehet bei mir nicht, das Geschehene ungeschehen zu machen; aber mich wegen des Geschehenen zu strafen – das steht bei mir! *(Er ersticht sich und fällt an dem Stuhle der Sara nieder.)*" (V, 10)

Noch schwieriger gestaltet es sich, eine eindeutige Moral, wie sie Gottsched etwa für das Drama gefordert hatte, aus diesem Stück zu extrahieren. Wie sollte eine solche lauten? Sie lässt sich nicht angeben. Das suspendiert aber keineswegs die Ausgangsfrage nach der poetischen Gerechtigkeit im Stück.

Saras Traum: Eine mögliche Hilfestellung zur Klärung dieser ist Saras Traum, den sie Mellefont im ersten Akt schildert (I, 7). Dieser Traum war schon in der Entstehungszeit (bei Dusch etwa) und auch in den literaturwissenschaftlichen Interpretationen immer wieder ein Stein des Anstoßes. Er sei unpoetisch, platt, unglaubwürdig und nehme die folgende Handlung beinahe in Gänze vorweg. Zudem sei es wider die Vernunft, einem Traum eine solche Geltung beizumessen, diese Form von Traumgläubigkeit grenze an Aberglauben – und widerspreche damit allen aufgeklärten Maximen. Das Ende sei so auf eine abgeschmackte Weise vorgezeichnet, was der Dramaturgie des Stücks erheblich schade. Damit sind die grundsätzlichen Einwände genannt.

> „Erbarmen Sie sich meiner, und überlegen Sie, daß, wenn Sie mich auch dadurch nur von Qualen der Einbildung befreien, diese eingebildete Qualen doch Qualen und für die, die sie empfindet, wirkliche Qualen sind. – Ach, könnte ich Ihnen nur halb so lebhaft die Schrecken meiner vorigen Nacht erzählen, als ich sie gefühlt habe! – Von Weinen und Klagen, meinen einzigen Beschäftigungen, ermüdet, sank ich mit halb geschlossenen Augenlidern auf das Bett zurück. Die Natur wollte sich einen Augenblick erholen, neue Tränen zu sammeln. Aber noch schlief ich nicht ganz, als ich mich auf einmal an dem schroffsten Teile des schrecklichsten Felsen sahe. Sie gingen vor mir her, und ich folgte Ihnen mit schwankenden ängstlichen Schritten, die dann und wann ein Blick stärkte, welchen Sie auf mich zurückwarfen. Schnell hörte ich hinter mir ein freundliches Rufen, welches mir stillzustehen befahl. Es war der Ton meines Vaters – Ich Elende! kann ich denn nichts von ihm vergessen? Ach! wo ihm sein Gedächtnis ebenso grausame Dienste leistet; wo er auch mich nicht vergessen kann! – Doch er hat mich vergessen. Trost! grausamer Trost für seine Sara! – Hören Sie nur, Mellefont; indem ich mich nach dieser bekannten Stimme umsehen wollte, gleitete mein Fuß; ich wankte und sollte eben in den Abgrund herabstürzen, als ich mich, noch zur rechten Zeit, von einer mir ähnlichen Person zurückgehalten fühlte. Schon wollte ich ihr den feurigsten Dank abstatten, als sie einen Dolch aus dem Busen zog. Ich rettete dich, schrie sie, um dich zu verderben! Sie holte mit der bewaffneten Hand aus – und ach! ich er-

wachte mit dem Stiche. Wachend fühlte ich noch alles, was ein tödlicher Stich Schmerzhaftes haben kann; ohne das zu empfinden, was er Angenehmes haben muß: das Ende der Pein in dem Ende des Lebens hoffen zu dürfen." (I, 7)

Gleich zu Beginn, als Einleitung des Traums, werden die gefühlten Qualen, auch wenn sie nur eingebildet sind, als reale Qualen vorgestellt. Das ist die Ausgangsbedingung. Sara geht nur mit „schwankenden ängstlichen Schritten" vorwärts, doch der Blick der sich Umsehenden stärkt sie immer wieder für kurze Zeit. Der Vater erscheint und erneuert die Qualen Saras, sie ist nicht vergessen und doch abgeschnitten. Dann kommt die entscheidende Passage, sie fühlt sich „von einer mir ähnlichen Person zurückgehalten". Das wurde häufig auf die Person der Marwood gemünzt, was sicher richtig ist. Schwieriger zu bestimmen ist jedoch, worin die Ähnlichkeit bestehen könnte. Hier haben wir es wieder mit einem ganz grundlegenden Problem der Individualität zu tun, wie Niklas Luhmann es beschreibt: „Man kann seine eigene Einzigartigkeit – oder auch nur: daß man anders ist als die anderen – nicht kommunizieren, denn allein dadurch schon würde man sich mit den anderen vergleichen. Und eben deshalb ist Einzigartigkeit auch nichts, womit man etwas, zum Beispiel Liebe, begründen könnte. Wer so denkt, verfehlt die Ordnung" (Luhmann 1993, S. 182 f.).

Dennoch: Sara hat eine deutliche Ahnung davon, was geschehen könnte und weitaus gewichtiger, dass sie sich schuldig machen könnte oder werde. Lessing liefert gleich zu Beginn des Dramas selbst das Stichwort, unter dem der Traum zu lesen ist, wenn er den Diener Waitwell sagen lässt: „Das Gewissen ist doch mehr, als eine ganze uns verklagende Welt" (I, 1). Sara hört hier die Stimme des Gewissens, also einer Instanz, die ganz ohne äußere Einflüsse über unser Tun und Lassen zu Gericht sitzt und zu einer Richtschnur unseres Verhaltens dienen kann.

Kritik der moralischen Urteilskraft: Lessing bringt im Traum Saras eine Konzeption von Moral zur Anschauung, die ihren Ausgang in den moralphilosophischen Überlegungen der vorangegangenen Jahre nimmt (Multhammer 2013). Es handelt sich um eine für die Bühne aufbereitete Kritik der moralischen Urteilskraft (Vollhardt 2007), die uns in der Figur der Sara präsentiert wird. Sara trägt den Probierstein hierzu bei sich selbst, kann mithin wissen, was gut und böse, was richtig und falsch ist. Die Katastrophe ergibt sich demnach zwangsläufig daraus, dass sie es trotz der Möglichkeit ‚richtigen Handelns' versäumt, die vernünftigen Schlüsse zu ziehen. Die Funktion des Traums besteht also in der Illustration dieser Möglichkeit. Es ist eine Form der praktischen Philosophie, die für die Bühne aufbereitet wurde.

Lessing schließt damit an seine früheren Überlegungen an, in seiner religionsphilosophischen Abhandlung *Gedanken über die Herrnhuter* heißt es: „Der Mensch ward zum Tun und nicht zum Vernünfteln erschaffen" (Lessing: WuB 2, S. 936). Legt man dieses Diktum zugrunde, wirft das ein völlig anderes Licht auf die Schuldverhältnisse im Drama. Unter diesen Bedingungen hat sich Sara tatsächlich schuldig gemacht – ihr fehlendes Engagement für eine Lösung ihrer misslichen Lage und der der übrigen Beteiligten lässt diesen Schluss zu. Ist das gerecht? Oder mutet Lessing seiner Dramenfigur zu viel zu? Zwei berechtigte Fragen, die sich allerdings vor dem Hintergrund seiner moralphilosophischen Überlegungen beantworten lassen. Im Paragraph 26 des *Christentum der Vernunft* heißt es: „Handle deinen individualistischen Vollkommenheiten gemäß" (Lessing: WuB 2, S. 406). Diese „individualistischen Vollkommenheiten" sind strikt an die Möglichkeit vernünftiger Einsicht gekoppelt, wie der vorangehende Paragraph ausführt: „Wesen, welche Vollkommenheiten haben, sich ihrer Vollkommenheit bewußt sind, und das Vermögen besitzen, ihnen gemäß zu handeln, heißen moralische Wesen, das ist solche, welche einem Gesetze folgen können" (ebd.). Nun spricht nicht nur Sara beständig von Gesetzen, die sie für sich zu reklamieren weiß oder von denen sie sich verurteilt fühlt – mangelnde Einsicht ist der Hinderungsgrund hin zu einem „moralischen Wesen" also nicht. In Form des Traums meldet sich das Gewissen direkt. Gehör findet es nicht, Sara wird Marwood ähnlich werden.

Marwood und Sara: Deutlich wird diese Ähnlichkeit der Figuren im direkten Aufeinandertreffen (IV, 8). Nachdem Marwood ihre Geschichte erzählt hat und Sara nicht umhinkommt, ein gewisses Maß an Mitleid zu empfinden, muss sie gestehen:

> „Wenn ich der Marwood Erfahrung gehabt hätte, so würde ich den Fehltritt gewiß nicht getan haben, der mich mit ihr in eine so erniedrigende Parallel setzt. Hätte ich ihn aber doch getan, so würde ich wenigstens nicht zehn Jahr darin verharrt sein. Es ist doch etwas ganz anders, aus Unwissenheit auf das Laster zu treffen, und ganz etwas anders, es kennen und ohngeachtet mit ihm vertraulich werden." (IV, 8)

Genau aber das geschieht – Sara kennt mittlerweile das Laster und unternimmt nichts dagegen. Sie wird gerade nicht zur Handelnden und verbleibt in ihrer selbstgewissen Passivität. Mit Ausnahme der Marwood und der Dienerfiguren sind alle anderen Figuren weitestgehend passiv, Sir Sampson, der lieber Briefe schreibt als seine Tochter direkt von Angesicht zu Angesicht zu sprechen, und Mellefont, der sich in Erwartung des Erbes zu nichts entschließen kann. Genau diese Passivität trotz besseren Wissens wird zu einem tragischen Moment. Und Sara schafft es nicht einmal in der direkten Konfrontation mit Marwood aus ihrer Lethargie und tugendhaften Selbstgefälligkeit herauszutreten. So schürzt sich der Knoten, bis die Katastrophe unumgänglich wird. Die Frage nach der Schuld kann man also nicht eindimensional an eine der Figuren richten. Das ist ganz im Sinne Lessings, sein oberstes Ziel ist die Erregung von Mitleid, und Mitleid muss man mit den Figuren allesamt, selbst der bösen Marwood, haben.

Mitleiden: Lessing verfolgt in *Miß Sara Sampson* eine Poetik des Mitleids. Die Anlage seines Stücks verweigert sich einem einfachen Zugriff, der entlang der Dichotomien von Tugend und Laster, Lohn und Strafe funktionieren würde. Stattdessen entwickelt Lessing Charaktere, die nie allein nur schlecht oder nur gut sind, sondern immer eine Mischung vorstellen. Insofern sind es keine Idealtypen, sondern wirkliche Charaktere, die die dramatische Szenerie bevölkern. Es sind Figuren, die nah am Leben konstruiert sind mit ihren jeweiligen Stärken und Schwächen. Gerade diese Uneindeutigkeit wird zu einer wirkmächtigen Voraussetzung für das Mitleiden der Zuschauer. In *Miß Sara Sampson* hat man als Rezipient eigentlich durchweg den Eindruck, dass sich alles zum Guten wenden könnte – eine Lösung des dramatischen Konflikts möglich sei. Und doch endet das Geschehen am Ende in der Katastrophe und der Zuschauer bleibt vergleichsweise fassungslos und konsterniert ob des Ausgangs zurück. Die einzig angemessene Reaktion ist: Mitleid – Lessings Kardinaltugend, die er auf dem Theater vermitteln will. Die Neuartigkeit dieser Konzeption stellte auch für die Zeitgenossen eine Herausforderung dar.

Die zeitgenössische Rezeption: Bereits kurz nach dem Erscheinen des Dramas und der Uraufführung wurde vielfach die Komplexität des Stücks bemängelt. Der Hauptvorwurf war, es sei zu philosophisch und zu wenig auf direkte Affektdarstellung hin konzipiert. Das trifft einerseits sicherlich die Sache, zeigt aber andererseits auch, dass mit *Miß Sara Sampson* ein neuer Dramentypus in der Welt war. Ein weiterer Vorwurf – er kam vor allem von Seiten der Parteigänger Gottscheds – betraf die kaum vorhandene Handlung. Beides war für das zeitgenössische Publikum zumindest unerwartet; es widersprach in guten Teilen der Erwartungshaltung, die man an eine gelungene Tragödie hatte. Die Poetiken im Nachgang von Aristoteles hatten ihre Wirkung gezeigt. Selbst Lessings enge Freunde sparten nicht mit Kritik. Moses Mendelssohn lobte zwar gerade die Gedankentiefe des Stücks, äußerte aber eben auch Zweifel an der dramatischen Qualität:

> „Wenn die Philosophie sich in ihrer ganzen Stärke zeigt; so will sie mit einer gewissen Monotonie ausgesprochen werden, die sich auf dem Theater nicht gut ausnehmen kann. Ja, die vortrefflichsten Gedanken entwischen dem Zuhörer unvermerkt, die den Leser am meisten vergnügt haben. Überhaupt glaube ich, giebt es gewisse Grenzen in der Philosophie, die das Gemeine von dem Höhern unterscheiden, und die von dem tragischen Dichter nicht überschritten werden müssen." (Moses Mendelssohn an Lessing, 11.08.1757. WuB 11/I, S. 233 f.)

Die Komplexität des Arrangements und die philosophischen und zahlreichen literarischen Reminiszenzen, die sich durch den gesamten Text ziehen und als Schlüssel zu seinem Verständnis unabdingbar sind, werden nur bei der genauen Lektüre überhaupt sichtbar. Insofern aber handelt es sich um ein typisch Lessingsches Stück, wie Gisbert Ter-Nedden festhält. Lessing mache „Literatur aus und über Literatur", seine Schriften kennzeichne eine „Sprache der Schlüsselzitate" (Ter-Nedden 2016, S. 131). Das betrifft beides die Tiefendimension des Textes, man muss die intertextuellen Anspielungen erkennen können. Erst in der Abgleichung mit den historischen Vorlagen zeigt sich die volle innovative Kraft, aus der sich die Tragik des Stücks erklären lässt. Lessing greift nicht einfach historische Vorlagen auf und modernisiert diese, sondern es geht ihm um bestimmte Motive, die er der Literatur entnimmt, um sie in einem neuen Kontext in anderer Funktion zu gebrauchen. Als Beispiel kann man hier die Anklänge an den Medea-Stoff anführen, also an jene mythologische Geschichte aus der Antike, in der eine Frau ihre eigenen Kinder tötet. Lessing schreibt nicht noch ein Medea-Drama, vielmehr verdoppelt er die Figur der Medea sowohl in Marwood als auch in Sara, die beide Züge der literarischen Vorlage (aus Euripides, Seneca und Ovid) tragen, diese aber nicht in Gänze verkörpern (Ter-Nedden 2016).

Das erklärt auch die vermeintlich fehlende Handlung – es geht gar nicht um äußere Handlungen, sondern in erster Linie um die inneren Kämpfe der Figuren, von denen nur die ‚Außenseite' auf der Bühne tatsächlich sichtbar wird. Denn

> „Kunstrichter, welche einen […] so materiellen Begriff mit dem Worte Handlung verbinden, daß sie nirgends Handlung sehen, als wo die Körper so tätig sind, daß sie eine gewisse Veränderung des Raumes erfordern. Sie finden in keinem Trauerspiele Handlung, als wo der Liebhaber zu Füßen fällt, die Prinzessin ohnmächtig wird, die Helden sich balgen […]. Es hat ihnen nie beifallen wollen, daß auch jeder Kampf von Leidenschaften, jede Folge von verschiedenen Gedanken, wo eine die andere aufhebt, eine Handlung sei; vielleicht weil sie viel zu mechanisch denken und fühlen, als daß sie sich irgendeiner Tätigkeit dabei bewußt wären." (WuB 4, 363)

Die Darstellung einander widerstreitender Gedanken auf der Bühne ist ein neues Programm. Hier passiert in *Miß Sara Sampson* sehr viel, es ist demnach kein handlungsarmes Stück im Lessingschen Sinne.

Vorbild für weitere Stücke: Trotz dieser schon von den Zeitgenossen bemerkten ‚Mängel' gewinnt das Drama in der Folge den Rang eines Vorbilds. Beinahe alle Bürgerlichen Trauerspiele, die im Verlauf der zweiten Hälfte des 18. Jahrhunderts entstehen, nehmen in der ein oder anderen Art Bezug auf Lessings *Sara*. Das betrifft einzelne Figuren (bspw. Lucie Woodvil in Pfeils gleichnamigem Drama als neue *Sara*) ebenso wie das Setting im niederen Landadel, einer Sphäre des Privaten. Nicht zuletzt dreht sich der dramatische Konflikt in vielen weiteren Stücken um den ‚Fehler' der Verführbarkeit einer jungen Frau (siehe Abschn. 5.3) und die schwache Rolle des Vaters (siehe Abschn. 5.2).

Die *Sara* als Richtmaß: Aber die Wirkung von Lessings *Sara* bleibt nicht auf die zeitgenössische Dramenproduktion beschränkt. Der Vorbildcharakter des Stücks wird beinahe über 200 Jahre in der Forschung tradiert. Überdies ist das Stück das absolute Richtmaß, nach dem die Vertreter des Bürgerlichen Trauerspiels bis heute häufig gemessen werden. *Miß Sara Sampson* wird nicht nur als gattungskonstituierend dargestellt, sondern bildet zugleich den ersten Höhepunkt des Genres. Die meisten anderen Bürgerlichen Trauerspiele fallen qualitativ dagegen ab. Man sieht hier ganz deutlich, wohin eine Wertung literarischer Texte führen kann – sie macht blind für die poetologischen Unterschiede und die durchaus anders gelagerten Problemkonstellationen und Wirkungsabsichten anderer Werke. Cornelia Mönch hat darauf aufmerksam gemacht, dass sich *Miß Sara Sampson* zu vielen anderen Trauerspielen wie die Ausnahme zur Regel verhält. Die Vielgestaltigkeit des Genres wird mit der zentralen Perspektivierung auf dieses eine Stück überblendet.

Kritik an der *Sara*: Ironischerweise wird gerade dasjenige Stück zum Musterdrama, das in der Tradition der Lessing-Philologie häufig als das schwächste Drama des Dichters gesehen wurde. Seit den Tagen seines ersten großen Biographen im 19. Jahrhundert – Erich Schmidt – hält sich diese Abwertung hartnäckig. *Miß Sara*

Sampson fällt glatt durch: „Wie fremd mutet uns die verzärtelte Humanität bei Lessing an, wie weichlich schmeckt dieser Rührbrei" (Schmidt 1899, S. 281). Doch damit nicht genug: Die Titelfigur „bemoralisiert ständig ihre Lage, Vergangenheit und Zukunft, die Reinheit wie den Verlust und erschöpft sich und uns durch larmoyanten Jammer" (ebd., S. 280). Überhaupt sei in dem Drama wenig vom wahren Lessing zu spüren, so stimmt auch der zweite große Biograph Hugh Barr Nisbet gute einhundert Jahre später mit in die Klage ein: In der *Sara* stecke „wenig von dem eigentlichen Lessing: vergeblich sucht man Auflockerung durch Witz und Ironie". Stattdessen findet man nur: „Langatmigkeit, gelehrte Anspielungen, oft gestelzter Dialog, überwältigende Gefühlsseligkeit" (Nisbet 2008, S. 281). Die Bewertung des Stücks bleibt ambivalent. Aber es mehren sich die Stimmen, die gerade in den vermeintlichen Schwächen die Stärken des Stücks sehen. Das hängt mit den neueren Forschungen zur Aufklärung zusammen, man versteht erst nach und nach, was Lessing hier angetrieben hat und worin seine genuine Leistung besteht. Das Gute an einem Dramentext ist, dass er solche Debatten unbeschadet überstehen kann und jede erneute Lektüre auch eine neue Chance bietet.

4.3.2.2 *Emilia Galotti* (1772)

Neben Lessings bahnbrechendem und traditionsbegründendem Trauerspiel *Miß Sara Sampson* ist es *Emilia Galotti. Ein Trauerspiel in fünf Aufzügen*, das seit dem Erscheinen im 18. Jahrhundert die Gemüter bewegt. Ebenso wie *Miß Sara Sampson* kann man *Emilia Galotti* als Ausnahme der Regel innerhalb des Gattungsgefüges ‚Bürgerliches Trauerspiel' begreifen. Denn die Frage nach der poetischen Gerechtigkeit, die hier ins Werk gesetzt wird – oder vielleicht gerade auch nicht? – sprengt die Grenzen der Genreerwartungen bei Weitem. Das Stück ist deutlich komplexer in der Anlage als viele andere Bürgerliche Trauerspiele, die ihre moralische Lehre vergleichsweise umstandslos präsentieren. Die Rezeptionsgeschichte, die über die Zeiten hinweg zu ganz unterschiedlichen und bisweilen auch völlig unvereinbaren Interpretationen gelangt ist, legt davon ein beredtes Zeugnis ab.

Entstehung: Im ersten Stück seiner *Hamburgischen Dramaturgie*, datiert auf den 22. Mai, polemisiert Lessing gegen das heroische Trauerspiel, namentlich am Beispiel des Stücks *Olint und Sophronia* des früh verstorbenen Johann Friedrich Freiherr von Cronegk, mit dem das Hamburger Nationaltheater 1767 eröffnet wurde. Lessing benennt eine ganze Reihe an Schwächen, allen voran prangert er die fehlende Motivation der Handlung an – letztlich sei es unmöglich, dem Dargestellten zu folgen und den Fortgang der Handlung nachzuvollziehen – alles Tragische sei damit unmöglich geworden. Ein ziemlich vernichtendes Urteil. Und so ist ihm Cronegks Märtyrerdrama Ausgangspunkt für eine allgemeine Warnung:

> „Wenn daher der Dichter einen Märtyrer zu seinem Helden wählet: daß er ihm ja die lautersten und triftigsten Bewegungsgründe gebe! daß er ihn ja in die unumgängliche Nothwendigkeit setze, den Schritt zu thun, durch den er sich der Gefahr bloß stellet! Daß er ihn ja den Tod nicht freventlich suchen, nicht höhnisch ertrotzen lasse! Sonst wird uns sein frommer Held zur Abscheu und die Religion selbst, die er ehren wollen, kann darunter leiden." (Lessing, Hamburgische Dramaturgie, Erstes Stück)

Lessings Antwort auf diese von ihm selbst gestellte Forderung nach einem christlichen Märtyrerdrama ist: *Emilia Galotti.*

Schon als Student in den 1750er-Jahren hatte sich Lessing mit dem Gedanken befasst, den Virginia-Stoff, wie ihn Titus Livius in seiner Römischen Geschichte (*Ab urbe condita*) berichtet, zu dramatisieren (Näheres hierzu bei Fick 2016, S. 345–347). Es geht Lessing dabei schon frühzeitig um eine umfassende Neugestaltung des Konflikts, die ursprüngliche staatspolitische Dimension des Stoffs sollte weitestgehend getilgt werden, wie Lessing bereits am 21. Januar 1758 – von sich selbst in der dritten Person sprechend – an seinen Freund Friedrich Nicolai schreibt:

> „Sein jetziges Sujet ist eine bürgerliche Virginia, der er den Titel Emilia Galotti gegeben. Er hat nämlich die Geschichte der römischen Virginia von alle dem abgesondert, was sie für den ganzen Staat interessant machte; er hat geglaubt, daß das Schicksal einer Tochter, die von ihrem Vater umgebracht wird, dem ihre Tugend werter ist, als ihr Leben, für sich schon tragisch genug, und fähig genug sei, die ganze Seele zu erschüttern, wenn auch gleich kein Umsturz der ganzen Staatsverfassung darauf folgte." (WuB 11/1, S. 267)

Die Gestaltung des Stoffs wird Lessing noch weit mehr als ein Jahrzehnt beschäftigen, „[e]ndgültige Gestalt nimmt das Trauerspiel seit dem Spätherbst 1771 an" (Fick 2016, S. 345). Im März 1772 wird das Stück am Braunschweiger Hof uraufgeführt, im gleichen Jahr erscheinen mindestens zwei Einzeldrucke bei Lessings Verleger Voß in Berlin – zahlreiche weitere folgen.

Auslegungstradition: Die deutsche Literatur ist nicht gerade arm an Theaterskandalen. Und dennoch sticht Lessings *Emilia Galotti* (s. Abb. 4.4) im 18. Jahrhundert hervor – das Stück war bereits zum Zeitpunkt seines Erscheinens für viele LeserInnen und ZuschauerInnen unverständlich, die inhaltlichen Zusammenhänge nur schwer zu durchschauen. Das hat unmittelbare Konsequenzen für das Gerechtigkeitsgefühl; poetische Gerechtigkeit, so hat es den Anschein, ist gerade nicht gegeben.

> „Der Stein des Anstoßes, den Lessing mit seiner Alternativversion der Vorlage gegeben hat, waren und sind dabei die Begründungen, die er sich für den Vater und die Tochter des gemeinschaftlich exekutierten Selbst- und Kindesmords einfallen lässt." (Ter-Nedden 2016, S. 311)

Handelt es sich also um ein schlecht gebautes, weil in den Einzelhandlungen ungenügend motiviertes Stück? Mitnichten, auch wenn viele der InterpretInnen über die Jahrhunderte hinweg Probleme mit dem Drama haben, ist dieser Vorwurf nur selten erhoben worden. Im Gegenteil, bei auffallend vielen Interpretationen – und *Emilia Galotti* darf mit Recht als das am häufigsten interpretierte Drama der deutschen Literaturgeschichte gelten – machen sich die AuslegerInnen auf die Suche nach Punkten innerhalb der Handlung, wo man einhaken könnte, wo die Handlung mit geringem Aufwand vermeintlich in eine andere Richtung hätte weiterlaufen können, wo eine Kleinigkeit – beachtet oder eben nicht versäumt – die Tragödie hätte abwenden können. Diese Interpretationen im Als-ob-Modus wirken in der Regel be-

Abb. 4.4 Titelblatt von Lessings *Emilia Galotti*. (Wikimedia Commons)

müht, und offenbaren doch eine Hilflosigkeit gegenüber dem Text. Es kann ja nie darum gehen, einen dramatischen Text in eine neue, nicht tragische Fassung zu bringen, sondern immer nur darum, zu verstehen, was innerhalb der dramatischen Handlung passiert (ein erster Überblick über die Auslegungstraditionen bei Fick 2016, S. 347–366).

Die größte Zumutung der deutschen Literatur: Das Ende von *Emilia Galotti* ist, und hier kann man auch als moderner Leser die Empörung durchaus nachvollziehen, eine Zumutung. Ein Vater ersticht – aus eher undurchsichtigen und daher auch schwer nachvollziehbaren Gründen – seine eigene Tochter, ohne dass diese sich eines strafwürdigen Verbrechens schuldig gemacht hätte. Auch der Umstand, dass Emilia ihren Vater selbst um diesen Mord bittet, macht die Sache keineswegs besser. Selbst wenn man eine andere Perspektive einnimmt – der Vater erdolcht Emilia, um schlimmere Folgen, ein Dasein als fürstliche Mätresse, zu verhüten – bleibt diese Tötung skandalös. Wie man es dreht und wendet, am Sachverhalt ist kaum zu rütteln, er changiert höchstens zwischen Selbstmord, Tötung auf Verlangen und Kindsmord. Wie, das fragten sich nicht nur die Zeitgenossen, sollte die Darstellung dieser dramatischen Handlung moralisch wertvoll oder gar lehrreich sein? Lessings Antwort darauf lautet: indem sie Mitleid erregt.

Gotthold Ephraim Lessing: *Emilia Galotti. Ein Trauerspiel in fünf Aufzügen* [1772]
Hettore Gonzaga, Prinz von Guastalla, sitzt an seinem Schreibtisch über eingereichten Bittschriften. Ganz bei der Sache ist er nicht, seine Gedanken schweifen ab – sie gelten Emilia Galotti, der schönen Tochter einer Familie von niederem Adel, die er kurz zuvor kennengelernt hat. Der Prinz ist verliebt und lässt in diesem Zustand jegliche Sorgfaltspflicht eines Souveräns vermissen – Entscheidungen werden nicht auf rationaler Grundlage getroffen, sondern aus einer melancholisch-verliebten Stimmung heraus. In diesem Zustand erhält er schlechte Nachrichten von seinem Kammerherren Marinelli – seine Angebetete wird noch am gleichen Tag den Grafen Appiani heiraten. Noch aber besteht, so Marinelli, Hoffnung, die Hochzeit zu verhindern.

Unterdessen finden im Hause Galotti die Vorbereitungen für die Hochzeit statt, die außerhalb der Stadt stattfinden soll. Vor der Abfahrt besucht Emilia wie üblich die Messe, dieses eine Mal alleine. Odoardo Galotti, Emilias Vater, der kurz nach dem Rechten sehen will, missbilligt den Kirchgang seiner Tochter ohne Begleitung. Er hegt die Befürchtung, dass schon ein einziger Fehltritt ein tugendhaftes Leben zerstören könnte – hofft allerdings das Beste und reist ab. Inzwischen kommt Emilia völlig aufgelöst aus der Kirche zurück. Der Prinz hatte sie während der Messe angesprochen und seine Liebe gestanden. Emilia fühlt sich schuldig, auch wenn sich an ihrem Vorsatz, Appiani zu heiraten, nichts geändert hat. Ihre Mutter versucht die Zweifel zu zerstreuen – lasterhaftes Verhalten sei ihr nicht vorzuwerfen.

Der Kammerherr Marinelli stellt dem Prinzen in Aussicht, die Hochzeit verhindern zu können, wofür dieser ihm freie Hand lässt. Der Höfling schmiedet ein Komplott: Er lässt die Kutsche von Appiani überfallen, dieser wird dabei getötet. Emilia und ihre Mutter werden auf das nahe gelegene Lustschloss des Prinzen gebracht, wo Emilia erneut alleine mit ihm zusammentrifft. Die Mutter indes erahnt erstmals die wahren Vorgänge.

Auch der Prinz verlangt von seinem Kammerherrn über die wahren Umstände des Überfalls auf die Kutsche eingeweiht zu werden – und ist schockiert, als er erfährt, dass es sich um Mord handelt, den er gebilligt haben soll. Die ehemalige Mätresse des Prinzen – Gräfin Orsina – befindet sich ebenfalls auf dem Lustschloss und befördert die Entdeckung der Hintergründe, die sie auch Emilias Vater Odoardo offenbart, der zwischenzeitlich ebenfalls angekommen ist. Zudem erzählt sie ihre Lebensgeschichte als die verlassene Geliebte des Prinzen, Emilias Vater sieht das gleiche Schicksal für seine Tochter vorbestimmt.

Emilia soll – auf Anweisung Marinellis und des Prinzen – zu ihrem eigenen Schutz in deren Obhut bleiben, wohingegen Odoardo seine Tochter mit zu sich nehmen will. Der Vater entdeckt Emilia das zu erwartende Schicksal, woraufhin diese sich das Leben nehmen will, um der Schande zu entgehen. Odoardo versucht sie – unter Hinweis auf die Sündhaftigkeit des Unterfangens – davon abzubringen. Um ihre Ehre und die Ehre der Familie zu retten, ersticht er Emilia auf deren Verlangen und gibt sich in die Hände der hoheitlichen Gerichtsbarkeit. Marinelli wird vom Prinzen verbannt.

Keine Opposition Bürgertum – Adel: Noch einmal sei an dieser Stelle auf den weit verbreiteten Irrtum hingewiesen, dass im Bürgerlichen Trauerspiel grundsätzlich eine tragische Konstellation zwischen Bürgern und Adeligen zur Darstellung kommt. Ganz offensichtlich geht es auch in *Emilia Galotti* nicht um einen solchen Konflikt, schon allein die *dramatis personae* geben das gar nicht her. Lessing verlegt die Handlung in eine fiktive italienische Renaissance, alle handlungstragenden und in den tragischen Konflikt verstrickten Figuren – mit Ausnahme des Dieners Pirro und des Straßenräubers Angelo – sind adeliger Herkunft. Das Thema des Dramas ist also sicherlich nicht der Konflikt zwischen Bürgertum und Adel, ganz im Gegenteil, das Stück ist von Seiten der Stoffgeschichte gerade um seine politische Komponente beraubt.

Thema: Im Mittelpunkt steht die allgemeine *conditio humana*, der Mensch in all seiner Fehlbarkeit und der Frage nach möglichen – im Idealfall verbindlichen – Ordnungen, die Orientierung bieten können. Es geht um die Verführbarkeit des Menschen, das (bewusste) Hinwegsetzen über moralische und rechtliche Ordnungen. Die Übertretungen betreffen alle gleichermaßen, das reicht vom Prinzen bis zum Diener, vom Höfling bis zum Straßenräuber, von der Mätresse bis zur jungfräulichen Braut. Lessing thematisiert in *Emilia Galotti* die umfassende Geltung von

Gesetz, Recht und Moral, sowie die Folgen, die Verletzungen der gesellschaftlichen, moralischen, rechtlichen und religiösen Ordnungen zeitigen. Im Folgenden sollen einige dieser Bereiche näher in den Fokus rücken – die Auswahl muss zwangsläufig lückenhaft bleiben.

Lessings Faszination: Lessings Interesse an moralischen Fragestellungen und deren Modellierung in dramatischen Versuchsanordnungen wurde bereits bei *Miß Sara Sampson* angesprochen. Eine der Fragestellungen, die auch in dramentheoretischer Hinsicht von Relevanz ist, ist diejenige nach der Gleichursprünglichkeit des Guten und Bösen, oder der unmittelbare Übergang zwischen beiden. Diese Faszination ist schon in einem sehr frühen *Faust*-Fragment Lessings greifbar. Auf der Suche nach dem schnellsten Teufel gewinnt derjenige Höllengeist, der so schnell ist, wie „der Umschlag vom Guten zum Bösen" (dazu Vollhardt 2006). Dieses Umschlagen der Ereignisse und Intentionen lässt sich auch in vielfältiger Gestalt in *Emilia Galotti* beobachten. Die Hoffnung auf sichere Ordnungen, die Halt zu geben versprechen, ist brüchig. Weder Recht noch die Gesellschaft noch die Religion bieten eine zuverlässige und stets stabile Stütze, aufgebrachtes Vertrauen und gute Absichten allein garantieren keinen guten und glücklichen Ausgang. Ob eine Handlung am Ende katastrophale Folgen nach sich zieht, ist nicht immer sogleich absehbar, wie eben Emilias Tod. Es sind kleinste Ausschläge in den Handlungen, die sich, zu einem Ganzen zusammengefügt, als tragisch erweisen. In dieser gut aristotelischen Anordnung stellt sich dann sogleich auch die avisierte Wirkung ein: Es wird Mitleid erregt. Doch wie sehen solche ‚kleinsten' Abweichungen aus?

Der Prinz: öffentliches Amt – private Liebe: In der ersten Szene von *Emilia Galotti* sehen wir den Prinzen Hettore Gonzaga in seinen Arbeitsgemächern über Papieren am Schreibtisch sitzend. Er bearbeitet Bittgesuche von Untertanen, darunter eine hohe Forderung einer Emilia: „Eine Emilia? Aber eine Emilia Bruneschi – nicht Galotti. Nicht Emilia Galotti! Was will sie, diese Emilia Bruneschi? (*Er lieset.*) Viel gefordert; sehr viel. – Doch sie heißt Emilia. Gewährt!" (I,1) Hier geraten schon gleich zu Beginn zwei Bereiche in- oder aneinander, die eigentlich strikt zu trennen wären – das öffentliche Amt des Herrschers und obersten Richters und die private Verliebtheit des Prinzen. Beide Sphären sind zwar in der Person des Prinzen vereint, dennoch sollte die Entscheidungsfindung in öffentlichen Belangen nicht von privaten Launen abhängig sein. Die eine Funktion korrumpiert die andere – Gerechtigkeit in der Sache sähe anders aus. Eine Trennung scheint indes aber nicht durchgängig möglich zu sein. Als der Prinz von der unmittelbar bevorstehenden Hochzeit Emilia Galottis erfährt, entzieht es ihm den Boden unter den Füßen: „(*der sich voll Verzweiflung in einen Stuhl wirft*) So bin ich verloren! – So will ich nicht länger leben!" (I/6) Und weiter heißt es, das Thema von der Rolle des Herrschers erneut aufgreifend: „O ein Fürst hat keinen Freund! kann keinen Freund haben!" (Ebd.)

Hier kollidieren zwei Ansprüche miteinander, die unvereinbar bleiben oder gar bleiben müssen. Auf der einen Seite ist der Prinz Herrscher über das Fürstentum, damit oberster Richter und in dynastische Verpflichtungen verstrickt – eine Vermählung mit der Prinzessin von Massa steht aus Gründen der Staatsraison unmittelbar bevor. Zugleich aber ist der Prinz ein romantisch Liebender (zum Konzept der romantischen Liebe vgl. Luhmann 1994). Emilia ist ihm keine Frau, die aufgrund objektivierbarer moralischer Qualitäten liebenswert wäre, sondern einzig und allein als Individuum – Rang und Vermögen, worauf der Kammerherr Marinelli verweist, spielen dabei keine Rolle. Dass Emilia indes freilich nur die Rolle einer Mätresse zugedacht sein kann, steht an keiner Stelle zur Disposition – aus diesem Umstand erklärt sich auch Marinellis Verwunderung, dass „der empfindsam liebende Prinz – ganz ungewöhnlich für seinen Stand – nicht bereit ist, […] die verheiratete ‚Ware' wohlfeil aus der ‚zweiten Hand' zu erwerben, statt die jungfräuliche Braut mühsam mit Gewalt an sich zu bringen" (Vollhardt 2018, S. 283 f.). Das wäre der gangbare und zumindest für den Prinzen gänzlich untragische Weg, der ihm aber – aufgrund seiner romantischen Verliebtheit – verschlossen bleiben muss. Stattdessen bittet er Marinelli, die anstehende Hochzeit mit allen Mitteln zu verhindern: „Wollen Sie mir freie Hand lassen, Prinz? Wollen Sie alles genehmigen, was ich tue?" Und der verliebte Prinz stellt seinem Kammerherrn eine Carte blanche aus: „Alles, Marinelli, alles, was diesen Streich abwenden kann." (Ebd.) Von dieser Rechtsbeugung nimmt die Tragödie ihren Ausgang.

Claudia und Odoardo Galotti: Mit den Eltern der Emilia – Claudia und Odoardo Galotti – gelingt es Lessing durch zwei Figuren zugleich die Chancen und Gefahren eines Lebens in Hofnähe aufzuzeigen. Die Mutter Claudia favorisiert das Leben im Dunstkreis des Fürstenhofs, nicht zuletzt darum, ihrer Tochter Emilia eine aussichtsreiche und mindestens standesgemäße Heirat zu ermöglichen. Realgeschichtlich und im Drama hier gar nicht greifbar gehören dazu neben einer verfeinerten Lebensart auch die Lustbarkeiten im Umkreis des Hofs – das gehört zum Wissen der Zeit. Der Vater Odoardo indes – selbst als Adeliger in Hofkreisen sozialisiert und mit den Vorgängen ebenda vertraut – kann dem Leben im Dunstkreis der Macht nichts abgewinnen. Den Intrigen und Machtspielen, den Ausschweifungen und moralischen Verfehlungen zieht er ein Leben in ländlicher Idylle und Abgeschiedenheit vor. Lessing stellt hier – repräsentiert durch die beiden Elternfiguren – zwei sich paradigmatisch gegenüberstehende Welten vor, die zugleich in ihrer Semantik moralisch aufgeladen sind: das friedliche und moralisch korrekte Landleben versus den unmoralischen Lebenswandel in der Stadt.

Emilia ist indes – so hat es den Anschein – vom Leben in Hofnähe noch nicht korrumpiert worden. Sie ist ein Vorbild an Tugendhaftigkeit und steht an der Schwelle zu einem ruhigen Leben auf dem Land als frisch verheiratete Frau. Alles ist für einen glücklichen Ausgang angerichtet. Die Hoffnung der Mutter auf eine standesgemäße Ehe hat sich ebenso erfüllt wie sich die Befürchtungen des Vaters zerschlagen haben.

Emilias Versuchung: An einer zentralen Stelle im Stück (II/6) – Emilia hatte gerade die unvermutete Begegnung mit dem Prinzen in der Kirche und dieser hatte sie von hinten angesprochen – gelangt sie zu einer zentralen Einsicht, die sie ihrer Mutter Claudia offenbart, nämlich, „daß fremdes Laster uns, wider unsern Willen, zu

Mitschuldigen machen kann!" Wie ist das zu verstehen? Kann man am Ende gar unschuldig schuldig werden? Das christliche Konzept der Erbsünde zielt gerade darauf. Emilia ist aufgelöst und die Mutter versucht sie zu besänftigen, nichts als eine „Schwachheit! verliebte Schwachheit!" sei es gewesen, die nichts weiter zu bedeuten habe.

> „CLAUDIA. Rede, meine Tochter! – Mach' meiner Furcht ein Ende. – Was kann dir da, an heiliger Stätte, so Schlimmes begegnet sein?
> EMILIA. Nie hätte meine Andacht inniger, brünstiger sein sollen, als heute: nie ist sie weniger gewesen, was sie sein sollte.
> CLAUDIA. Wir sind Menschen, Emilia. Die Gabe zu beten ist nicht immer in unserer Gewalt. Dem Himmel ist beten wollen, auch beten.
> EMILIA. Und sündigen wollen, auch sündigen.
> CLAUDIA. Das hat meine Emilia nicht wollen!
> EMILIA. Nein, meine Mutter; so tief ließ mich die Gnade nicht sinken. – Aber daß fremdes Laster uns, wider unsern Willen, zu Mitschuldigen machen kann!
> CLAUDIA. Fasse dich! – Sammle deine Gedanken, so viel dir möglich." (II/6)

Doch Emilia lässt sich auf diese Weise nur vordergründig beruhigen, denn gerade am Tage ihrer Hochzeit hätte sie doch selbstsicherer sein müssen, wie sie glaubt. Diese kleine Begegnung mit dem Prinzen will Emilia sogleich ihrem Verlobten Appiani beichten, wovon wiederum Claudia ihr abrät und Emilia sich dem mütterlichen Willen fügt. Doch dieser erste kurze Zweifel ist in der Welt, dieser winzige Fehltritt, der nicht einmal willentlich – im Sinne von vorsätzlich – geschah, sondern schlicht ‚passierte'. Für einen kurzen Moment in der Kirche war die über alles tugendhafte Emilia in Versuchung und verführbar. Das ist die entscheidende Beobachtung, die man als LeserIn/ZuschauerIn nicht übersehen darf.

Mit der Feststellung der Mutter Claudia, ‚beten wollen' sei dem Himmel ebenso viel wie ‚beten', kommt eine weitere Ebene ins Spiel, wenn Emilia daraus die logisch ja durchaus gerechtfertigte Folge zieht, dass dann ‚sündigen wollen' auch schon ‚sündigen' sei. Diese Form des „vorauseilende[n] Sündenbewusstsein[s]" (Fick 2020, S. 143) wird mit dafür verantwortlich sein, dass Emilia am Ende des Stücks ihren eigenen Vater auffordert, sie zu töten, wenn sie schon nicht selbst Hand an sich legen darf. Die Furcht vor der eigenen Verführbarkeit – „Ich habe Blut, mein Vater; so jugendliches, so warmes Blut, als eine." (V/7) – als unhintergehbaren Teil der *conditio humana* bringt das ganze, bis dahin festgefügte moralische Gebäude ins Wanken. Was ist dann noch verlässlich?

Appianis Zurückweisung: Es sind die Kleinigkeiten, die im Drama die entscheidenden Wendungen hervorrufen. Der Kammerdiener des Prinzen, Marinelli, versucht Emilias zukünftigen Gatten Appiani mittels einer List von der eigenen Hochzeit fernzuhalten, er soll noch einmal im Auftrag des Regenten verreisen. Appiani aber fühlt sich dazu nicht verpflichtet: „Der Befehl des Herrn? – des Herrn? Ein Herr, den man sich selber wählt, ist unser Herr so eigentlich nicht – Ich gebe zu, daß Sie dem Prinzen unbedingtern Gehorsam schuldig wären. Aber nicht ich. – Ich kam an seinen Hof als ein Freiwilliger. Ich wollte die Ehre haben, ihm zu dienen;

aber nicht sein Sklave werden" (II,10). Der aus dieser Zurückweisung resultierende
Streit mündet in die Forderung nach Genugtuung, also einem Duell der beiden, das
einstweilen noch aufgeschoben wird. Die Zurückweisung der Forderung des Prinzen, seine Heirat aufzuschieben und erneut in seinen Dienst zu treten, beschleunigt
die Handlung und radikalisiert die Methoden, die Marttinelli einzusetzen gewillt ist.
Beim Überfall auf die Kutsche wird Appiani tödlich verwundet.

Was sich nur denken lässt: Im sechsten Auftritt des finalen Akts findet sich ein
(Entscheidungs-)Monolog Odoardo Galottis, nachdem er vom Prinzen erfahren
hatte, dass Emilia „in das Haus [s]eines Kanzlers" (V/5) gebracht werden soll und
einstweilen nicht zurückkehren wird. Der Vater sinniert:

> „**ODOARDO GALOTTI** *ihm nachsehend; nach einer Pause.* Warum nicht? – Herzlich
> gern – Ha! ha! ha! – *Blickt wild umher.* Wer lacht da? – Bei Gott, ich glaub', ich war es
> selbst. – Schon recht! Lustig, lustig. Das Spiel geht zu Ende. So, oder so! – Aber – *Pause.*
> Wenn sie mit ihm sich verstünde? Wenn es das alltägliche Possenspiel wäre? Wenn sie es
> nicht wert wäre, was ich für sie tun will? – *Pause.* Für sie tun will? Was will ich denn für sie
> tun? – Hab' ich das Herz, es mir zu sagen? – Da denk' ich so was: So was, was sich nur
> denken läßt. – Gräßlich! Fort, fort! Ich will sie nicht erwarten. Nein! – *Gegen den Himmel.*
> Wer sie unschuldig in diesen Abgrund gestürzt hat, der ziehe sie wieder heraus. Was braucht
> er meine Hand dazu? Fort! *Er will gehen, und sieht Emilien kommen.* Zu spät! Ah! er will
> meine Hand; er will sie!" (V/6)

Auch hier ist gar nicht klar, was das eigentliche Ziel seiner Handlungen sein kann
oder vielmehr auch sein darf, wie Monika Fick zurecht bemerkt: „Als der Tochter
der Fluchtweg abgeschnitten ist, verbindet sich diese Vorstellung mit dem ‚gräss-
lichen' Gedanken, sie zu töten. Wenn sie ihm in diesem Moment entgegenkommt,
begreift er das als einen Wink der Vorsehung, die ihn als Werkzeug gebrauchen
wolle" (Fick 2020, S. 142). Diese Argumentation Odoardos steht selbstredend auf
tönernen Füßen. Sowohl theologisch wie auch gesellschaftlich ist der Mord an der
eigenen Tochter, auch wenn es darum geht ihre Tugend zu bewahren, schwer kon-
sistent zu rechtfertigen. Erst im Rückgriff – hier konkret auf antike literarische Vorbilder der Virginia-Geschichte und der Figur der Lucretia, die Lessing amalga-
miert – kann dies gelingen. Dennoch: Es ist eine Tat, die sich erst einmal nicht begehen, sondern wie der Vater selbst bemerkt, in all ihrer Ungeheuerlichkeit „nur
denken läßt". Die Wahrnehmung des Geschehens ist hier ähnlich verquast wie auch
im Falle des Prinzen und seiner von privaten Motiven geleiteten Politik.

Eine Rose gebrochen: Das Ende von *Emilia Galotti* stellt die LeserInnen und InterpretInnen seit jeher vor eine große Herausforderung (vgl. die Zusammenstellung
der Rezeptionszeugnisse bei Bauer 2004). Der Tod Emilias durch die Hand des Vaters ist schlicht eine Zumutung, der häufig gerade damit begegnet wurde, dass man
alternative Szenarien entwickelte, die vorgeblich plausibler erschienen. Und doch
gilt wohl das, was Goethe in einem Brief an Herder angemerkt hatte, dass man bei
der Emilia „[m]it halbweg Menschenverstand […] das Warum von jeder Scene, von
jedem Wort, möcht' ich sagen, auffinden [kann]" (Johann Wolfgang Goethe an Johann Gottfried Herder, Mitte Juli 1772, zit. nach WuB 7, S. 901). Diese innere Not-

wendigkeit der Handlungsabläufe, auf die Goethe hier anspielt, macht gerade das Tragische dieses Trauerspiels aus. Zwangsläufig und mit einer an Schonungslosigkeit grenzenden Stringenz kommt es zum Äußersten – Emilia war im Begriff, sich mit einer Haarnadel zu erdolchen:

> „**ODOARDO**. Was? Dahin wär' es gekommen? Nicht doch; nicht doch! Besinne dich. – Auch du hast nur Ein Leben zu verlieren.
> **EMILIA**. Und nur Eine Unschuld!
> **ODOARDO**. Die über alle Gewalt erhaben ist. –
> **EMILIA**. Aber nicht über alle Verführung. – Gewalt! Gewalt! wer kann der Gewalt nicht trotzen? Was Gewalt heißt, ist nichts: Verführung ist die wahre Gewalt. – Ich habe Blut, mein Vater; so jugendliches, so warmes Blut, als eine. Auch meine Sinne, sind Sinne. Ich stehe für nichts. Ich bin für nichts gut. Ich kenne das Haus der Grimaldi. Es ist das Haus der Freude. Eine Stunde da, unter den Augen meiner Mutter; – und es erhob sich so mancher Tumult in meiner Seele, den die strengsten Übungen der Religion kaum in Wochen besänftigen konnten! – Der Religion! Und welcher Religion? – Nichts Schlimmers zu vermeiden, sprangen Tausende in die Fluten, und sind Heilige! – Geben Sie mir, mein Vater, geben Sie mir diesen Dolch." (V/7)

Emilia formuliert hier eine zentrale Erkenntnis – es geht nicht um tatsächliche Verführung, sondern ganz generell um den Aspekt der Verführbarkeit. Das ängstigt sie. Bei aller Tugendhaftigkeit und religiöser Strenge, es bleibt dieser letzte unauflösliche Rest an moralischer Unsicherheit, der sich nicht eliminieren lässt. Das Tor zur Fehlbarkeit ist, wenn man ein Bild bemühen möchte, immer einen Spalt breit offen. Darauf zielt auch der Vergleich mit der christlichen Märtyrertradition. Emilia versucht ihren Entschluss mit dem Verweis auf Vorbilder oder doch zumindest Vorläufer auch moralisch zu legitimieren.

> „**EMILIA**. O, mein Vater, wenn ich Sie erriete! – Doch nein; das wollen Sie auch nicht. Warum zauderten Sie sonst? – In einem bittern Tone, während daß sie die Rose zerpflückt. Ehedem wohl gab es einen Vater, der seine Tochter von der Schande zu retten, ihr den ersten den besten Stahl in das Herz senkte – ihr zum zweiten das Leben gab. Aber alle solche Taten sind von ehedem! Solcher Väter gibt es keinen mehr!
> **ODOARDO**. Doch, meine Tochter, doch! Indem er sie durchsticht. Gott, was hab' ich getan! Sie will sinken, und er faßt sie in seine Arme.
> **EMILIA**. Eine Rose gebrochen, ehe der Sturm sie entblättert. – Lassen Sie mich sie küssen, diese väterliche Hand."

Die Situation bleibt verwirrend. Was passiert hier eigentlich – wer stellt welche Ansprüche und wer legitimiert sein Handeln und vor allem: auf welcher Grundlage? Lessing montiert hier anhand seiner Figuren ganz unterschiedlich gelagerte Sichtweisen und Motivationen ineinander, die das jeweilige Handeln erklären können.

Rechtsbeugung und Märtyrertum: Odoardo kommt mit dem Mord an seiner eigenen Tochter nicht nur deren eigenem Wunsch nach, um ihre Tugend gegen den Verführer zu schützen, nein, mehr noch: Er wendet sich damit auch direkt gegen einen Rechtsbruch des Prinzen selbst. Dieser wollte Emilia in Verwahrung bringen lassen, um zu verhindern, dass sie zurück in den Schoß der Familie – oder schlimmer noch – gar in ein Kloster kommen könnte. Dazu bedient er sich eines perfiden

Vorwands, der selbst wiederum einem Rechtsbruch gleichkommt. Um den Tod Appianis zu klären – angeblich wäre ein potenzieller Nebenbuhler dafür verantwortlich zu machen – soll auch Emilia in Gewahrsam bleiben. Unter Vorspiegelung falscher Tatsachen wird hier geltendes Recht vom Vertreter der Exekutive selbst gebeugt. Odoardo sieht das deutlich: „Denke nur: unter dem Vorwande einer gerichtlichen Untersuchung, – o des höllischen Gaukelspieles! – reißt er dich aus unsern Armen, und bringt dich zur Grimaldi" (V/7). Diese juristische Komponente ist bereits in der Virginia-Erzählung des Titus Livius angelegt, geht es doch um nicht weniger als die Wiederauferstehung des Rechts als eines neuen Rechts in Folge eines Rechtsbruches. Odoardo Galotti unterwirft sich – im Gegensatz zum Prinzen selbst – der rechtlichen Ordnung, er begeht keinen Selbstmord, sondern überantwortet sich selbst den juristischen Instanzen:

> „Aber Sie erwarten, wo das alles hinaus soll? Sie erwarten vielleicht, daß ich den Stahl wider mich selbst kehren werde, um meine Tat wie eine schale Tragödie zu beschließen? – Sie irren sich. Hier! *Indem er ihm den Dolch vor die Füße wirft.* Hier liegt er, der blutige Zeuge meines Verbrechens! Ich gehe und liefere mich selbst in das Gefängnis. Ich gehe, und erwarte Sie, als Richter. – Und dann dort – erwarte ich Sie vor dem Richter unser aller!" (V/8)

Die diesseitige Gerechtigkeit wird durch die Gerichte garantiert, die jenseitige Gerechtigkeit liegt allein in Gottes Hand, der dann die moralische Schuld, die ein jeder und eine jede auf sich geladen hat, gewichtet.

Literatur aus Literatur – Lessings Vorbilder: Die literarischen Werke Lessings eint eine zentrale Eigenschaft: Sie alle verdanken ihr Entstehen der Auseinandersetzung mit anderen literarischen Werken (aus der Tradition), die in modifizierter Weise und in akzentuierender Absicht gebraucht werden (Multhammer 2024; Multhammer 2025). Auf diese Weise werden die verarbeiteten Prätexte zentral für das Textverständnis selbst, indem es zu erkennen gilt, welche stofflichen und motivischen Kontinuitäten die Problemlage grundieren und – noch deutlich wichtiger – an welchen Stellen Lessing von diesen Vorlagen bewusst abweicht und damit neue Akzente setzt. Das gilt auch für *Emilia Galotti*, wo zentrale literarische und theologische Vorbilder aufgerufen werden, die verhandelten Problemlagen aber in eine dezidiert ‚bürgerliche‘ Sphäre überführt werden.

Ganz gerecht werden kann man dem großen Lessingschen Anspielungsreichtum in dieser Darstellung hier nicht, daher seien nur einige wenige, indes für das Trauerspiel bedeutende literarische Vorlagen und Adaptionen angeführt.

Titus Livius – Virginia und Lucretia: Lessing übernimmt für seine *Emilia Galotti* zentrale Motive aus Titus Livius' Virginia-Erzählung aus seinem Geschichtswerk *Ab urbe condita* (*Römische Geschichte*, wörtl.: ‚seit Gründung der Stadt‘). Die Geschichte des Schicksals der tugendhaften Römerin Virginia spielt im fünften vorchristlichen Jahrhundert in einer Zeit des politischen Umbruchs. Die Decemviri, eine eingesetzte Kommission aus zehn Männern, regieren – zeitlich befristet – die Republik und sind befugt, Gesetze zu erlassen. Mit der Zeit wird diese Praxis mehr und mehr dazu gebraucht, das Volk selbst zu tyrannisieren. Die Geschichte der Virginia ist genau ein solcher Fall eines Rechtsmissbrauchs, der Römer Appius Claudius erhebt Anspruch auf die schöne und keusche Virginia, betitelt sie als Sklavin und behauptet ein Recht an ihr, das er unter Umgehung und Beugung geltender Gesetze durchsetzt. Bevor Virginia ihrem Peiniger übergeben wird, erdolcht der Vater die Tochter, um sie vor dem anstehenden Missbrauch zu schützen. „Der Stoff ist wie geschaffen für eine heroische Tragödie, über deren Kernaussagen nicht weiter nachgedacht werden muss: Die Verteidigung der weiblichen Tugend verbindet sich mit der Bestrafung des lasterhaften Despoten" (Vollhardt 2018, S. 282).

Anders bei Lessing. Er entkleidet den Stoff seiner politischen Dimension und fokussiert das Tragische im Bereich des rein Menschlichen: als ob es nicht tragisch genug wäre, wenn ein Vater seine Tochter erdolcht. Dennoch hat das Ganze eine heilsgeschichtliche Dimension, die auch theologisch heikel ist und ein grelles Licht auf die moralische Versuchsanordnung wirft. Überblendet wird die Virginia-Erzählung mit Elementen aus der Lucretia-Geschichte, die ebenfalls bei Titus Livius überliefert ist. Zentral ist auch hier die Frage, ob man unschuldig schuldig werden kann und welche Konsequenzen daraus zu ziehen sind. Lucretia wählt den Freitod, nachdem sie vergewaltigt worden war. Auch die Beteuerung der Familie, dass sie keine Schuld auf sich geladen habe, hält sie nicht von dieser Tat ab.

Augustinus: *Vom Gottesstaat*: In seiner Abhandlung *De civitate Dei* greift der Kirchenvater die Schicksale der Virginia und Lucretia auf, um die Grenzen eines möglichen Selbstmordes in theologischer Sicht zu diskutieren. Wenngleich Selbstmord ohne Zweifel eine schwere Sünde darstellt, so gibt es doch einige Ausnahmen, die Augustinus diskutiert – allen voran im Bereich des Märtyrertums. Wichtig ist dieser Prätext in unserem Zusammenhang, weil sich auch Emilia an entscheidender Stelle auf Augustinus beruft.

> „Aber manche heilige Frauen, sagt man, hätten sich in der Verfolgungszeit, um dem Nachstellen ihrer Keuschheit zu entgehen, in die Todesfluten des reißenden Stromes gestürzt und so ihr Leben gelassen. Und ihre Mysterien würden in der katholischen Kirche verehrt und feierlich begangen." (De civitate Dei 1,26; 57)

Darauf spielt Lessing an, wenn er Emilia über die Möglichkeit eines unsündigen Selbstmordes räsonieren lässt. Man erkennt das Prinzip, nach dem Lessing hier arbeitet: Er wählt einen (seinen Zeitgenossen unter Umständen vielleicht noch besser bekannten) Prätext, und instrumentalisiert ihn für seine eigenen Belange. Denn es geht ja hier nicht länger darum, ob eine Person als Heilige verehrt werden kann, die Selbstmord begangen hat, sondern die Reihenfolge der Argumentation wird ja gerade umgekehrt. Die Heiligen sind nun Argument für einen möglichen Selbstmord. Doch die Lage ist sogar noch um eine Wendung diffiziler, wie Gisbert Ter-Nedden, die Argumentation aus *Vom Gottesstaat* aufgreifend, ausführt:

> „Zwar lasse sich der Fall nicht grundsätzlich ausschließen, so das Gegenargument des Augustinus, dass es Frauen gegeben habe, die ‚nicht aus menschlicher Täuschung […], sondern unter göttlichem Befehl […], nicht als Irrende, sondern als Gehorchende […]‘ ge-

handelt haben. ‚Aber deshalb handelt der oder jener nicht ohne Frevel, der sich entschließt, Gott seinen Sohn zu opfern, nur weil das Abraham getan hat und dafür gelobt wird.' (1, 26; 56 f.) Bereits Augustinus stellt also die Verbindung zwischen den Motiven Selbst- und Kindesmord her, um die es auch in der Emilia geht." (316)

Man sieht, mit dem Rückgriff auf antike Prätexte lässt sich sowohl das Verhalten Emilias als auch das Odoardos durchaus im Kontext christlicher Tugendlehre argumentativ absichern, und eine Tat rechtfertigen, die sich – so ja der ursprüngliche Gedanke – überhaupt nur denken lässt.

Emilia trieb ja bereits bei der Begegnung mit dem Prinzen in der Kirche die Frage um, ob man auch schuldlos schuldig werden kann. An diese Frage wird hier am Ende des Dramas erneut angeknüpft, wenn Lessing in seiner ‚Modellsituation' die Frage nach schuldhaftem Handeln zu einer Komplexität treibt, die keine eindeutige Antwort mehr zulässt. Augustinus hatte darauf noch eine vergleichsweise eindeutige Antwort – er lehnt einen Selbstmord in der Absicht, eine Sünde zu verhüten, kategorisch ab:

> „Darum hat eine Frau, die ohne ihren Willen gewaltsam geschändet und durch fremde Sünde zum Beischlaf gezwungen wurde, keine Schuld, die sie durch einen freiwilligen Tod bestrafen müßte. Um wie viel weniger noch vor der Tat, denn da würde ja ein sicherer Mord begangen werden, während das Verbrechen selbst, das nicht einmal das eigene ist, noch gar nicht sicher wäre." (De civitate Dei 1, 18; 43)

Aber bei Emilia Galotti liegen die Dinge ein wenig komplizierter. Erstens ist der geistesgeschichtliche Horizont nicht länger die Spätantike, sondern das mittlere 18. Jahrhundert, und zweitens hat sich die Frage dahingehend verschoben, dass sie keine rein religiöse mehr ist, sondern von den allgemeinen Prinzipien einer (auch säkularen) Moral bestimmt wird. Eindeutigkeit in moralischen Fragen ist zwar vielfach erwünscht, man sehnt sich nach verbindlichen Antworten, aber solche sind nur in den seltensten Fällen gegeben. Es gibt immer mehrere Perspektiven auf ein und dasselbe Geschehen, das war schon im Falle von *Miß Sara Sampson* so (s. Abschn. 4.3.2.1).

Tugendideal und Tugendrigorismus: Lessings Bürgerliche Trauerspiele inszenieren insofern eine Komplexitätssteigerung in moralischen Fragestellungen. Denn eine seiner zentralen Einsichten lautet, dass moralisches Handeln und mehr noch moralisches (Be-)Urteilen so einfach nicht ist, wie das in der heroischen Tragödie vorgestellt wird. Hatte man in der heroischen Tragödie – etwa in der Spielart Gottscheds – am Ende des Stücks eine eindeutige moralische Botschaft oder Maxime, die man aus dem Stück lernen konnte, beispielsweise, dass Standhaftigkeit eine Tugend ist, so misstraut Lessing dieser sehr direkten Moraldidaxe von Grund auf. Die in der heroischen Tragödie vermittelten Tugendideale nimmt Lessing als das an, was sie sind: eben Ideale, die ihren Ort nicht in der Lebensrealität haben. Man mag nach ihnen streben, ‚echte' Menschen (und damit meint er auch seine Figuren) sollten indes nicht nach Idealen beurteilt werden. Niemand könne ihnen gerecht werden, die Folge wäre ein bloßer Tugendrigorismus (Hillen 1970), der der Komplexität moralischer Entscheidungen in der Lebensführung nicht gerecht wird.

Gerechtigkeit als Bindeglied zwischen Religion und Politik: Und Gerechtigkeit ist ein wichtiges Stichwort für Lessing . Mit der Unterscheidung einer weltlichen, juridischen Gerechtigkeit und einer höheren, für das 18. Jahrhundert sicherlich als göttlich zu denkenden Gerechtigkeit, rückt Lessing divergierende Beurteilungsskalen in moralischen Fragen in den Fokus. Da es dem Menschen gerade nicht möglich ist, unfehlbare Urteile zu treffen, so bleibt im Diesseitigen stets ein Rest an Unsicherheit zurück. Die Instanz, auf die man sich in erster Linie verlassen kann, ist das eigene Gewissen, das eine gute, wenn auch nicht absolute Richtschnur für die Beurteilung des eigenen Verhaltens darstellt. Göttliche Gerechtigkeit ist indes noch einmal anders gelagert. Eine dritte Komponente, die Lessing stets auch mit im Blick hat, ist eine juristische, die die weite Sphäre der Politik mit beinhaltet. Menschliches Zusammenleben vollzieht sich in Gesellschaft und niemals isoliert und allein für sich. Insofern gelten auch rechtliche Verbindlichkeiten für das Zusammenleben, die idealerweise moralisches Handeln unterstützen. Auch das kann man in *Emilia Galotti* sehen: Wenn selbst der Prinz als oberster Richter Recht beugt und zu seinen Gunsten Entscheidungen trifft, die unrecht sind, dann führt das auch in moralischer Hinsicht zu verwerflichen Handlungen.

Sichtbar wird dieses intrikate Verhältnis unterschiedlicher Gerechtigkeitsbegriffe in der Literatur. Gerade das Genre des Bürgerlichen Trauerspiels bietet dafür die passende Bühne, da die Konflikte genau dort zum Tragen kommen, wo sich unterschiedliche Ordnungsprinzipien in die Quere kommen: empfindsame Liebe und Staatsräson, tugendhaftes Verhalten und Nähe zum Hof, religiöses Pflichtgefühl und eigene Vorteilnahme. Erst in der Sphäre des ‚Bürgerlichen‘ wird deutlich sichtbar, dass sich im Zuge auflösender Ordnungen, wie sie im Verlauf des 18. Jahrhunderts statthaben, sich neue Konfliktlinien ergeben (Eibl 1995), die mit althergebrachten Dramenformen nicht gleichermaßen zu erfassen wären.

Poetische Gerechtigkeit und Mitleid: Eindeutige Schuldzuweisung erweist sich daher in den Dramen Lessings stets als äußerst schwierig respektive unmöglich. Eindeutigkeit ist gerade nicht zu erzielen, weil es Lessing schafft, in seinen Versuchsanordnungen jeder Figur plausible Motivationen für ihr eigenes Handeln unterzulegen. Das macht eindeutige Interpretationen schwierig, wie die Forschungsgeschichte zu seinen Dramen zeigt – je nachdem, welche Sichtweise man favorisiert, ändert sich die Gesamtbewertung der Geschehnisse. Das mag auf den ersten Blick aus Sicht der Interpretierenden ernüchternd wirken, zeigt aber zugleich die Stärke dieser Dramen. *Emilia Galotti* und *Miß Sara Sampson* altern daher deutlich weniger stark als andere Dramen des Genres, die dem heutigen Leser und der heutigen Leserin nur noch vergleichsweise wenig geben können.

Was schlussendlich als Rezeptionshaltung bei aller Ratlosigkeit im Versuch von kohärenten Erklärungen bleibt, ist das Mitleid, das sich gegenüber den *dramatis personae* einstellt. Für Lessing ist Mitleid der zentrale Effekt, der sich im Theater einstellen soll. Mitleid, so Lessing, ist eine Tugend, die alle anderen Tugenden in sich mit einschließt – wer es schafft, Mitleid mit anderen Personen (und in diesem Falle eben Figuren) zu haben, der wird ein besserer Mensch werden. Insofern kann es gar nicht verwundern, dass man in seinen Stücken mit allen Figuren mitleiden kann, ganz gleich, ob es sich um die arme Sara oder die verlassene Marwood, den verliebten Prinzen oder Emilia handelt. Die Verweigerung einer einfachen Auflösung und das Gefühl, dass die poetische Gerechtigkeit nicht wirklich realisiert ist oder doch zumindest in der Schwebe bleibt, macht uns – wenn Lessings Wirkungskalkül aufgeht – zu mitleidigen Zuschauerinnen und Zuschauern, die das Schicksal der Figuren nur bedauern können, wo ein genuines Verständnis (im Sinne einer rationalen Durchdringung der Geschehnisse) an seine Grenzen stößt.

Literatur

Quellen

Augustinus, Aurelius: Vom Gottesstaat (De Civitate Dei). Vollständige Ausgabe in einem Band, aus dem Lateinischen von Wilhelm Thimme, eingeleitet u. kommentiert von Carl Andresen. München 2007.

Brawe, Joachim Wilhelm von: Der Freygeist. Ein Trauerspiel in fünf Aufzügen. Hg. von Frank Fischer und Jörg Riemer. Leipzig/Weissenfels 2002.

Dubos: Abbé: Réflexions critiques sur la poèsie et sur la peinture. Collection Beaux-arts histoire. Paris 1993.

Dusch, Johann Jakob: Vermischte Kritische und Satyrische Schriften nebst einigen Oden auf gegenwärtige Zeiten. Altona 1758.

Daunicht, Richard: Lessing im Gespräch. Berichte und Urteile von Freunden und Zeitgenossen. München 1971.

Hutcheson, Francis: A System of Moral Philosophy. Cambridge 2015.

Kant, Immanuel: Geschichte und Naturbeschreibung der merkwürdigsten Vorfälle des Erdbebens, welches an dem Ende des 1755sten Jahres einen großen Theil der Erde erschüttert hat. In: Ders.: Gesammelte Schriften. Hg.: Bd. 1–22 Preussische Akademie der Wissenschaften, Bd. 23 Deutsche Akademie der Wissenschaften zu Berlin, ab Bd. 24 Akademie der Wissenschaften zu Göttingen. Berlin 1900ff, hier Bd. 1, Vorkritische Schriften I: 1747–1756, S. 429–462.

Lessing, Gotthold Ephraim: Werke und Briefe in zwölf Bänden, hg. von Wilfried Barner zusammen mit Klaus Bohnen u. a., Frankfurt am Main 1985–2003, Bd. 3. [WuB 3].

Lieberkühn, Christian Gottlieb: Die Lissabonner, ein bürgerliches Trauerspiel in einem Aufzuge. Mit einem Nachwort hg. von Thorsten Unger. Hannover 2005.

Livius, Titus: Römische Geschichte, Gesamtausgabe. 11 Bde. Düsseldorf, Zürich 1987–2007.

Nicolai, Friedrich: Abhandlung vom Trauerspiele. In: Bibliothek der schönen Wissenschaften und freyen Künste. 1. Band, 1. Stück. Leipzig 1757, S. 17–68.

Pfeil, Johann Gottlob Benjamin: Lucie Woodvil. Ein bürgerliches Trauerspiel (1756). Vom bürgerlichen Trauerspiele (1755). Hg. von Dietmar Till. Hannover 2006, S. 95–109.

Rousseau, Jean-Jacques: Abhandlung über den Ursprung und die Grundlagen der Ungleichheit unter den Menschen. Übers. und hg. von Philipp Rippel. Stuttgart 1998.

Schmid, Christian Heinrich: Litteratur des bürgerlichen Trauerspiels. In: Deutsche Monatsschrift, Dez. 1798, S. 282–314.

Shaftesbury, Third Earl of: Characteristics of Men, Manners, Opinions, Times. Cambridge 2000.

Wagner, Heinrich Leopold: Die Kindermörderin. Ein Trauerspiel. Neuausgabe. Hg. von Alexander Košenina. Stuttgart 2023.

Zedler, Johann Heinrich: Grosses vollständiges Universal-Lexicon aller Wissenschafften und Künste, 1731–1754.

Forschungsliteratur

Alt, Peter-André: Tragödie der Aufklärung. Tübingen/Basel 1994.

Barner, Wilfried: Lessings Fluchten. In: Jürgen Stenzel/Roman Lach (Hg.): Lessings Skandale [Tagung der Lessing-Akademie in Wolfenbüttel vom September 2004]. Tübingen 2005, S. 69–78.

Bauer, Elke Monika: Gotthold Ephraim Lessing: Emilia Galotti. Ein Trauerspiel in fünf Aufzügen. Historisch-kritische Ausgabe. Hg. von Elke Monika Bauer. Tübingen 2004.

Briese, Olaf / Günther, Timo: Katastrophe: Terminologische Vergangenheit, Gegenwart und Zukunft. In: Archiv für Begriffsgeschichte 51 (2009), S. 155–195.

Donat, Sebastian / Lüdeke, Roger / Packard, Stephan / Richter, Virginia (Hg.): Poetische Gerechtigkeit. Düsseldorf 2012.

Eibl, Karl: Die Entstehung der Poesie. Frankfurt am Main 1995.

Fick, Monika: Lessing-Handbuch. Leben – Werk – Wirkung. 4. Auflage. Stuttgart 2016.

Fick, Monika: Verworrene Perzeptionen. Lessings *Emilia Galotti*. In: Dies.: Lessing und das Drama der anthropozentrischen Wende. Hannover 2020, S. 125–150.

Fischer, Frank: Triumph der Rache. Joachim Wilhelm von Brawe und die Ästhetik der Aufklärung. Heidelberg 2013.

Fischer, Frank/Riemer, Jörg: Nachwort. In: Joachim Wilhelm von Brawe: Der Freygeist. Ein Trauerspiel in fünf Aufzügen. Hg. von Frank Fischer und Jörg Riemer. Leipzig/Weissenfels 2002, S. 81–92.

Hellwig, Marion: Alles ist gut. Untersuchungen zur Geschichte einer Theodizee-Formel im 18. Jahrhundert in Deutschland, England und Frankreich. Würzburg 2008.

Hillen, Gerd: Die Halsstarrigkeit der Tugend. In: Lessing-Yearbook II (1970), S. 115–134.

Hornig, Gottfried: Perfektibilität. In: Archiv für Begriffsgeschichte XXIV (1980), S. 221–257.

Israel, Jonathan/Mulsow, Martin (Hg.): Radikalaufklärung. Berlin 2014.

Jacobs, Jürgen: Auswirkungen eines Erdbebens. Zur Katastrophe von Lissabon 1755. In: Zeitschrift für Deutsche Philologie 126, H. 2 (2007), S. 185–197.

Jacobsen, Roswitha: Ordnung und individuelle Selbstbestimmung im bürgerlichen Trauerspiel. Der Fehler der Sara Sampson. In: Richard Fischer (Hg.): Ethik und Ästhetik. Werke und Werte in der Literatur vom 18. bis zum 20. Jahrhundert. Frankfurt am Main u.a. 1995, S. 81–92.

Kemper, Dirk /Redaktion: [Art.] Lieberkühn, Christian Gottlieb. In: Killy Literaturlexikon. Autoren und Werke des deutschsprachigen Kulturraums. Herausgegeben von Wilhelm Kühlmann. Berlin 13 Bde, hier Bd. 7, Berlin 2010, S. 407.

Kondylis, Panajtis: Die Aufklärung im Rahmen des neuzeitlichen Rationalismus. München ²1986.

Kornbacher-Meyer, Agnes: Komödientheorie und Komödienschaffen Gotthold Ephraim Lessings. Berlin 2003.

Lauer, Gerhard: Das Erdbeben von Lissabon. Ereignis, Wahrnehmung und Deutung im Zeitalter der Aufklärung. In: Bernd Herrmann (Hg.): Beiträge zum Göttinger Umwelthistorischen Kolloquium 2007–2008. Göttingen 2008, S. 223–236.

Lauer, Gerhard, Unger Thorsten (Hg.): Das Erdbeben von Lissabon und der Katastrophendiskurs im 18. Jahrhundert. Göttingen 2008.

Luhmann, Niklas: Individuum, Individualität, Individualismus. In: Ders: Gesellschaftsstruktur und Seminar. Studien zur Wissenssoziologie der modernen Gesellschaft, Bd. 3. Frankfurt am Main 1993, S. 149–258.

Luhmann, Niklas: Liebe als Passion. Zur Codierung von Intimität. Frankfurt am Main 1994.

Lukas, Wolfgang: Anthropologie und Theodizee. Studien zum Moraldiskurs im deutschsprachigen Drama der Aufklärung (ca. 1730–1770). Göttingen 2005.

Luserke-Jaqui, Matthias: [Art.] Die Kindermörderin. In: Ders. (Hg.): Sturm und Drang Handbuch. Berlin/Boston 2017, S. 328–338.

Martinec, Thomas: Friedrich Nicolai im Trauerspieldisput von 1756/57. In: Rainer Falk/Alexander Košenina. Hannover 2008, S. 45–65.

Mönch, Cornelia: Abschrecken oder Mitleiden. Das deutsche bürgerliche Trauerspiel im 18. Jahrhundert. Versuch einer Typologie. Tübingen 1993.

Multhammer, Michael: Lessings *Rettungen*. Geschichte und Genese eines Denkstils. Berlin/Boston 2013.

Multhammer, Michael: Trialog? Dialog? Monolog? Zu Lessings Rolle im sogenannten Briefwechsel über das Trauerspiel. In: Chiara Conterno (Hg.): Briefe als Laboratorium der Literatur im deutsch-jüdischen Kontext. Göttingen 2021, S. 15–30.

Multhammer, Michael: Von Schwertern und Sentenzen. Über das Verhältnis von Theorie und Praxis in Lessings Einakter Philotas. In: Magdalena Fricke/Hannes Kerber/Eleonora Travanti (Hg.): Praktiken der Provokation: Lessings Schreib- und Streitstrategien. Hannover 2024, S. 117–136.

Multhammer, Michael: Verstoffwechselungen der Literatur. Zu einem Denk- und Schreibprinzip Lessings. In: Jörg Robert/Jörn Steigerwald (Hg.): G.E. Lessings Hamburgische Dramaturgie. Zwischen ästhetischer Theorie und dramatischer Praxis. Paderborn 2025, S. 249–262.

Neiman, Susan: Das Böse denken. Eine andere Geschichte der Philosophie. Frankfurt am Main 2004.

Niefanger, Dirk: Lessings *Schrifften* (1753–55). Wolfenbüttel 2015.

Nisbet, Hugh Barr: Lessing. Eine Biographie. Aus dem Engl. übersetzt von Karl S. Guthke. München 2008.

Nussbaum, Martha C.: Poetic Justice. The Literary Imagination and Public Life. Boston 1995.

Recki, Birgit: [Art.] Ästhetik. In: Lexikon der Aufklärung. Deutschland und Europa. Hg. von Werner Schneiders. München 1995, S. 29–31.

Reder, Michael/Risse, Verena/Cojocaru, Mara-Daria (Hg.): Katastrophen – Perspektiven. Stuttgart 2017.

Sauder, Gehard: [Art.] Affekt. In: Handbuch Europäische Aufklärung. Begriffe – Konzepte – Wirkung. Hg. von Heinz Thoma. Stuttgart 2015, S. 11–22.

Schings, Hans-Jürgen: Der mitleidigste Mensch ist der beste Mensch. Poetik des Mitleids von Lessing bis Büchner. München 1980.

Schings, Hans-Jürgen (Hg.): Der ganze Mensch. Anthropologie und Literatur im 18. Jahrhundert. DFG-Symposion 1992. Stuttgart/Weimar 1994.

Schmidt, Erich: Lessing. Geschichte seines Lebens und seiner Schriften. 2 Bände. Zweite veränderte Auflage. Berlin 1899.

Segebrecht, Wulf: Über ‚Poetische Gerechtigkeit‘. Mit einer Anwendung auf Kafkas Roman *Der Proceß*. In: Richter, Karl/ Schönert, Jörg/ Titzmann, Michael (Hg.): Die Literatur und die Wissenschaften 1770–1930. Stuttgart 1997, S. 49–69.

Ter-Nedden, Gisbert: Lessings dramatisierte Religionsphilosophie. Ein philologischer Kommentar zu „Emilia Galotti" und „Nathan der Weise". In: Christoph Bultmann/Friedrich Vollhardt (Hg.): Lessings Religionsphilosophie im Kontext. Hamburger Fragmente und Wolfenbütteler Axiomata (Frühe Neuzeit 159). Berlin 2011, S. 283–335.

Ter-Nedden, Gisbert: Der fremde Lessing. Eine Revision des dramatischen Werks. Hg. von Robert Vellusig. Göttingen 2016.

Tönnies, Ferdinand: Gemeinschaft und Gesellschaft. Grundbegriffe der reinen Soziologie. Darmstadt 2010.

Volkert, Dominica; Redaktion: [Art.] Pfeil, Johann Gottlob Benjamin. In: Killy Literaturlexikon. Autoren und Werke des deutschsprachigen Kulturraums. Hg. von Wilhelm Kühlmann. Berlin 13 Bde., hier Bd. 8. Berlin 2010, S. 198f.

Vollhardt, Friedrich: Lessings Lektüre. Anmerkungen zu den *Rettungen*, zum Faust-Fragment, zu der Schrift über *Leibnitz von den ewigen Strafen* und zur *Erziehung des Menschengeschlechts*. In: Euphorion 100/3 (2006), S. 359–393.

Vollhardt, Friedrich: Kritik der moralischen Urteilskraft. Jan Philipp Reemtsmas Lessing-Essay. In: Merkur 703 (2007), S. 1156–1161.

Vollhardt, Friedrich: Gotthold Ephraim Lessing. München 2016.

Vollhardt, Friedrich: Gotthold Ephraim Lessing. Epoche und Werk. Göttingen 2018.

Vollhardt, Friedrich: Die Kamenz-Connection: Mylius und der junge Lessing. In: Christlob My-
    lius. Ein kurzes Leben an den Schaltstellen der deutschsprachigen Aufklärung. Hg. von Nacim
    Ghanbari und Michael Multhammer (Aufklärung Bd. 30). Hamburg 2019, S. 51–63.
Weinrich, Harald: Literaturgeschichte eines Weltereignisses: Das Erdbeben von Lissabon. In:
    Ders.: Literatur für Leser: Essays und Aufsätze zur Literaturwissenschaft. Stuttgart u.a. 1971,
    S. 64–76.
Wels, Volkhard: Der Begriff der Dichtung in der Frühen Neuzeit. Berlin/Boston 2009.
Wilke, Jürgen: Das Erdbeben von Lissabon als Medienereignis. In: Gerhard Lauer u.a. (Hg.): Das
    Erdbeben von Lissabon und der Katastrophendiskurs im 18. Jahrhundert. Göttingen 2008,
    S. 75–95.
Zach, Wolfgang: Poetic Justice. Theorie und Geschichte einer literarischen Doktrin, Begriff –
    Idee – Komödienkonzeption. Tübingen 1986.

Weiterführende Literatur

Breidert, Wolfgang (Hg.): Die Erschütterung der vollkommenen Welt. Die Wirkung des Erdbebens
    von Lissabon im Spiegel europäischer Zeitgenossen. Darmstadt 1994.
Günther, Horst: Das Erdbeben von Lissabon und die Erschütterung des aufgeklärten Europa.
    Frankfurt am Main 2005.
Kertzer, Jonathan: Poetic Justice and Legal Fictions. Cambridge 2010.
Lueserke-Jaqui, Matthias/Wille, Lisa (Hg.): Heinrich Leopold Wagner. Neue Studien zu seinem
    Werk. Würzburg 2020.

Zerbrechende Ordnungen – beschädigte Souveränitäten

5

Inhaltsverzeichnis

Souveränität: Zu Beginn unserer Untersuchung (vgl. Abschn. 3.1) hatten wir im Ausgang von Pufendorfs Naturrechtslehre festgehalten, dass der Souverän – also ein König, Fürst oder allgemeiner: der Herrscher – nicht dem positiven Recht unterworfen ist und daher nicht genuiner Bestandteil der bürgerlichen Gesellschaft. Gleichwohl, auch das betont Pufendorf, ist der Souverän an die göttlichen Gesetze sowie das Naturrecht gebunden. Souveränität lässt sich aber noch allgemeiner fassen.

Ausnahmezustand: Der deutsche Jurist und Staatstheoretiker Carl Schmitt hat eine äußerst griffige Definition von Souveränität geprägt – er schreibt: „Souverän ist, wer über den Ausnahmezustand entscheidet" (Schmitt 2004, S. 13). Der Ausnahmezustand tritt genau dann ein, wenn die Gesetze (oder allgemeiner das Recht) gerade nicht gelten. Exakt in diesem Moment, so die Pointe der Überlegung, entscheidet sich Herrschaft. Denn: „Das Normale beweist gar nichts, die Ausnahme beweist alles; sie bestätigt nicht nur die Regel, die Regel lebt überhaupt nur von der Ausnahme" (Schmitt 2004, S. 21). Souveränität garantiert daher Ordnung, denn nach Schmitt ist die Norm, also das Recht selbst, im Falle des Chaos nicht anwendbar.

Hier haben wir also die beiden zentralen Begriffe beisammen, Souveränität und Ordnung, wobei erstere Garant für die letztere ist. Schmitt hat – und das ist für unsere Zusammenhänge wichtig, um nicht allzu sehr in einen Anachronismus zu verfallen – seine staatstheoretischen Überlegungen zum Ausnahmezustand aus den frühneuzeitlichen Naturrechtslehren eines Jean Bodin, eines John Locke und anderer heraus entwickelt.

> „Das lebhafte Bewußtsein von der Bedeutung des Ausnahmefalles, das im Naturrecht des 17. Jahrhunderts herrscht, geht im 18. Jahrhundert, als eine relativ dauernde Ordnung hergestellt war, bald wieder verloren." (Schmitt 2004, S. 20)

Diese Stabilität gilt für das Staatswesen im 18. Jahrhundert – das ist der Referenzpunkt von Schmitt – nicht jedoch in gleichem Maße für die gesellschaftlichen Verschiebungen, die sich mit Niklas Luhmann als eine Ablösung einer vornehmlich stratifikatorisch geprägten Gesellschaft (also gedacht in gesellschaftlichen Schichten) hin zu einer primär funktional differenzierten Gesellschaft (jeder hat an zahlreichen gesellschaftlichen Subsystemen Anteil – Ökonomie, Kunst, Recht, etc.) beschreiben lassen. Gerade hier kommt es zu zerbrechenden Ordnungen. Diese Abweichungen von der Norm – das war bisher das Thema – finden sich gerade im Bürgerlichen Trauerspiel literarisch gestaltet. Im Folgenden sollen daher Herrscher-, Vater- und Frauenfiguren näher in den Blick rücken. Mit ihnen lassen sich überkommene Gewissheiten und zerbrechende Ordnungen identifizieren, die ihr tragisches Konfliktpotenzial entbergen.

Kongruenz von Herrscher- und Vaterfigur: Im 18. Jahrhundert denkt man Herrschaft in Staaten und Familienverbünden durchaus in analoger Weise. Noch heute haben sich Redewendungen erhalten, die das widerspiegeln, wenn etwa vom ‚Landesvater' oder dem *pater patriae*, dem ‚Vater der Heimat' die Rede ist. In beiden Fällen gilt es zu ‚regieren'. Dahinter steckt das lateinische Verb ‚regere', das zunächst einmal nicht mehr meint als etwas zu ‚leiten' oder zu ‚lenken'. Dabei hört die Parallelisierung aber nicht auf, denn in beiden Fällen geht es um die Ausübung von Macht. So wie in frühneuzeitlichen Kontexten Herrschaft in staatstheoretischen Zusammenhängen in vielen Fällen absolut war, so ist auch die Rolle des männlichen Familienoberhauptes (*pater familias*) seit der Antike mit einer großen Machtfülle ausgestattet.

***Vitae necisque potestas*:** Das reicht sogar bis hin zum Recht des Vaters auf die Tötung von Familienangehörigen (*vitae necisque potestas*), wie der italienische Philosoph Giorgio Agamben in seiner Studie zum *Homo sacer* (Agamben 2002) eigens betont. Die ‚Gewalt über Leben und Tod‘ ist zugleich die Grundlage der väterlichen Souveränität.

> „Tatsächlich empfanden die Römer eine so wesentliche Verwandtschaft zwischen der *vitae necisque potestas* des Vaters und dem *imperium* des Magistraten, daß die Register des *ius patrium* und der souveränen Macht schließlich eng verflochten waren. Das Thema des *pater imperiosus*, der [...] nicht zögert, den des Verrats schuldigen Sohn dem Tode zu überantworten, spielt eine wichtige Rolle in der Anekdotik und in der Mythologie der souveränen Macht." (Agamben 2002, S. 98)

Diese aus der Antike stammende Vorstellung ist mit dem Einzug des Christentums deutlich relativiert, aber eben auch nicht obsolet geworden. Es ist wiederum Samuel Pufendorf, der der ‚Vätterlichen Gewalt‘ ein ausführliches Kapitel widmet, das sich mit den Befugnissen und Grenzen der väterlichen Machtausübung im Familienverbund beschäftigt. So viel vorweg – so grausam wie in der Antike ist das Konzept längst nicht mehr gedacht. Dennoch sollte man diese Traditionen kennen, haben wir doch in wegweisenden Trauerspielen genau diesen Fall, dass der Vater das eigene Kind umbringt. Das findet sich in Lessings *Emilia Galotti* ebenso wie in Johann Anton Leisewitz’ *Julius von Tarent* oder Friedrich Maximilian Klingers Trauerspiel *Die Zwillinge*.

Die hier vorgestellten Theoreme sind den Autoren der Bürgerlichen Trauerspiele sicherlich nicht immer voll bewusst, will heißen: Sie stehen ihnen sicherlich nicht bei der Abfassung ihrer Dramen vor Augen, um sie literarisch zu gestalten. Uns aber können diese Überlegungen in analytischer Hinsicht behilflich sein, um das zu sehen, was im Bürgerlichen Trauerspiel verhandelt wird und was Teil der Anbahnung der dramatischen Katastrophe ist.

5.1 Herrscherfiguren

Herrscher als Menschen: Wenn es stimmt, dass Herrscher außerhalb der Gesellschaft stehen, was ihnen erst ihren Status als Souverän verleiht, dann geht mit der Macht auch ein Mangel an ganz alltäglichen Umständen einher. Hettore Gonzaga, der Prinz von Guastalla, artikuliert diesen eminenten Mangel gleich zu Beginn von Lessings *Emilia Galotti*. Dort heißt es gegenüber seinem Kammerherren Marinelli:

> „O ein Fürst hat keinen Freund, kann keinen Freund haben!" (Lessing: *Emilia Galotti* I/6)

Durch diese Sonderrolle wird der Herrscher von der ihn umgebenden Gesellschaft separiert. Er ist gerade das Andere der bürgerlichen Gesellschaft und doch bei allem: ein Mensch. Diese Konstellation – gleichzeitig Herrscher und Mensch zu sein – ist in vielen Bürgerlichen Trauerspielen der Ausgangspunkt aller Tragik und zentrales Movens für die spätere Katastrophe. So auch in Johann Anton Leisewitz’ Bürgerlichem Trauerspiel *Julius von Tarent*.

5.1.1   Johann Anton Leisewitz' *Julius von Tarent* (1774)

Johann Anton Leisewitz: Leisewitz, Jahrgang 1752, gehört nicht nur der Generation nach zu den Stürmern und Drängern, auch seine literarischen Werke zeigen der Tendenz nach schon die Züge der Epoche. Bereits während seines Studiums der Rechte in Göttingen war der literarisch ambitionierte Student mit einigen der führenden jungen Dichter aus dem Göttinger Hain bekannt (Keller 1995). Doch die Literaturgeschichte kennt eigentlich nur noch ein Werk von ihm – das Bürgerliche Trauerspiel *Julius von Tarent*. Das Stück entstand im Rahmen eines Preisausschreibens. Konrad Ernst Ackermann, ein bedeutender Theatermann der Zeit, war auf der Suche nach neuen Stücken – die Bürgerlichen Trauerspiele waren das Genre der Stunde. Zwar unterlag Leisewitz seinem Kollegen Friedrich Maximilian Klinger, dessen Stück *Die Zwillinge* den ersten Platz zugesprochen bekam, aber dennoch wurde die hohe Qualität des Dramas erkannt und auch anerkannt. Lessing – so heißt es – dachte gar, dass Goethe der Autor sei (Zelle 2010).

> **Johann Anton Leisewitz: *Julius von Tarent* (1774)**
> Julius, der Erbprinz von Tarent, ist verzweifelt. Sein Vater Constantin hat seine nicht standesgemäße Geliebte Blanca in ein Kloster gesteckt. Sowohl Julius als auch dessen Bruder Guido machten beide Ansprüche auf Blanca geltend, jedoch aus völlig unterschiedlichen Motiven. Julius ist der wahrhaft Liebende, wie er in einem Gespräch mit seinem engen Freund Aspermonte offenbart. Im Gegenteil dazu sieht Guido in der schönen Blanca eine legitime Trophäe für seine militärischen Erfolge. Aus der Sicht des Vaters ist Blanca keine mögliche und legitime Frau für beide, sein Entschluss, sie zur Nonne zu machen, beruht demnach in erster Linie auf politscher Klugheit. Der Vater ist alt, er feiert am Tage der dramatischen Handlung seinen sechsundsiebzigsten Geburtstag, und er möchte sein Fürstentum demnächst an seinen Sohn Julius übergeben. Als Ehefrau hat er die tugendhafte Cäcilia bestimmt, eine Freundin Blancas seit Kindertagen. Zu dieser Heirat soll es allerdings nicht kommen, Cäcilia möchte sich nicht vermählen und Julius hält an seiner Liebe zu Blanca fest. Die Vermittlungsversuche des Vaters, der die beiden charakterlich so unterschiedlichen Söhne zu versöhnen sucht, scheitern. Keiner will das Vorrecht auf Blanca aufgeben – Julius aus Liebe, Guido aus Trotz. Bei dem Versuch der gewaltsamen Befreiung Blancas aus dem Kloster durch Julius wird dieser von Guido in einem Hinterhalt erwartet und ermordet. Guido stellt sich der väterlich-fürstlichen Gerichtsbarkeit und wird ebenfalls mit dem Tode bestraft – Blanca verfällt dem Wahnsinn. Das Ende der Familie bedeutet gleichzeitig das Ende des Staates – Fürst Constantin verschenkt sein Reich und wird Kartäuser-Mönch.

Drei Männer: Im Zentrum des Geschehens stehen drei Männer: der alternde Vater und die beiden charakterlich sehr unterschiedlichen Söhne Julius und Guido. Beide Söhne sind defizitär, der eine ist in seinem Hang zur Empfindsamkeit nicht gewillt, sein Los als Erstgeborener zu erfüllen, die dynastische Nachfolge seines Vaters zu übernehmen und selbst Herrscher zu werden. Guido indes fehlt es an zentralen Eigenschaften, die man bürgerlich nennen kann und die man daher von ‚jedermann' fordern kann. Ihn prägt sein kriegerischer Charakter, gepaart mit unbotmäßigem Stolz. Schwach ist der Vater, weil er sich nicht mit seinen Forderungen durchsetzen kann, ohne die von beiden Söhnen – aus unterschiedlichen Motiven – begehrte Blanca ins Kloster zu verbannen. Seine an sich rationalen und weitsichtigen, mithin also klugen Entscheidungen laufen ins Leere.

> „Mit der Konstellation der Konflikte gestaltet L[eisewitz] in ästhetischer Reaktion auf die gesellschaftl[iche] Dynamisierung nach 1750 eine Opposition gegen Staats- u[nd] Naturordnung gleichermaßen, insofern der individuelle Liebesanspruch Julius' an den Forderungen der Staatsräson zuschanden u[nd] das empfindsame Ideal der Familie durch Bruder- u. Sohnesmord zerstört wird." (Zelle 2010, S. 318)

Diese doppelte Frontstellung wird zum Movens der tragischen Handlung. Erneut ist es die Unmöglichkeit, das private Glück – die Liebe Julius' zu Blanca – mit den Verpflichtungen des Souveräns gegenüber seinem Volk in Einklang zu bringen:

> „Ich habe ein Herz und bin ein Fürst – das ist mein Unglück – wie soll ich meinen Hunger nach Empfindungen stillen – mein Mädchen nimmt man mir – und kein Fürst hatte ja jemals einen Freund; ach, wer an der Brust eines Freundes lieget, vergesse doch im Glücke der Elenden nicht und weine guten Fürsten zuweilen eine Zähre." (Leisewitz: *Julius von Tarent*, I/1)

Die Anklänge an Lessings *Emilia Galotti* sind eindeutig. Konfliktträchtig wird die Szenerie auch über die Zeitdimension, die im Drama verhandelt wird: „Ewigkeit ist ja die Dauer der Liebe" (III/7), weiß Blanca der Äbtissin im Kloster zu dozieren. Und stellt die Bedürfnisse der empfindsamen Liebe über dynastische Fragen, die in der Endlichkeit verbleiben. Ein empfindsam Liebender ist aber auch der Vater, der seine beiden Söhne verliert – Julius durch den Brudermord und Guido richtet er selbst. Als oberster Richter kann er den Tod des Erbprinzen nicht ungesühnt lassen.

Stärke und Schwäche des Souveräns: Damit ist auch schon eine Form der Gerechtigkeit im Drama angesprochen, die hier in Szene gesetzt wird. Wenn lasterhaftes Verhalten bestraft wird, heißt das nicht automatisch, dass gutes Verhalten auch belohnt wird. Bei allen guten Absichten des Fürsten Constantin wird am Ende des Dramas poetische Gerechtigkeit nur partiell realisiert. Der einstmals große Fürst, der an der Übertragung seiner Macht an die nachfolgende Generation scheitert, dankt am Ende ab, verschenkt sein Fürstentum an den König von Neapel und zieht sich in ein Karthäuserkloster zurück, um betend sein Ende zu erwarten. Ein ganz ähnliches Motiv gestaltete auch der bereits erwähnte Friedrich Maximilian Klinger.

5.1.2   Friedrich Maximilian Klingers *Die Zwillinge* (1776)

Friedrich Maximilian Klinger: Dass Friedrich Maximilian Klinger als Dichter Karriere machen würde und am Ende gar eine ganze Epoche der deutschen Literaturgeschichte – der Sturm und Drang – nach einem seiner Dramen benannt wurde, war bei seiner Geburt 1752 in Frankfurt am Main zunächst weder absehbar noch wahrscheinlich. In ärmlichen Verhältnissen geboren, waren für ihn der Besuch des Gymnasiums und das spätere Jurastudium in Gießen ebenso nicht erwartbar. Die zunächst von ihm eingeschlagene Laufbahn als Dramaturg am Theater war nicht dazu angetan, seinen Lebensunterhalt davon bestreiten zu können. Klinger machte dann im Militär Karriere.

Seine Dramen zählen zum Kernbestand des Sturm und Drang und gestalten das Motiv des Genies in vielfältiger Weise – so auch noch in seinem umfangreichen, Fragment gebliebenen Roman *Fausts Leben, Thaten und Höllenfahrt* (1791). Er starb 1831 in der Nähe von Tartu (Estland).

▶ **Genie**, zentrales Konzept in der zweiten Hälfte des 18. Jahrhunderts. ‚Genie' kann dabei in zweierlei Bedeutung auftreten – einerseits kann man den Dichter als Genie bezeichnen, insofern er nach eigenen Regeln, autonom Kunstwerke schafft. Genie ist dann eine Naturgabe, über die man verfügt oder eben nicht. Andererseits bevölkern auch genialische Figuren die Literatur der Zeit, es sind Figuren, die sich über das ‚Normalmaß' hinaus auszeichnen, vor Kraft und Talent strotzen (Kraftgenies) oder in ihrem Wollen und Streben alle anderen übertreffen (Typus Faust). Auch negative Genies finden sich in der Literatur. So bezeichnet man Figuren, die gerade wegen ihrer besonderen Anlagen (eben schlechten) dazu angetan sind, ihrer Umgebung Schaden zuzufügen.

Friedrich Maximilian Klinger: *Die Zwillinge* (1776)
Der kriegerisch gesinnte und jähzornige Ritter Guelfo ist der jüngere Zwillingsbruder des überaus umsichtigen und klugen Ferdinando. Schon zu Beginn der Handlung wird deutlich, dass sich Guelfo von seiner Familie betrogen sieht, seine aus seiner Sicht nur vermeintlich spätere Geburt kostet ihn die Herrschaftsnachfolge seines Vaters – ebenfalls Guelfo mit Namen – und damit einhergehend eine ganz Anzahl an Privilegien, die an seinen Bruder fallen. Guelfo fühlt sich seit seiner Kindheit benachteiligt. Alle Versuche der Familie, allen voran der sanftmütigen Mutter Amalia, Guelfo zu besänftigen, schlagen fehl oder verkehren sich gar ins Gegenteil: Neue Vorwürfe sind die Folge. Die Situation verschlimmert sich, denn es steht die Hochzeit seines Bruders und zukünftigen Herzogs Ferdinando mit der Gräfin Kamilla an, die allerdings zuvor von Guelfo geliebt wurde. Auch in diesem Umstand sieht er sich um sein naturgegebenes Recht gebracht. Im Zentrum des Konflikts steht die stete Unsicherheit um das Recht des Erstgeborenen und alle daraus resul-

tierenden Konsequenzen. Guelfos Mutter kann in ihrer endgültigen Antwort auf die Frage, wer Erstgeborener sei, lediglich auf die Erinnerung des Vaters verweisen, mehr Evidenz gibt es nicht. Daraufhin kommt es zum endgültigen Bruch mit der Familie von Seiten Guelfos. Angestachelt von seinem Freund Grimaldi – einem lebensmüden Melancholiker, dessen große Liebe und Schwester der Zwillinge verstorben ist – sinnt Guelfo auf Rache. Am Tage der Hochzeit erschlägt er seinen Bruder Ferdinando und reitet zurück auf den Herrschaftssitz, wo er sich schlafen legt. Die Familie ist in Sorge und alsbald wird der Tod Ferdinandos, dessen Leichnam man gefunden hatte, verkündet. In der Folge stellt sich heraus, dass es sich um einen Brudermord gehandelt hat. Der alte Guelfo – zugleich Vater und Fürst und somit für die Gerichtsbarkeit zuständig – rächt seinen Erstgeborenen und ersticht in einem Akt der Gnade Guelfo, um ihn vor dem Henker zu bewahren.

Klingers *Die Zwillinge*: Die Handlung von Klingers preisgekrönter Tragödie *Die Zwillinge* ist derjenigen von Leisewitz' *Julius von Tarent* eng verwandt. Auch hier steht die Frage nach legitimer Herrschaftsnachfolge im Zentrum des dramatischen Geschehens. Die genialische, kraftstrotzende Natur des (vermeintlich) nachgeborenen Guelfo unterscheidet sich jedoch noch einmal deutlich von den Figuren, die wir von Leisewitz her kennen. Die radikale Subjektivität, die Guelfo hier als (negatives) Genie par excellence verkörpert, bricht sich Bahn, ohne dass es zu nennenswerten Aushandlungen im Verlauf des Dramas kommt. Die Katastrophe nimmt sogleich ihren Lauf, dem Genie kann keine der anderen Figuren etwas entgegensetzen (Willems 2013). In seinem ungebrochenen Zorn – „warum hab' ich nichts und er alles?" (I/1) – verdirbt Guelfo die Familie, tötet den Bruder Ferdinando und wird selbst vom Vater umgebracht. Auch der Zuschauer und die Zuschauerin stehen diesem Gewaltexzess vergleichsweise hilflos gegenüber, denn ob Guelfo tatsächlich der Zweitgeborene ist – die Namensgleichheit mit dem Vater würde ja anderes nahelegen – bleibt unbestimmt. Ob hier also jemand ‚zu Recht' nicht klein beigibt und auf seine Ansprüche besteht, ist nicht letztgültig zu entscheiden.

Herrschaftsansprüche – das verausgabte Genie: Wieso sind es gerade die Herrschaftsansprüche und dynastische Fragen, die im Bürgerlichen Trauerspiel zur Tragik taugen? Einer der Gründe dafür könnte darin liegen, dass sich hier Privates mit Nicht-Privatem mischt, sich eine Zone bildet, wo gleichermaßen legitime Ansprüche (etwa der Liebe und des Anrechts auf privates Glück, der genealogischen Herrschaftssicherung und dergleichen mehr) aufeinanderprallen. Gerade dadurch, dass eine Hierarchisierung der Ansprüche nicht (mehr) gelingen kann, eignet sich die Darstellung solcher Konflikte für die Literatur in besonderem Maße. Wo aus ethischen, moralischen oder bloß rechtlichen Gesetzen leicht zu entscheiden wäre, welcher Anspruch höher zu gewichten ist, käme es – bei allem Unglück des Einzelnen – gar nicht zu einem tragischen Umstand. Ein weiterer Grund ist sicherlich in der Stofftradition zu sehen. Die Geschichte vom Brudermord gehört seit der biblischen Geschichte von Kain und Abel (Gen 4,1–16) aus dem ersten Buch Mose zum Kernbestand literarischer Motivik. Kain und Abel sind die ältesten Söhne Adams und Evas. Kain, der Ackerbauer, und sein Bruder Abel, der Hirte, opferten Gott. Weil Gott Abels Opfer vorzog, wurde Kain neidisch auf seinen Bruder. Der Ermahnungen Gottes zum Trotz erschlug Kain Abel und wurde zum Mörder. Kain indes wurde für seine Tat von Gott verstoßen, stand aber nach wie vor unter dessen Schutz. Auch der junge Guelfo referiert in einem Monolog nach dem Brudermord auf die alttestamentliche Vorlage:

> „**Guelfo.** Der Geist log nicht. – Jetzt will ich schlafen, jetzt will ich mir Guts thun mit Schlafen! So lange nicht geschlafen – werd ich einmal schlafen! (legt sich nieder) Ha, Kain! kannst Du nicht schlafen? Wie sie ächzen, den Todten mit Thränen salben, den Einzigen mit Küssen zum Leben rufen! Heult! heult! heult! Guelfo schläft ja. O laß mich schlafen, fünf Augenblicke nur! – Laß mich schlafen. Einen Augenblick – o denn nur einen halben! – – Ha, Grimaldi! Er faßte die dicke Eiche, schlung sich drum herum, als wollt' er sein Leben halten – und ich riß ihm Eich' und Leben aus der Hand, das er fest hielt! – Er sah nach mir mit einem Blick, der so todt, bittend und voll Angst war – schrie: Bruder! Bruder! Kamilla! – Die rief er zuletzt, und das war gut. Da kriegt' er den Schlag! – Guelfo! mußt' er Kamilla rufen? – – Ha! Schreckgeister! Guelfo schläft." (Klinger: *Die Zwillinge* IV/5)

In der monologischen Rekapitulation des Brudermordes kommt es zu einer Identifikation mit Kain. Der junge Guelfo weiß demnach um die Schuld, die er auf sich geladen hat. Dennoch war es für ihn eine ausweglose Situation, von der einstigen Kraft des Genies ist nur noch Müdigkeit geblieben. Die Erschöpfung des Individuums – das Genie ist ja ein Tatmensch – ist total. In Klingers Drama zeigt sich bereits eine Wende: Das Genie ist als Einzelner in einer Gesellschaft, die gerade dadurch geprägt ist, dass sie eben nicht genialisch ist, immer auch ein Außenseiter. Das gilt für den Künstler, die Künstlerin ebenso wie alle anderen Arten einer gesteigerten Subjektivität, die auch immer jäh in eine übersteigerte Subjektivität umschlagen kann. Die konsequente Folge ist der Fall des Helden oder der Heldin. Mit Vater und Sohn Guelfo treffen dergestalt zwei Figuren aufeinander, die je anders von der Gesellschaft exkludiert sind.

Der doppelte Guelfo: Sowohl der Vater als auch einer der beiden Söhne trägt den Namen Guelfo. Dieser in der Figurenanlage Klingers interessante Zug lenkt automatisch die Aufmerksamkeit auf etwaige Gemeinsamkeiten, die die beiden teilen. Aber noch in einer zweiten Hinsicht ist eine Doppelung festzustellen, denn der alte Guelfo ist zugleich Herrscher und Vater – und – in beiden Rollen ist er Souverän. Bei der Regierung der Familie ist der alte Guelfo gescheitert, seine nicht auf Ausgleich bedachte Privatpolitik hat die Konflikte innerhalb der Familie zu unlösbaren gemacht. Gleichzeitig ist er als Herrscher für sein Volk verantwortlich und kann den Sohn – Ferdinando – nicht allein als Sohn behandeln. Diese doppelte Abhängigkeit bei gleichzeitiger Ohnmacht hält auch den jüngeren Guelfo fest im Griff, mit dem Unterschied, dass sein Handlungsspielraum noch eingeschränkter ist. Als genialischer Kraft- und Tatmensch bleibt ihm nur der gewaltsame Ausbruch aus seiner als erniedrigend empfundenen Situation. Klinger modelliert eine dramatische Konstellation, in der die doppelte Souveränität mit sich selbst in Konflikt gerät. Der alte Guelfo generiert sich dabei als Adam:

> „**Alter Guelfo.** Ich stehe da, wie Adam, als ihm der Gerechte erschlagen ward. Eva heult, die Braut klagt, Kain flucht den Alten – – Rache und Weh! – – Gott! ich danke dir, daß du mein Gefühl starr machst, daß du den Ermordeten jetzt aus meinem Herzen reißt mit dem Mörder – – (zieht einen Dolch.)" (Klinger: *Die Zwillinge* V/2)

Am Ende kündigt der Vater an, dass er als letzte Handlung den eigenen Sohn töten wird, um ihn vor der Schande des Henkers zu bewahren. Aber die Katastrophe ist epischen Ausmaßes, auch das zeigt die Parallelisierung mit der Geschichte von Kain und Abel, die sich ja unmittelbar nach der Vertreibung des Menschen aus dem Paradies abspielt. Es ist quasi eine Urkatastrophe, die hier im Kontext einer fiktiven Renaissance (die selbstredend auf die Zeitgenossen Klingers abzielt) Gestalt annimmt.

Die Zwillinge ist demnach auch ein Drama, das die Grenzen von Souveränität thematisiert und damit ganz generell dazu beiträgt, bisher bestehende Ordnungen zu hinterfragen, indem es gerade deren Scheitern aufzeigt.

5.2 Vaterfiguren

Herrscher und Hausvater: Im 18. Jahrhundert denkt man sich Herrscher und Hausvater – mit freilich unterschiedlich großer Machtbefugnis – durchaus als parallele Erscheinungen. Während der eine für das Wohl eines ganzen Staates verantwortlich zeichnet und diesen weise und vorausschauend, mithin also klug, zu regieren hat, gilt das gleiche Modell in übertragender Form auch für die Familie. Dort steht – ganz analog – der Hausvater an der Spitze der Hierarchie, um von diesem exponierten Platz aus die Geschicke der Familie zu lenken.

Familiare Verantwortung: Dabei geht es um mehr als um eine bloße ‚Verwaltung‘ der familiären Angelegenheiten. Selbstredend gehören ökonomische Belange – wörtlich im Sinne von der ‚Lehre des Hauses‘ – ebenso dazu wie eine christliche Erziehung der Familie und des Hausgesindes, aber die Reichweite der Verantwortung ist noch größer. Auch diese speist sich aus naturrechtlichen Grundannahmen. Samuel Pufendorf kann uns hier erneut als Stichwortgeber dienen: In den Kapiteln zwei und drei des Sechsten Buches von *De jure et gentium* – „Von der Vätterlichen Gewalt" und „Von der Hauß-Herrlichen Gewalt" überschrieben – thematisiert er umfänglich das Recht, aber auch die Pflichten des Hausvorstandes (s. Abb. 5.1). Fragen danach, ob der Vater etwa mehr Rechte habe als die Mutter, ob er der Verehelichung der eigenen Kinder zustimmen müsse und dergleichen mehr, werden hier vor dem Hintergrund des Naturrechts verhandelt. Ähnliche Fragen kommen zur Sprache, wenn es um die ‚Hauß-Herrliche Gewalt‘ geht: Welche Rechte und Pflichten hat man gegenüber dem Gesinde, kann man ihnen gegenüber ein Unrecht begehen, ist der Standesunterschied gottgegeben oder gar gottgewollt? All diese Fra-

Abb. 5.1 Samuel Pufendorf und das Titelblatt der dt. Erstausgabe von *De jure et gentium*

gen – und die Antworten darauf – sollen dabei helfen, im eigenen Haus klug und gerecht zu regieren. Vor dem Hintergrund der Relevanz dieses Wissens gerade für das tägliche Leben kann es nicht verwundern, dass dergleichen Erkenntnisse schon früh den Weg in eigens zusammengestellte Ratgeber und Nachschlagewerke gefunden haben.

Hausväterliteratur: Dieses Wissen um den Vorstand des Hauses ist im 18. Jahrhundert längst zum Handbuchwissen geronnen. Bereits seit dem 16. Jahrhundert existiert in der Form der sogenannten *Hausväterliteratur* ein Genre, das als Ratgeberliteratur für das grundlegende Wissen sorgt, über das man verfügen muss, wenn man einem größeren Hausstand vorsteht (Hoffmann 1959; Brandes 1999). Haushalt meint hier gleichermaßen eine Rechts-, Sozial- und Wirtschaftseinheit, daraus lassen sich auch die Aufgaben und Pflichten des Hausvaters ableiten. Der Umgang mit Personal und Hausgesinde gehört ebenso dazu wie das Wissen um Ökonomie und Landwirtschaft sowie Regeln für Familie, Ehe und Kindererziehung. Auch wenn selbstredend nicht alle hier genannten Aufgabenbereiche vom Hausvater selbst zu bestellen waren, so fiel die Verantwortung dafür doch auf ihn zurück.

Eine schon recht späte, aber nichtsdestotrotz für das 18. Jahrhundert äußerst repräsentative Publikation ist Otto von Münchhausens *Der Hausvater* (Hannover 1764 bis 1773), die periodisch erschien und auch gesammelt zu erwerben war. Er folgt damit solchen Longsellern wie Johann Jacob Agricolas *Schauplatz des Allgemeinen Haußhaltens* (erstmals Nördlingen 1676), die über Generationen hinweg als treue Ratgeber geschätzt wurden. Während sich diese frühen Fassungen noch deutlich an landwirtschaftlichen und diätetischen Fragen und Antworten orientierten (also wie sorge ich für das Auskommen meiner Familie und des Gesindes), gehen die späteren Ausführungen der Hausväterliteratur auch immer stärker auf die moralische Zurichtung des ‚ganzen Hauses' ein.

5.2.1 Vaterfiguren bei Lessing und Pfeil

Lessing übersetzt Diderot: Schon früh rückt der Hausvater als theatralische Figur in den Motivkreis der Bürgerlichen Trauerspiele (Wittkowski 2013). Den Auftakt bildet auch hier Gotthold Ephraim Lessing , der im zweiten Teil seiner Übersetzung von Denis Diderots Musterstücken mit seiner Übertragung des 1758 erstmals anonym erschienen Dramas *Le Père de famille, comédie en cinq Actes et en Prose, avec un discours sur la poésie dramatique* (Amsterdam, aber eigentlich Paris 1758) ans Licht tritt. Mit seiner Übersetzungs- und Editionsunternehmung *Das Theater des Herrn Diderot. Aus dem Französischen* (Berlin 1760) verfolgt Lessing mehrere Ziele (dazu Fick 2026, S. 213–224; zur Übersetzung selbst Immer/Müller 2008). Für unseren Zusammenhang entscheidend ist, dass Lessing mit seiner Übersetzung des Stücks unter dem Titel *Der Hausvater* dazu beiträgt, das dramatische Konfliktpotenzial auszustellen, das mit der Leitung eines Haushalts einhergeht (zur ästhetischen und dramentheoretischen Bedeutung, allen voran im Hinblick auf das *genre sérieux*, Frömmer 2008, insb. S. 99–101 und 112–127). Auch hier können aus den besten Absichten die schlimmsten Folgen erwachsen.

Lessings/Diderots *Der Hausvater*: Im Falle von Diderots Drama geht das noch einmal glimpflich aus. Denn auch wenn der wankelmütige und in seinen Entscheidungen nur selten glückliche Hausvater Herr D'Orbesson ein Musterbeispiel dafür abgibt, wie man einem Hausstand gerade nicht vorstehen sollte, fügt sich am Ende alles zum Guten. Verantwortlich dafür sind die umsichtigen Entscheidungen der Kinder und des Gesindes, die den Ausfall zu kompensieren wissen, woraus sich auch ein Gutteil der Komik des Stücks erschließt.

Doch die gut gemeinten und schlecht kalkulierten Entscheidungen eines Hausvaters können auch ganz andere Folgen zeitigen, wie die weiteren Beispiele zeigen. Neben verzärtelte oder eingeschnappte Vaterfiguren treten solche, die charakterlich schlicht nicht die notwendigen Voraussetzungen für das Amt des Hausvorstands mitbringen oder die an ihrer eigenen Ohnmacht scheitern. Bisweilen fehlt der Hausvater oder ist abwesend. In beinahe allen der nachfolgend vorgestellten Fällen endet das nicht wie bei Diderot in einer großen Versöhnungs- und Hochzeitsszene, sondern tragisch.

Lessing – Sir Sampson: Bereits einige Jahre zuvor gestaltet Lessing in seinem ersten Bürgerlichen Trauerspiel *Miß Sara Sampson* (s. Abschn. 4.3.2.1) eine Vaterfigur, die sich gerade dadurch auszeichnet, dass sie ihren Aufgaben nicht gewachsen ist. Sir Sampson, Saras Vater, ist ein durch und durch empfindsamer Charakter, der als Witwer zugleich auf die Liebe und Fürsorge seiner einzigen Tochter angewiesen ist. Als glaubhaft gestaltete Figur ist Sir Sampson nachgerade dazu angetan, Mitleid zu erwecken.

„**SAMPSON**. O schweig! Zerfleischt nicht das Gegenwärtige mein Herz schon genug? Willst du meine Martern durch die Erinnerung an vergangne Glückseligkeiten noch höllischer machen? Ändre deine Sprache, wenn du mir einen Dienst tun willst. Tadle mich; mache mir aus meiner Zärtlichkeit ein Verbrechen; vergrößre das Vergehen meiner Tochter; erfülle mich, wenn du kannst, mit Abscheu gegen sie; entflamme aufs neue meine Rache gegen ihren verfluchten Verführer; sage, daß Sara nie tugendhaft gewesen, weil sie so leicht aufgehört hat es zu sein; sage, daß sie mich nie geliebt, weil sie mich heimlich verlassen.

WAITWELL. Sagte ich das, so würde ich eine Lügen sagen; eine unverschämte böse Lügen. Sie könnte mir auf dem Todbette wieder einfallen, und ich alter Bösewicht müßte in Verzweiflung sterben. – Nein, Sarchen hat ihren Vater geliebt, und gewiß, gewiß, Sie liebt ihn noch. Wenn Sie nur davon überzeugt sein wollen, Sir, so sehe ich sie heute noch wieder in Ihren Armen.

SAMPSON. Ja, Waitwell, nur davon verlange ich überzeugt zu sein. Ich kann sie länger nicht entbehren; sie ist die Stütze meines Alters, und wenn sie nicht den traurigen Rest meines Lebens versüßen hilft, wer soll es denn tun? Wenn sie mich noch liebt, so ist ihr Fehler vergessen. Es war der Fehler eines zärtlichen Mädchens, und ihre Flucht war die Wirkung ihrer Reue. Solche Vergehungen sind besser, als erzwungene Tugenden – Doch ich fühle es, Waitwell, ich fühle es; wenn diese Vergehungen auch wahre Verbrechen, wenn es auch vorsätzliche Laster wären: ach! ich würde ihr doch vergeben. Ich würde doch lieber von einer lasterhaften Tochter, als von keiner, geliebt sein wollen.“ (Lessing: *Miß Sara Sampson*, I/1)

Gleichwohl Sir Sampsons Disposition, seiner Tochter zu verzeihen, schon zu Beginn des Dramas feststeht, zögert er. Er wohnt im gleichen, „elenden Wirtshause" (I/1) und kann sich doch nicht überwinden, seiner Tochter im persönlichen Gespräch zu vergeben. Die Versäumnisse, die mit der schriftlichen Entschuldigung und Verzeihung einhergehen, machen das folgende tragische Geschehen erst möglich. Die Figur ist von Lessing so angelegt, dass man ihr keinerlei bösen Willen unterstellen kann, dennoch gebricht es Sir Sampson an zentralen Eigenschaften, die ihm als Vater unter den zeitgenössischen Bedingungen zukommen sollten: Entschluss- und Tatkraft. Zum Handelnden wird er erst, als die Katastrophe sich bereits ereignet hat – nach dem Tod Saras und Mellefonts sorgt er dafür, dass sie gemeinsam begraben werden, und nimmt Arabella bei sich auf. Dieser Fehler und das tragische Versagen ist nicht alleinverantwortlich für den tragischen Ausgang, aber es trägt dazu bei – die Häufung kleiner, an sich verzeihlicher Fehltritte und Schwächen resultiert im Stück in der Katastrophe. Wie sehr sich Verzagtheit und moralische Überheblichkeit rächen können, zeigt auch das nächste Beispiel.

Pfeil – Sir Willhelm Southwell: Der, je nach Sichtweise, charakterlich eigentlich schwache oder gar moralisch defekte Hausvater Sir Willhelm Southwell in Pfeils Trauerspiel *Lucie Woodvil* (s. Abschn. 4.2.2) legt sehr viel Wert auf tugendhaftes Verhalten und macht es zum Maßstab für das gemeinsame Miteinander im Familien- und Freundeskreis. Und doch schafft er es nicht, einen frühen Fehler einzugestehen, was zum Ausgangspunkt der tragischen Handlung und Movens hin zur Katastrophe wird. In seiner Jugend hatte er ein Verhältnis und Lucie Woodvil, die scheinbar als nur angenommene Tochter im Haus lebt, ist seine leibliche Tochter. Als diese sich in den Sohn Karl verliebt und schwanger wird, nimmt die Tragödie ihren Lauf. Dabei wird im Drama selbst nicht versäumt, auf die Schuldhaftigkeit Sir Willhelms hinzuweisen, und zwar in doppelter Stoßrichtung. Einerseits zeigt er sich unfähig, zu seiner Fehlleistung zu stehen und die Verantwortung dafür zu übernehmen, und überdies ist er saumselig in der Entdeckung der Wahrheit und macht sich dergestalt in doppelter Hinsicht schuldig. Seinem Freund Robert gesteht er:

> „WILLHELM. Leerer Trost! Kann ich gegen Lucien sagen: Sehen Sie Lucie, dieser alte Willhelm, der so ein eifriger Freund der Tugend zu seyn scheint, der ihnen diese Tugend so oft vorpredigt, ist ein Bösewicht. Er hat sie durch seine Laster unglücklich gemacht. Sie können ihn in Zukunft nie ansehen, ohne über ihn zu erröthen, so wie er keinen einzigen Blick auf Sie werfen kann, ohne in seinem Herzen tausend Martern zu fühlen." (Pfeil: *Lucie Woodvil* III/9)

Trotz dieser Erkenntnis und der Einsicht in die eigene Schuldhaftigkeit gelingt es Sir Willhelm nicht, die praktischen Konsequenzen daraus zu ziehen. Er will den gutherzigen und auf Klugheit gegründeten Rat seines Freundes nicht annehmen:

> „ROBERT. Wähle zwischen zwey Uebeln. Dich auf einen Augenblick zu erniedrigen, oder Lucien unglücklich und zur Verbrecherinn zu machen. Erlaube mir, daß mein Mund dir die Schaam in ihrer Gegenwart zu erröthen, ersparen darf." (Pfeil: *Lucie Woodvil* III/9)

Letztlich ist es dem untugendhaften Verhalten Sir Willhelms zuzuschreiben, dass sich in seinem Haus die ultimative Katastrophe ereignet und die schwangere Lucie sich in einer Klimax des Lasters verstrickt, die in Kinds- und Selbstmord ihren tragischen Höhepunkt findet. Doch auch schon geringere Vergehen und Versäumnisse können tragische Folgen zeitigen.

5.2.2 Johann Jakob Duschs *Der Bankerot. Ein bürgerliches Trauerspiel* (1763)

Johann Jakob Dusch – der Parteigänger Gottscheds – ist uns schon als Kritiker von Lessings *Miß Sara Sampson* begegnet (siehe Abschn. 4.3.2.1). Nun taucht er hier als Autor eines eigenen Stücks auf, das sich in der Nachfolge von Edward Moores *Gamester* (1753) sieht. Das im Untertitel als Bürgerliches Trauerspiel ausgewiesene Drama *Der Bankerot* erscheint 1763 bei Dieterich Anton Harmsen in Hamburg. Der Artikel in der *Allgemeinen Deutschen Biographie* nennt Dusch etwas despektierlich einen „Spätling", der „noch lange in Gottsched's Geist wirksam" war (ADB Bd. 5, 1877, S. 494). Im Zentrum des Stücks steht eine ökonomische Katastrophe, es handelt sich dabei um eines der wenigen Trauerspiele ohne Tote. Doch schon die Zusammenfassung zeigt, dass es sich um kein allzu gelungenes Stück handelt, die Handlung ist zu verworren, als dass man hier ohne weiteres folgen könnte.

Johann Jakob Dusch: *Der Bankerot. Ein bürgerliches Trauerspiel* (1763)

Im Druck setzt das Stück mit einem längeren Vorbericht des Verfassers ein, der jegliche Anlehnung des Dramas an reale Geschehnisse zu zerstreuen versucht.

Gerrards besucht seinen Vetter Kraft, der ein ehrbarer Kaufmann ist, um einige – ganz offensichtlich – dubiose Geschäfte einzufädeln und ihm zustehendes Geld aus dem Handelshause abzuziehen. Dafür hofft er auf die Hilfe des Comptoirsangestellten Ehrhart, der mit der Tochter des Hauses – Julchen – eigentlich die Ehe eingehen wollte. Dies soll aufgrund der engen Verbindungen Ehrharts zu Gerrards nun gerade verhindert werden. Ehrhart versichert, dass sich der vermeintliche Bankrott des Hauses mit der Ankunft der Post klären werde, was Julchen nur noch ängstlicher zurücklässt. Ehrhart und Kraft prüfen gemeinsam die Bilanzbücher, um die Auszahlung an Gerrards vorzubereiten, auch hier zeigt sich Kraft als honoriger und ehrlicher Kaufmann – zudem wird sein ausgeprägter altruistischer Zug deutlich. An einen Betrug seines Vetters will er daher nicht glauben. Frau Kraft erinnert Ehrhart noch einmal daran, sich dem Haus gegenüber loyal zu verhalten, die Aussicht ist eine Teilhabe am Geschäft.

Der junge Kraft indes hat einen realistischeren Blick auf die Umstände und warnt seine Mutter eindringlich vor Gerrards und dessen Freund Ehrhart. Gerrards' Vorgeschichte als untugendhafter und deshalb enterbter Sohn wird offenbar, der Abzug des Kapitals geschieht also zu gleichen Teilen aus Rache, wie aus der Sorge, dass die umfassende Wohltätigkeit der Eheleute Kraft sie in den Ruin führen wird. Währenddessen verständigen sich Ehrhart und der zweite Comptoirsbediente Treumann über die Geschehnisse und versuchen abzuwägen, welcher Betrug im Gange sein könnte. Gerade als Nachricht eintrifft, werden die beiden von Julchen unterbrochen, die die Verlegenheit falsch deutet und eine aufgekündigte Liebe vermutet. Gerrards will unterdessen die Geschäfte und die Auszahlung beschleunigen, um seinen Betrug zu realisieren.

Die Konfusion nimmt zu – es ist den Beteiligten nicht klar, wie die Ränkespiele Gerrards funktionieren und zu welchem Endzwecke sie führen sollten. Sowohl Erhart also auch Treumann können die Geschehnisse nicht einordnen. Für den jungen Kraft indes liegen die Verhältnisse klar: Sein Vater ist bankrott und Erhart trägt in großen Teilen die Schuld dafür. Ähnlich wird es auch der alte Kraft nach einem intimen Gespräch mit Treumann sehen. Kraft ist nach eigener Ansicht – und dem Bubenstück Gerrards' – zahlungsunfähig, Gläubiger stehen vor seiner Tür, die Verzweiflung in der Familie ist allgemein. Auch Julchen klagt Erhart an und macht ihn allein verantwortlich für den Niedergang der Familie – Erhart will seine Unschuld in der Sache belegen, er sei kein Verräter.

Vater Kraft klagt über sein neues Schicksal und das Leben in Armut, zumal als sorgender Ehemann und Vater. Im Gespräch mit Treumann wird deutlich, dass auch andere ihn betrogen haben; schmerzlich ist zudem, dass er seiner

karitativen Tätigkeit nicht mehr nachkommen kann. Ein zwielichtiges An-
gebot eines Maklers, mit nicht gedeckten Wechseln wieder zu Reichtum zu
gelangen, schlägt Kraft mit Verweis auf den Wert eines guten Namens und
Gewissens aus. Der Sohn indessen würde den Handel, unwissend um was es
sich genau handelt, akzeptieren, was den Vater völlig aus der Fassung bringt,
da es seinem Verständnis von Tugend direkt entgegensteht. Erst die Eröffnung
der betrügerischen Absichten bringt auch ihn zur Raison. Ein weiterer Ausweg aus der Armut eröffnet sich durch eine mögliche Vernunftheirat der Tochter Julchen, die sie allerdings als Erniedrigung empfinden und unglücklich
machen würde. Erhart beteuert im Gespräch mit Julchen, die er weiterhin
liebt, noch einmal seine Unschuld und erbittet sich Zeit, diese zu erweisen.
Treumann und Erhart versuchen das Geschäft zu retten, indem sie aufzeigen,
dass Kraft keineswegs zahlungsunfähig ist, als lange erwartete Briefe mit
Nachrichten eintreffen.

Erhart will versuchen, dem jungen Kraft die wahren Umstände auseinander-
zusetzen und verhindern, dass Julchen versprochen wird. Erhart hat Gerrards
rufen lassen, der nach langem Warten erscheint. Erhart erpresst von Gerrards
Geld und nimmt ihm das Versprechen ab, beim Vater seiner zukünftigen Braut
vorzusprechen. Es wird ersichtlich, dass Gerrards der Familie seiner Tante
noch übler mitgespielt hat, sie der Pfändung unterworfen hat und nun noch
weiteres Geld – aufgrund ausstehender Wechsel – verlangt. Frau Kraft bittet
ihn, die ohnehin desolate Familie weiterhin zu verschonen und von weiteren
Plänen abzulassen. Es ist der Voraussicht Erharts zu verdanken, dass Gerrards'
Betrug entlarvt werden kann und die Familie Kraft in ihren alten Besitzstand
zurückkehrt, der junge Kraft leistet Abbitte für die Verdächtigungen. Erhart erklärt die Motivation seiner Tat, eine Lektion an den gierigen Vetter: „Das Laster ist bestraft; lassen Sie uns den Menschen erhalten!"

Constantia als Ideal: Dennoch findet sich in Duschs *Der Bankerot* eine Besonderheit, die es besprechenswert macht. Das Drama setzt eine durch und durch tugendhafte Vaterfigur ins Bild, die noch deutlich älteren Tragödientraditionen verpflichtet
ist. In seiner Standhaftigkeit auch im Unglück ist er ein später, bürgerlicher Vertreter
eines eigentlich noch der heroischen Tragödie zugehörenden Ideals der ‚constantia',
wie sie vormals Königen und Herrschern zugesprochen wurde. Der Kaufmann
Kraft behält auch unter widrigsten Bedingungen und in existenziellen Nöten seine
Tugend. Kein Schicksalsschlag ist groß genug, um ihn durch Betrug oder Vorteilnahme auszugleichen.

▶ **Standhaftigkeit**, lat. *constantia*, ist seit der griech. und röm. Antike eine der
zentralen Tugenden, die auch in der Dichtkunst immer wieder dargestellt wird. Im
17. Jahrhundert kommt der Standhaftigkeit als Leittugend eine neue Bedeutung
zu – im Umkreis des Neostoizismus wird sie zu einem lebensphilosophischen Leit-
begriff. Justus Lipsius' Schrift *De constantia* wird zu einem zentralen Text, der auf

Grundlage naturrechtlicher Überlegungen die Bedeutung als ‚Seelenstärke' bestimmt. Vielfach gestaltet wird diese Tugend auch in den Dramen der französischen Klassik – und davon ausgehend, auch im Bürgerlichen Trauerspiel.

Tugend als bürgerliche Eigenschaft: Ein Monolog des alten Kraft an seinem Tiefpunkt, der hier in Gänze zitiert wird, klärt die Zuschauerinnen und Zuschauer über seine Moraldisposition auf:

> „So müssen wir oft mit dem Unglück anderer leiden, oder für fremde Sünden büßen! Hier ist meine Abendmahlzeit: Brod, welches ich vielleicht als ein Almosen esse, und Wasser, eine allgemeine Gabe der Natur, die sie ohne Entgeld auch dem Viehe giebt! – Welch ein grausamer Zustand ist die Armuth für den, der zu der Freude verwöhnt war, von seinem Ueberfluß wohl zu tun! – Hunger, Durst, Erniedrigung, Schmutz, allgemeine Verachtung, alle Tage Thränen, alle Nächte tausend Sorgen! – Die menschliche Natur ist zu schwach, mit so vielen Uebeln zu ringen! – Und doch ist der noch glücklich, der nur für sich allein leidet. Aber der Ehemann! Der Vater! – der, der fühlet das ganze Elend. Welche fressende Sorgen fesselt jeder Gedanke an mein gemartertes Herz! – Unglückliche Frau! Arme Kinder! – Die Zukunft ängstet [!] mich so sehr um euch, als die Gegenwart. Zu welchen Sünden kann die Armuth hinreissen: die mächtige Armuth, welche die Gefängnisse mit Verbrechern bevölkert, und dem Schwerdte der Gerechtigkeit Bösewichter liefert! Die schreckliche Armuth, die sich alles erlaubt, was sie nicht über die Entschlüsse der unbesonnen Jugend, wenn sie alle Triebe der Natur, Hunger, Schaam und Ehrbegierde wider die bürgerlichen Gesetze und die schwachen Kräfte einer sterbenden Tugend aufbietet: wenn Noth und Verzweiflung die Richterinnen über Billigkeit und Menschenliebe, über Leben und Tod werden! – Wehe dem, der uns in diesen schrecklichen Zustand setzet!" – (Dusch: *Der Bankerot*, IV/1)

Trotz dieses Übermaßes an Übeln, die dem Hausvater hier jede Hoffnung zu nehmen scheinen und ihn in Verzweiflung stürzen sollten, bleibt er tugendhaft, sein Lebenswandel untadelig. Auch hier wird explizit die Not des Vaters und Ehemanns herausgestellt, der in seiner Verantwortung für Frau, Kinder (und Gesinde, könnte man hinzufügen) durch diese Umstände doppelt gestraft wird. Doch während andere zu Verbrechern werden, hat man es selbst in der Hand, an der tugendhaften Lebensweise festzuhalten. Dass dies belohnt wird, zeigt sich am Ausgang des Dramas, denn hier kommt die poetische Gerechtigkeit vollumfänglich zur Geltung. Ganz entgegen der Gattungsangabe eines Bürgerlichen Trauerspiels kommt hier niemand ums Leben, der betrügerische Gerrards bekommt seine gerechte Strafe, er ist selbst bankrott, mit dem Leben muss er indes nicht bezahlen. Die Standhaftigkeit in der Tugend lohnt sich also für den Hausvater und wird zugleich belohnt, indem er und seine Familie in seinen Stand vor dem Unglück zurückversetzt werden. Und so bewahrheitet sich die Hoffnung des jungen Karl, „daß die Tugend kein Spott der Nichtswürdigen" (III/8) werden darf.

5.2.3 Otto Heinrich von Gemmingens *Der deutsche Hausvater* (1780)

Um die Prominenz und die Popularität des Themas noch einmal deutlich zu machen, lohnt ein kurzer Seitenblick auf eine weitere Adaption von Denis Diderots Stoffvorlage. Otto Heinrich von Gemmingen-Hornberg (1755–1836) war nach seiner Studienzeit ab 1777 als Jurist in kurpfälzischen Diensten und suchte als Theaterbegeisterter die Nähe zum Mannheimer Nationaltheater. Dort kam er auch in Verbindung mit literarischen Kreisen (unter anderem mit Maler Müller) und so kam es, dass er neben dramentheoretischen Schriften, die ganz im Sinne der Zeit (Shakespeare-Mode, Ablehnung des französischen Klassizismus) verfasst waren, sich auch an eigenen Dichtungen probierte. Wirklich erfolgreich war indes nur ein Stück. Das Schauspiel *Der deutsche Hausvater* (1780), das Gemmingen in freier Bearbeitung der Diderotschen Vorlage für das Münchner und Mannheimer Theater erarbeitete, wurde ein großer Bühnenerfolg. Mit seinen anderen literarischen Arbeiten fand er nicht die gleiche Anerkennung.

Heute spielt das einstige Erfolgsstück selbstredend keine Rolle mehr, aber die Wirksamkeit im 18. Jahrhundert darf man nicht unterschätzen, das „wird auch daran deutlich, dass Schiller in der zentralen Konfliktsituation u[nd] Figurenkonstellation von *Kabale und Liebe* (1784) auf G[emmingens] von nationalem und bürgerl[ichem] Emanzipationspathos erfülltes ‚Familiengemälde' zurückgriff" (Leuschner/Meid 2009). Dieser Einfluss auf Friedrich Schillers erstes und einziges Bürgerliches Trauerspiel ist es, dem das Stück bis heute seine Relevanz verdankt. Und auch hier spielt die Vaterfigur eine zentrale Rolle im dramatischen Konfliktgeschehen (Schön 2006). Dennoch ist es auch das Einfalltor für eines der größten Missverständnisse, die mit dieser Genealogie einhergehen, wie Uwe C. Steiner präzise festhält: „Zahllose Lektürehilfen und literaturpädagogische Interpretationsanleitungen wollen in dem durchkalkulierten Stück bis heute Kritik an der höfischen Gesellschaft und an der bürgerlichen Familie erkennen" (Steiner 2020, S. 159). Das ist – gelinge gesagt – schlichtweg falsch. Die Dinge liegen ein wenig komplizierter.

5.2.4 Friedrich Schillers *Kabale und Liebe* (1784)

Schillers *Kabale und Liebe* – (K)ein bürgerliches Trauerspiel: So lautet der Titel eines Aufsatzes von Erich Schön, der sich der minutiösen Rekonstruktion all derjenigen Momente widmet, die der Zuordnung des Stücks als Bürgerliches Trauerspiel – immerhin hatte Schiller das im Untertitel (s. Abb. 5.2) so festgehalten – widersprechen (Schön 2006). Und davon gibt es einige. Schön legt überzeugend dar, dass Schiller im Kern eigentlich der hohen Tragödie verhaftet bleibt (etwa stilistisch, aber auch von den Stoffen), gleichzeitig aber weitere Elemente implementiert, die eher der barocken Tragödie angehören. Belegen kann Schön diese Einsichten vielfach durch zeitgenössische Rezensionen, die das Unzeitgemäße des Stücks präzise erfassen. Auch die Vorlage – Gemmingens *Der deutsche Hausvater* – wird vielfach in den Rezensionen thematisiert. Indem Schiller aus dem ‚Familiengemälde' ein Trauerspiel macht und zugleich die Konfliktlinien verschiebt – bei Gemmingen sind die Adligen noch tugendhaft und vertreten die genuin bürgerlichen Werte – bekommt die gesamte Anlage des Stücks Schlagseite. Es gibt blinde Motive, die ins Leere laufen, auch der tragische Konflikt selbst ist nicht überzeugend. Schon im 18. Jahrhundert fand man überdies die grobianischen Elemente – allen voran des Vaters, Musikus Miller – als anstößig. Zudem finden sich nicht wenige komische Elemente, die aus der Tradition der Commedia dell'arte stammen.

Abb. 5.2 Titelblatt von Schillers *Kabale und Liebe*

In Summe ist das einiges, was den Gepflogenheiten des Bürgerlichen Trauerspiels und allen voran der Erwartungshaltung der Zeitgenossen an ein solches entgegensteht. Nichtsdestotrotz wurde gerade dieses Schiller-Stück häufig als Muster eines Bürgerlichen Trauerspiels angepriesen, mit weitreichenden Folgen für die Rezeption aller anderen Stücke. Wie bereits zu Beginn hervorgehoben: Um einen Konflikt zwischen Adel und Bürgertum, wie uns die zahlreichen Schülerhilfen und Lektüreschlüssel glauben machen wollen, geht es gerade nicht. Das ist so in der Tat nicht länger haltbar. Was indes unbestreitbar ist, ist die Teilhabe des Dramas an zeitgenössischen Diskussions- und Problemlagen. Denn auch jenseits von genuinen Fragen der Genrezugehörigkeit lässt sich mindestens in Bezug auf die gelungene Haushaltung Spannendes beobachten.

Friedrich Schiller: *Kabale und Liebe* (1774)
Luise Miller, die Tochter des Stadtmusikanten und der adelige Ferdinand von Walter lieben einander auf empfindsame Weise, doch lehnen ihre Eltern – aus je unterschiedlichen Gründen – die Beziehung der beiden ab. Während Musikus Miller befürchtet, dass seine Tochter entehrt und zur bloßen Mätresse wird, sieht Präsident von Walter seine eigenen Interessen am Hof gefährdet. Denn Ferdinand soll nach Ansicht des Vaters Lady Milford, die Mätresse des Herzogs, heiraten, um weiteren Einfluss zu gewinnen. Ferdinand will lieber mit seiner geliebten Luise fliehen, als den Plänen des Vaters zu entsprechen, er bittet Lady Milford, auf die bereits angekündigte Hochzeit zu verzichten, da er sie nicht liebe. Das ist indes für Lady Milford keine Option, erstens würde sie ihr Gesicht verlieren und am Hof unmöglich werden, aber weitaus ernster noch, sie selbst liebt Ferdinand aufrichtig. Während sie zunächst durchaus gewillt ist, es mit der Konkurrentin aufzunehmen, ändert sich ihre Haltung nach einem Gespräch mit Luise, die sie als rundheraus unschuldigen und selbstlosen Charakter kennenlernt. Sie verlässt das Fürstentum und mit ihm das Leben am Hof.

Um die eigenen Ziele zu erreichen, planen Präsident von Walter und sein Sekretär Wurm eine listige Intrige, die die beiden Liebenden endgültig trennen soll. Doch Ferdinand weiß sich noch zu wehren, er hatte gedroht, korrupte Machenschaften seines Vaters, die ihn erst in seine Position gebracht haben, öffentlich zu machen. Mit der Intrige wollen der Präsident und Sekretär Wurm, der selbst ein Auge auf Luise geworfen hat, verhindern, dass die belastenden Informationen öffentlich werden und zugleich die Verbindung von Ferdinand und Luise beenden. Zu diesem Zwecke lassen sie den Stadtmusikanten und seine Frau verhaften und erpressen Luise. Diese ist – ihren Eltern in Liebe verbunden und von dem Wunsch erfüllt, ihnen aus dem Gefängnis zu helfen –, unter Druck bereit, einen von Wurm diktierten Liebesbrief an den Hofmarschall von Kalb zu schreiben, der im Nachgang geschickt Ferdinand zugespielt wird. Ferdinand gerät außer sich, fühlt sich betrogen und in seiner Liebe zu Luise tief verletzt. Als er sie mit dem Brief konfrontiert, antwortet Luise mit Schweigen, sie musste einen Eid ablegen, die ihr die Entdeckung der wahren Umstände versagt, will sie ihre Eltern nicht gefährden. Der einzig mögliche Ausweg, um nicht eidbrüchig zu werden, ist der Selbstmord, den Vater Miller gerade noch zu verhindern weiß. Ferdinand entschließt sich aus enttäuschter Liebe Luise zu vergiften, die ihm sodann, den eigenen Tod vor Augen, die Intrige gegen ihrer beider Liebe entdeckt. Voller Reue, weil er eine Unschuldige getötet hat, vergiftet sich Ferdinand selbst. Im Sterben vergibt Ferdinand seinem Vater. Der Präsident will glauben machen, dass es alleinig der Sekretär Wurm sei, der die Schuld für den tragischen Ausgang trägt. Wurm indes belastet gleichermaßen den Präsidenten, der der Gerichtsbarkeit zugeführt wird.

Musikus Miller – der besorgte Hausvater: Beginnen kann man mit dem Musikus Miller, dem Vater von Luise, der sich bereits im ersten Auftritt des ersten Aktes gebiert, als hätte er alle Bürgerlichen Trauerspiele gelesen und befände sich nun selbst in einem – was ja auch stimmt. Hier erkennt man durchaus bereits ein Moment der Selbstreflexivität, das Genre des Bürgerlichen Trauerspiels ist derart gut etabliert – vielleicht auch schon über seinen Höhepunkt hinaus, darüber könnte man spekulieren –, dass die dominanten Motiviken des Trauerspiels hier schon wie ein Erfahrungsschatz behandelt werden. Denn Miller hat gelernt, dass sein „Haus […] verrufen" sein wird, wenn er nicht im Stande ist, auf die Familie Acht zu geben. Letztlich hat er es bereits versäumt, wie er meint, denn „[i]ch war Herr in meinem Haus" (I/1). Das Präteritum kündigt das Unheil bereits präzise an. Zugleich wird am Ende der Szene Vaterschaft erneut thematisch, denn nun will Miller den Präsidenten (dessen Sohn ja Luise liebt) nicht in seiner Standesfunktion als Präsident ansprechen, sondern ebenfalls als Vorstand seines Hauses. Er müsse, daran besteht für den Musikus kein Zweifel, seiner Meinung sein, „wenn er ein rechtschaffener Vater ist" (ebd.).

Bei Miller selbst ist man sich nicht ganz so sicher, wie es um die Rechtschaffenheit, die er so gerne im Mund führt, steht. Denn Miller ist bereits zu Beginn „besorgt über das ‚Geschrei', das sich angesichts der Mésalliance ergeben wird, die seine *patria potestas* in Frage zu stellen droht" (Robert 2024, S. 159). Denn mit dieser „Genreszene" (ebd.) gleich zu Beginn ist auch der Ton gesetzt:

> „**MILLER** *schnell auf und ab gehend.* Einmal für allemal. Der Handel wird ernsthaft. Meine Tochter kommt mit dem Baron ins Geschrei. Mein Haus wird verrufen. Der Präsident bekommt Wind, und – kurz und gut, ich biete dem Junker aus.
> **FRAU.** Du hast ihn nicht in dein Haus geschwatzt – hast ihm deine Tochter nicht nachgeworfen.
> **MILLER.** Hab ihn nicht in mein Haus geschwatzt – hab ihms Mädel nicht nachgeworfen; wer nimmt Notiz davon? – Ich war Herr im Haus. Ich hätt meine Tochter mehr koram nehmen sollen. Ich hätt dem Major besser auftrumpfen sollen – oder hätt gleich alles Seiner Exzellenz dem Herrn Papa stecken sollen. Der junge Baron bringts mit einem Wischer hinaus, das muß ich wissen, und alles Wetter kommt über den Geiger." (Schiller: *Kabale und Liebe*, I/1)

Wie Jörg Robert festhält, vermengt der Musikus Miller hier die „verschiedensten Register: Standesbezeichnungen (‚Major‘, ‚Seiner Exzellenz‘) kontrastieren mit saloppen Androhungen von du auf du (‚dem Herrn Papa stecken‘). Immer wieder zeigen verballhornte Fremdwörter (‚koram nehmen‘) die vergebliche Ambition an und verhüllen unterdrückte Aggression" (ebd., S. 160). Das wirkt in erster Instanz durchaus komisch, zeigt aber zugleich auch die Unsicherheit an, die mit der bedrohten Souveränität im eigenen Haus einhergeht. Miller ist eben nicht mehr Herr über das Geschehen, sondern die Dinge entgleiten ihm – das sieht er klar vor sich. Er malt seiner Frau die Folgen dieser unangemessenen Beziehung in deutlichen, mitunter reichlich vulgären Worten aus, um am Ende den (zum Scheitern verurteilten) Versuch zu unternehmen, die Souveränität zurückzugewinnen. In einem performativen Akt der Selbstvergewisserung und Erkenntnis konstatiert der Musiker:

> „Da liegt der Has im Pfeffer. Darum, just eben darum, muß die Sach noch heut auseinander. Der Präsident muß es mir Dank wissen, wenn er ein rechtschaffener Vater ist. Du wirst mir meinen roten plüschenen Rock ausbürsten, und ich werde mich bei Seiner Exzellenz anmelden lassen. Ich werde sprechen zu Seiner Exzellenz: Dero Herr Sohn haben ein Aug auf meine Tochter; meine Tochter ist zu schlecht zu Dero Herrn Sohnes Frau, aber zu Dero Herrn Sohnes Hure ist meine Tochter zu kostbar, und damit basta! – Ich heiße M i l l e r." (Schiller: *Kabale und Liebe*, I/1)

In der Druckfassung des Stücks ist der Nachname des Musikers extra gesperrt gedruckt. Durch diese typographische Hervorhebung wird die Emphase bezeichnet, mit der das zu betonen ist. „Ich heiße M i l l e r." ist also der Versuch, sich nicht nur gegen die Umstände aufzubäumen, sondern mehr noch, aus dem Wissen um die eigene Identität die widerständige Kraft zu schöpfen, das eigene Haus gegen drohendes Ungemach zu schützen. Wie der weitere Verlauf des Stücks zeigt, wird das nicht gelingen. Millers fehlende Umsicht und Schwäche verhindern das. Wenn man die Rolle des Hausvaters nicht ausfüllen kann, führt das nicht selten in die Katastrophe, so auch im nächsten Beispiel.

5.2.5 Heinrich Leopold Wagners *Die Reue nach der Tat* (1775)

1775 erscheint anonym in Frankfurt am Main Wagners zweites Schauspiel, das literaturgeschichtlich nie die gleiche Bedeutung wie die das ein Jahr später erschienene Bürgerliche Trauerspiel *Die Kindermörderin* (1776) erlangen konnte. Wurde letzteres zu einem zentralen Werk des Sturm und Drang, fristete die erste Tragödie aus Wagners Feder auch in der Forschung bis heute weitestgehend ein Schattendasein. Erst jüngst rückt Wagner als vielseitig talentierter Dichter wieder in den Fokus der Forschung (Luserke-Jaqui/Wille 2020; Wille 2021).

Heinrich Leopold Wagner: *Die Reue nach der That. Ein Schauspiel* (1775)

Der junge Assessor Fritz Langen ist nach dem Tod seines Vaters zum Vorstand des Hauses bestimmt worden. Er lebt mit seinem sehr viel jüngeren Bruder Christian, der Schwester Caroline und der Justizrätin Langen, seiner Mutter, zusammen in Wien. Schon zu Beginn des Stücks ist auffällig, dass Langen seiner Aufgabe nur schwerlich gewachsen ist, er versäumt die Erziehung seines kleinen Bruders ebenso wie er sich bereitwillig von seiner Mutter um Geld breitschlagen lässt, das eigentlich für den Haushalt bestimmt wäre, so aber für Luxuswaren verausgabt wird. Langen liebt – sehr zum Missfallen seiner standesbewussten und ehrgeizigen Mutter, die Kutschertochter Friedericke, genannt ‚Rickchen‘, aufrichtig. Doch Langens Mutter verweigert ihre Zustimmung zu der Verbindung. Da Langen selbst mit seinen Geschäften überlastet ist, springt ihm der gute und zeitweise beschäftigungslose Freund Werner zur Seite, ein aufgeklärter Mann mit guter Erziehung und Ausbildung.

Während Friedericke verzweifelt, weil sie gerüchteweise gehört hat, dass die Mutter die Einwilligung nicht geben will, bleibt Langen indes zuversichtlich. Unterdessen kommt der Kutscher Waltz im Gefolge des Österreichischen Kaisers zurück nach Hause – auf Walz' gutgemeinten Hinweis hält Langen um die Hand Friederickes an. Der Vater stimmt begeistert zu, eine Ehe, die auf gegenseitiger Liebe gründet, hält er für das Beste.

Es geht einige Male hin- und her: Der Kutscher will seine Tochter nun doch niemandem anvertrauen, in dessen Familie die tadellose Tochter nicht erwünscht ist, die Liebe wird erneut bestätigt, Lange bittet seine Mutter förmlich um Erlaubnis, Friedericke heiraten zu dürfen, was diese nun tatsächlich und nachdrücklich aus Standesbewusstsein ablehnt. Der verzweifelte Langen sagt sich von seiner Mutter los, um seine Geliebte auch ohne die Einwilligung zu heiraten, was Friedericke wiederum ablehnt, nachdem sie eine unheimliche Geschichte eines alten Juden, der in der nämlichen Situation war und von Vater verflucht wurde – mit schlimmen Folgen – gehört hat. Als die allgemeine Verzweiflung um sich greift, kommt der gute Werner und überbringt die Nachricht, dass die Mutter – nach einem längeren Gespräch der beiden – der Eheschließung nun doch zustimmen wird. Zeit zur Freude bleibt keine, denn Langen wird unmittelbar von einem Diener in Kenntnis gesetzt, dass die Kaiserin persönlich ihn erwarte, woraufhin er sich sofort auf den Weg macht.

Währenddessen wird Friedericke auf den Befehl des Kaisers verhaftet und in ein Kloster gebracht, auch Werner beginnt die Tragweite der Intrige der Justizrätin zu begreifen. Als er sich dem Befehl der Kaiserin widersetzt, auf Friedericke zu verzichten, wird auch Langen arretiert.

Langen wird daraufhin im Hausarrest krank – er liegt über Wochen im Bett, sein Zustand ist kritisch, während Friedericke weiterhin im Kloster ist. Erneut bahnt sich eine Lösung an, ein Staatsrat stellt die wahren Sachverhalte der Kaiserin vor, die die Mutter in ihre Schranken verweist. Sie ist nun auch bereit, ihre Taten zu bereuen. Als Fridericke aus dem Kloster geholt wird, Langens Zustand sich bessert, die Mutter sich geläutert zeigt, kommt es zur Katastrophe. Fridericke hat tags zuvor Gift eingenommen und stirbt, Langen stürzt wahnsinnig aus dem Haus und will sich umbringen, die Mutter enthüllt ihr teuflisches Mordkomplott, scheitert letztlich daran, sich selbst zu erschießen und wird gefangen, nachdem sie ihre Taten gestanden hat.

Dramatisch verfehlt: Wagners Drama *Die Reue nach der That* ist dramatisch gesehen sicherlich eines der schwächeren Stücke – die Glücks- und Unglückswendungen sind der Anzahl nach zu viele, die einzelnen Geschehnisse nicht immer kohärent motiviert. Letztlich ist es die Tat einer Verblendeten, die aus überzogenem Standesbewusstsein Leid über gleich zwei Familien bringt – poetische Gerechtigkeit gibt es keine. Ob die Mutter am Ende bestraft wird, bleibt offen. Die beiden empfindsam Liebenden und tugendhaften Figuren finden (wohl beide) den Tod. Hinzu kommen weitere, auf den ersten Blick irritierende Momente; so hat das Drama sechs Akte (was zumindest für das Genre ungewöhnlich ist, nicht jedoch für den Sturm und Drang generell), die Zeit des dramatischen Geschehens zieht sich über Wochen hin, von einer Verdichtung kann also keine Rede sein. Am ungewöhnlichsten sind sicherlich die in den beiden mittleren Akten eingestreuten komödiantischen Elemente, die französische Gouvernante (eine direkte Anspielung auf Gottscheds *Hausfranzösinn*, 1744), die in einem lächerlich gebrochenen Deutsch spricht, und die renitente und reichlich dümmlich gezeichnete Schwester Langens sind nur zwei Beispiele unter weiteren.

Trotz dieser offensichtlichen Mängel lässt sich das Stück mit Gewinn lesen, versammelt es doch viele als typisch zu erachtende Motive Bürgerlicher Trauerspiele. Gaby Pailer spricht daher ganz zurecht von einer „eigentümliche[n] intertextuelle[n] Sturm und Drang-Dramaturgie", die ihrem Wesen nach „im Aufrufen von Versatzstücken aus dem Fundus an Lust- und Trauerspielen der Frühaufklärung und Amalgamieren heroischer und bürgerlicher Theatermittel" besteht (zu den reichhaltigen intertextuellen Bezügen siehe Pailer 2020, Zitat S. 83).

Der fehlende Vater: Der Assessor Fritz Langen hat nach dem Ableben seines Vaters die Funktion des Hausvaters übernommen. Dieser Umstand wird schon ganz zu Beginn des Dramas exponiert ausgestellt und als problematisch markiert. Denn der junge Jurist kann den an ihn gestellten Erwartungen nicht entsprechen, und das in vielerlei Hinsicht. Die Aufsicht über die schulischen Leistungen des kleinen Bruders Christian misslingt, wenn dieser lieber mit den Nachbarjungen Soldat spielt, anstatt zu lernen. Statt Sanktionen gibt es Belohnungen. Die Justizrätin erwartet selbstverständlich, dass der Sohn den Platz des verstorbenen Ehemanns einnimmt und schröpft ihn finanziell, wo sie nur kann. Gleiches gilt für die nur übel erzogene Schwester, die stets so lange weint, bis sie ihren Willen bekommt. Das hat bisweilen ein komödiantisches Gepräge, ist in der Sache aber ein ernsthaftes Problem, auf das hier referiert wird. Die Stelle des Hausvorstandes ist ungenügend besetzt, gleichwohl sich Fritz Langen nach Kräften müht, wie er gegenüber seinem ihm wohl gesinnten Freund Werner bekennt:

> „Bey dem Ableben meines Vaters, der es sich von je her zum Gesetz gemacht hatte, auch der Lehrer seiner Kinder zu seyn, trat ich als der Aelteste in seine Rechte und auch in seine Pflichten ein." (Wagner: *Die Reue nach der That*, I, S. 14 f.)

Nur ausfüllen kann er die Position nicht, wie er gleich selbst offenbart, „allein ich bin mit Geschäften so überladen" (I, S. 16). Ein Gutteil der dramatischen Entwicklung lässt sich auf diese Überforderung zurückführen, er kann sich weder gegen seine Mutter durchsetzen (er muss vielmehr um die Einwilligung zur Ehe bitten, wo er doch selbst der Vorstand des Hauses sein sollte) noch ist er in der Lage, dem Haus ordnend vorzustehen. Dazu fehlt ihm schlicht die Autorität. Deutlich umsichtiger und klüger agiert hier Werner, der als Freund nicht nur seine Hilfe anbietet, sondern auch immer wieder in den entscheidenden Momenten derjenige ist, der besonnen bleibt und die Übersicht behält. Beides kann man vom schwärmerisch veranlagten Fritz nicht behaupten.

Der Schwiegervater in spe: Ganz im Gegensatz zu Langen hat sein Schwiegervater in spe – der kaiserliche Kutscher Walz – seinen Hausstand im Griff. Wenngleich selbst Witwer und somit für umfassendere Aufgaben zuständig, als unter zeitgenössischen Bedingungen erwartbar (er muss die Rolle der Mutter mit übernehmen), so ist er doch ein Mann von Charakter, Format und Prinzipien, für die er auch bereit ist, jederzeit einzustehen. Gerade in der Gegenüberstellung der beiden Figuren wird ersichtlich, woran es dem jungen Assessor noch mangelt. Wagner hat hier ganz geschickt in der Kontrastierung der Hausväter die Verantwortlichkeiten sichtbar werden lassen, denen nicht alle gerecht werden können. Die sich daraus ergebenden Versäumnisse werden zu treibenden Elementen der Handlung und führen schlussendlich auch in die Katastrophe. Es ist ein Machtvakuum, das den Zuschauerinnen und Zuschauer hier vor Augen geführt wird, sowie die daraus resultierenden Folgen eines in Unordnung geratenen Hauses. Während der arme Fritz Langen als Getriebener das Heft aus der Hand geben muss, bleibt Odoardo Galotti in Lessings *Emilia Galotti* bis zum Schluss in der Position des Handelnden.

Odoardo Galotti: Am Ende von Lessings *Emilia Galotti* (s. Abschn. 4.3.2.2) treffen zwei Herrschergestalten direkt aufeinander: auf der einen Seite der Emilia liebende Fürst und auf der anderen Seite Emilias Vater, der zugleich das Oberhaupt der Familie Galotti ist. Wir hatten ja zu Beginn des Kapitels darauf aufmerksam gemacht, dass Herrscher und Hausvater im Sinne der Zeit durchaus analog zu denken sind, insofern sie eine ähnliche Position in ihren jeweiligen Machtkonstellationen spielen. Mit dieser Gegenüberstellung von Herrscher und Hausvater, die sich in Emilia Galotti am Ende ereignet, kehren wir zurück zum Ausgangspunkt unserer Überlegungen. Denn hier verdichtet sich die Problemlage noch einmal wie in einem Brennglas. Odoardo Galotti erdolcht seine Tochter Emilia, um ihr das Schicksal einer fürstlichen Mätresse zu ersparen und bekennt sich sogleich zur Tat und überantwortet sich selbst der weltlichen Gerichtsbarkeit. Neben allen intertextuellen Bezügen, die es hier zu bedenken gilt, ist auffällig, dass der Vater bis zum Schluss als ein ‚tätiger' auftritt und sich zugleich als ein Vertreter der Rechtsnorm präsentiert. Beides gilt für den Fürsten nicht. Er lässt seinem Kammerdiener Martinelli freie Hand bei der Umsetzung seines Wunsches, Emilia zu besitzen, und beugt dabei gültiges Recht. Als Herrscher ist er in dieser Hinsicht doppelt diskreditiert.

Analytische Zugriffe: Ein möglicher Weg, sich analytisch den Bürgerlichen Trauerspielen (und Dramen ganz generell) zu nähern, ist, sich die Ausgestaltung der Figuren näher anzusehen. Schwache und starke Herrscherpersönlichkeiten, die Rolle des Hausvorstandes und gleichzeitig als Vater, ihre jeweiligen Handlungsspielräume im dramatischen Geschehen, alles das sind Momente, an denen man seine Fragen ansetzen kann, um zu verstehen, wie sich Handlung im Drama vollzieht. Daraus ergibt sich keine Gesamtinterpretation oder allein gültige Erklärung des Dramengeschehens, aber in Kombination mit anderen Textbeobachtungen kommt man einem umfassenderen Verständnis näher. Indem man zeitgenössische Kontexte und aufgerufene Wissenshorizonte fruchtbar macht – hier etwa um die Rolle des Vaters als Hausvater –, eröffnen sich Deutungsmöglichkeiten, die den Texten auch in ihrem historischen Abstand gerecht werden. Bisher kamen vorwiegend die männlichen Dramenfiguren in den Blick, mindestens ebenso zentral in den Bürgerlichen Trauerspielen sind allerdings die, häufig ja sogar titelgebenden, Frauenfiguren.

5.3 Frauenfiguren

Frauen als Leidtragende: Leidtragende im Bürgerlichen Trauerspiel sind in der Mehrzahl der Fälle junge Frauen, wie schon häufig die Titel verraten: Sara Sampson, Lucie Woodvil, Emilia Galotti, Mariane oder auch Luise Millerin – Schiller hatte den Namen seiner Protagonisten ursprünglich auch als Titel vorgesehen – stehen paradigmatisch für die Verwicklungen und tragischen Konflikte im Bürgerlichen Trauerspiel. Als Personen mit wenig oder ganz ohne Macht sind sie in der Sphäre des Privaten nicht selten die leidenden Figuren. Umso spannender indes ist es, die Frage nach außergewöhnlichen und gerade nicht erwartbaren Frauenfiguren zu stellen. Denn bei aller Tendenz zu sich ähnelnden Dramenkompositionen gilt auch hier: Die (eine) Frauenfigur im 18. Jahrhundert gibt es nicht.

Rolle der Frauen: Frauen kommen im Bürgerlichen Trauerspiel in ganz unterschiedlichen Rollenzuschnitten vor, sie sind Schwestern, Gattinnen, Geliebte, Freundinnen und Nebenbuhlerinnen, Mütter und Dienerinnen, Novizinnen und Mätressen und vieles mehr. Mit diesen unterschiedlichen Rollen gehen auch unterschiedliche Erwartungshaltungen hinsichtlich der Rollenanforderungen einher, die nur vor dem Hintergrund der Zeit bestimmbar sind und die häufig zu irrigen Annahmen verleiten (Becker-Cantarino 1989). Allzu schnell ist man im Bereich von Pauschalisierungen. Silvia Bovenschen hat schon Ende der 1970er-Jahre auf eine zusätzliche Dimension in der Wahrnehmung von Frauen im 18. Jahrhundert im Besonderen und des Weiblichen im Allgemeinen hingewiesen. Denn zusätzlich zur ‚anderen‘, weil historisch vergangenen, Lebensrealität kommt hinzu, dass wir in aller Regel über „Präsentationsformen des Weiblichen" sprechen. Diese Form der „imaginierten Weiblichkeit" unterscheidet sich von einer wie auch immer angenommenen Realität (Bovenschen 1979). Figuren in der Literatur sind in aller Regel keine Abbilder irgendwelcher Realitäten, sondern erfüllen Funktionen in der Darstellung: So auch im Bürgerlichen Trauerspiel. Es ist daher deutlich sinnvoller, danach zu fragen, wie Frauenfiguren präsentiert werden und Frauen eben dadurch repräsentiert. Denn ein direktes Abbildungsverhältnis lässt sich gerade nicht annehmen.

Frauenbild des 18. Jahrhunderts: Hartnäckig hält sich das Gerücht, dass es so etwas wie ‚das Frauenbild des 18. Jahrhunderts‘ oder ‚das Frauenbild der/in der Aufklärung‘ gäbe. Das ist schlichtweg falsch. So wenig es ein einheitliches Frauenbild des 21. Jahrhunderts gibt, so wenig existiert das eine Bild der Frau, ihrer Attribute und Lebensbereiche für das 18. Jahrhundert. Die Vielfalt der Rollenmodelle übertrifft jede Form von Stereotypisierung, das ist schon in den Bürgerlichen Trauerspielen selbst ersichtlich, wo wir als Leserinnen und Leser ganz unterschiedlichen Frauenfiguren begegnen. Wie eingangs festgehalten, kommt es gerade in der zeitlichen Periode, in der das Bürgerliche Trauerspiel seinen Höhepunkt erreicht, zu markanten Umstellungen im Bereich des Literarischen insgesamt. Dazu zählt auch, dass im Drama nun Charaktere den Vorzug vor eigentlichen Typen erhalten. Das soll nicht heißen, dass auffällige Wesensmerkmale – etwa die nach gesellschaftlichem Aufstieg strebende Mutter (Claudia Galotti) – nicht wiederkehrend wären, aber als bloße Typen, deren Verhalten klar in ihren Rollen determiniert ist, sind sie nicht länger zu fassen. Der Gestaltungsspielraum ist deutlich größer.

Heiratsumstände und Ehelosigkeit: In sehr vielen der Dramen spielt die Frage, wie aus einer illegitimen oder noch nicht legitimen Liebesbeziehung eine anerkannte und den gesellschaftlichen Normen entsprechende Verbindung werden kann, eine zentrale Rolle für das dramatische Geschehen. Denn die Antwort auf diese Frage ist im Kontext des 18. Jahrhunderts stets: die Ehe. Erst mit der Ehe, oder doch zumindest mit dem rechtlich ebenso bindenden Heiratsversprechen (*promesse de mariage*), ist der Weg hin zu einem bürgerlichen Leben geebnet. Dafür sind nun diverse Voraussetzungen notwendig, der Ehemann muss solvent sein, d. h. finanziell über die Mittel verfügen, eine Familie zu ernähren. Die Eltern, allen voran der Vater als Hausvater, müssen ihre Zustimmung zur Eheschließung geben, bisweilen sind auch manche gesellschaftlichen Gruppen vom Recht zu heiraten ausgeschlossen (Soldaten und Offiziere zu gewissen Zeiten etwa). Diese Voraussetzungen können zu Fallstricken werden, die einer legitimen Verbindung entgegenstehen. Daneben tritt der Umstand, dass sich Eheanbahnung und Liebe nicht immer decken müssen, eine Vernunftehe ist unter den Bedingungen der Zeit eher die Regel denn die Ausnahme. Auch hierfür bieten die Bürgerlichen Trauerspiele eigene Versuchsanordnungen. Eine Ehe – so viel bleibt festzuhalten – ist voraussetzungsvoll.

5.3.1 Frauenfiguren bei Wagner

Wagners *Die Reue nach der That* – ‚Rickchen‘: Fridericke ist sich dieser Tatsachen und Voraussetzungen vollauf bewusst. Ganz im Gegensatz zu ihrem schwärmerischen Liebhaber kann sie die Situation adäquat einschätzen. Auch hier lässt sich wiederum deutlich ablesen: Sowohl die gute als auch die schlechte Führung eines Hauses wirken sich direkt auf die Bewohner und das Gesinde aus – das war schon eine Einsicht Pufendorfs. An der Figur Friderickes kann man sehen, wie sich die Zeitgenossen den Zusammenhang von guter Erziehung und einem umsichtig und klug agierenden Vater vorstellen: Sie verfügt über Tugendhaftigkeit und Witz (im Sinne von Auffassungsgabe).

Fridericke ist durchaus eine Verfechterin der romantischen Liebe – auf die Frage, wer ihr die Erlaubnis erteile, Langen zu lieben, verweist nicht auf den Vater, sondern antwortet: „O, die nimmt man sich von selbst" (II. Akt, S. 46). Diese Form der Selbstermächtigung hat indes ihre natürlichen Grenzen – über Gebote der Wohlanständigkeit will sich Rickchen trotz aller Freiheit nicht hinwegsetzen:

> „Langen, Sie sind fürchterlich heute; fühlen gewiß nicht, was Sie sagen: den Fluch der Eltern mit in die Eh nehmen, heißt sich und seine ganze Nachkommenschaft unglücklich machen wollen; und dazu will ich wenigstens nichts beytragen." (Wagner: *Die Reue nach der That*, IV. Akt, S. 80)

Langes Ansinnen, eine Ehe jenseits von Recht und Sitte zu stiften, der „Mutter zum Trotz" (ebd.), erhält eine deutliche Absage. Stattdessen weist Fridericke auf die Konsequenzen hin, die nicht zu tolerieren sind. In anderen Bürgerlichen Trauerspielen werden die mitunter tödlichen Folgen in Szene gesetzt, die sich einer Übereilung oder auch nur tragischen Umständen verdanken. Besonders folgenreich ist eine solche illegitime Beziehung in Heinrich Leopold Wagners weitaus bekannterem Stück *Die Kindermörderin*.

Wagners *Die Kindermörderin*: Wagner greift mit seinem Trauerspiel eine in der zweiten Hälfte des 18. Jahrhunderts vielfach bearbeitete und vor allem kontrovers diskutierte Thematik auf: den Kindsmord (s. Abschn. 4.2.3) – es ist eines der virulenten Themen der Aufklärung, das die Zeitgenossen enorm beschäftigt (ganz grundsätzlich dazu Ulbricht 1990). Als Strafe für dieses Verbrechen sahen die Gerichtsbarkeiten (beinahe) zwingend das Todesurteil der oder des Schuldigen vor. In der Theorie geht es zunächst einmal um beide Geschlechter, in der Praxis sind es in aller Regel die Frauen, die mit Vorwürfen des Kindsmordes betraut werden. Häufig – auch das spiegelt bereits die gängige Rechtsordnung wider – geht es um verheimlichte oder vorsätzlich abgebrochene Schwangerschaften, die gerade auf den fehlenden Ehestand zurückzuführen waren. In diese Debatte schreibt sich das Trauerspiel ein. Wagner war – als studierter Jurist – mit der Thematik vertraut.

Der juristische Kontext – Kindsmord als Verbrechen: Gerade vor diesem professionellen Hintergrund ist ein grundsätzliches Verständnis des sozialhistorischen wie juristischen Kontextes unabdingbar. Auch für das 18. Jahrhundert ist ein

Gesetzeswerk von zentraler Bedeutung: Die Peinliche Gerichtsordnung Kaiser Karls V., die sogenannte Carolina. Sie gilt als das erste Strafgesetzbuch für das Heilige Römische Reich und war 1532, als sie erstmals in Kraft trat, ein kaum vorstellbarer Schritt hin zu mehr Rechtssicherheit und damit auch Gerechtigkeit. Dort gibt es auch einige Paragraphen, die unmittelbar uneheliche Kinder sowie das zentrale Thema des Kindsmordes regeln. Aus unserer heutigen Sicht mag das alles andere als fortschrittlich sein, denn die entsprechenden Regelungen haben es in sich. So heißt es im Artikel 35 unter der Überschrift „Von heymlichen Kindern haben, vnd tödten durch jre mütter, gnugsam anzeygung":

> „ITem so man eyn dirn so für eyn jungfraw geht / imm argkwon hat / daß sie heymlich eyn kindt gehabt / vnnd ertödt habe / soll man sonderlich erkunden / ob sie mit eynem grossen vngewonlichen leib gesehen worden sei / Mer / ob jr der leib kleyner worden / vnd darnach bleych vnnd schwach gewest sei. So solchs vnd dergleich erfunden wirdet / wo dann die selbig dirnn eyn person ist / darzuo man sich der verdachten thatt versehen mag / Soll sie durch verstendig frawen an heymlichen stetten / als zuo weither erfarung dienstlich ist / besichtigt werden / würd sie dann daselbst auch argkwönig erfunden / vnd will der thatt dannocht nit bekennen / mag man sie peinlich fragen." (Die Peinliche Gerichtsordnung Kaiser Karls V. (Carolina), S. 41)

Das Interesse der Gesellschaft an unentdeckten Schwangerschaften war also groß. Sogar die Möglichkeit der Folter – denn nichts anderes heißt ‚peinlich fragen' – steht hier zur Debatte, um die Wahrheit der Umstände zu entdecken. Zu ahnden war Kindsmord mit der Todesstrafe, je nach Schwere des Falles mit ‚Lebendigbegraben', ‚Pfählen' oder ‚Ertränken' (vgl. Artikel 131, ebd., S. 82). Man kann sich ausmalen, wie schwerwiegend eine Schwangerschaft war, die außerhalb der Ehe zustande kam. Vom verliebten Seitensprung und der vielfach in den Stücken behandelten ‚Übereilung' bis hin zu Formen der Vergewaltigung, wie in der *Kindsmörderin*, wo Evchen Humbrecht ihr Neugeborenes tötet, nachdem sie zuvor von einem Offizier missbraucht und alleine sitzengelassen worden war.

Die soziale Dimension der Schuldfrage: So eindeutig sich zu Beginn des Dramas die Frage nach der Schuld der Beteiligten beantworten lässt, desto diffuser wird die Situation im Laufe des Geschehens. Gegen einige Intrigen seiner Offizierskollegen entschließt sich der Offizier von Gröningseck, die Verantwortung für seine Tat zu übernehmen und ist der festen Absicht, die Metzgerstochter zu ehelichen. Doch er kommt zu spät – Evchen hat, nachdem sie sich zu einer armen Einsiedlerin begeben und das Kind auf die Welt gebracht hatte, das hungernde und schreiende Kind mit einer Stricknadel getötet. Als Kindsmörderin ist sie nun ein Fall für die Justiz, gleichwohl ihr keine Wahl blieb. Gleichzeitig wird Evchen von der ebenfalls hungernden Alten an ihren Vater verraten, um die ausgesetzte Belohnung zu kassieren. Niedere Motive kann man beiden nicht unterstellen, hier treibt die Not die Entscheidungen voran. Damit stellt sich unweigerlich die Frage, inwieweit Schuld hier nicht länger eine rein moralisch-sittlich zu verhandelnde Kategorie ist, oder ob nicht vielmehr soziale Umstände (wozu auch die Gesetzgebung gehört) eine ebenso zentrale Rolle hinsichtlich der katastrophalen Entwicklung spielen. Im Angesicht der Geschworenen endet das Drama in einem fatalistischen Zug:

> „**EVCHEN**. Sagt ich nicht, Gröningseck! mein Schicksal wäre mit Blut geschrieben? –
> **VON GRÖNINGSECK**. Es wär's nicht, wenn du mir getraut, deiner Melancholie dich weniger überlassen, etwas mehr an die Tugend geglaubt hättest – oder ich etwas weniger.
> **MAGISTER** *sieht beide wechselsweis mitleidig an*. Sich vor mir so zu verbergen! –
> **HUMBRECHT** *reißt sich die Westenknöpf alle auf*. Die ganze Welt wird mir zu enge! –
> *Tief Atem holend*. Puuh; – *Klopft dem Lieutnant auf die Schulter*. Wenn Sie Geld brauchen, mein Herr! Reisegeld! Sie verstehn mich doch? – tausend, zwei –, dreitausend Gulden auch liegen parat zu Haus! – und zehntausend gäb ich drum, wenn der Ball mit allen seinen Folgen beim Teufel wär!" – (Wagner: Die Kindermörderin, VI. Akt)

Die Welt wird zu eng und die Frage nach Tugend und Untugend ist zur Glaubensfrage geworden, von Gröningseck bleibt nur der Gang nach Paris zum Französischen König, um für mildernde Umstände zu bitten.

Bürgerliches Trauerspiel und Aufklärung: An der Kindsmordthematik kann man sehen, wie auch größere Problemkomplexe jenseits der ‚privaten' und ‚bürgerlichen' Sphäre Teil des Bürgerlichen Trauerspiels werden. Vorurteilskritik ist auch literarisch möglich, wenn Modellfälle konstruiert werden, die die bisherigen Auffassungen von Schuld und Recht an ihre Grenzen bringen. Insofern ist das Bürgerliche Trauerspiel mit der Gestaltung all der Affekte, die dort zur Aufführung gebracht werden, gerade nicht das ‚Andere' der Aufklärung, sondern ein genuiner Teil derselben (Meyer-Sickendiek 2005, S. 167–200). Eine solche ‚Modellsituation' ist auch der – eigentlich ja schon im 18. Jahrhundert kaum mehr mögliche – Rückzug aus der Gesellschaft.

Freiwilliger und erzwungener Rückzug aus der Gesellschaft: In Wagners *Die Kindermörderin* hatte sich Evchen aus der Gesellschaft zurückgezogen, um ihre Schwangerschaft zu verheimlichen und unbemerkt ihr uneheliches Kind zur Welt bringen zu können und ist damit gescheitert. Der Rückzug aus der Gesellschaft – sogar noch jenseits des rein Privaten – ist nicht selbstverständlich möglich. Das hat mehrere Ursachen. Spätestens seit dem frühaufklärerischen Philosophen Christian Thomasius (wie beinahe jeder Gedanke von Adel findet sich das auch schon in der Antike bei Aristoteles) ist es Allgemeingut, dass der Mensch eigentlich nur als soziales Wesen existieren kann. Er braucht die Gesellschaft, wie die Gesellschaft auch den Einzelnen braucht. Diese anthropologische Grundeinsicht machte sich Thomasius zu Nutze, um daraus eine weitreichende Philosophie des Sozialen zu entwerfen, denn „[d]er Mensch ist ein Zahmes [!] und geselliges / nicht aber ein wildes noch zur Einsamkeit geschaffenes Tier" (Thomasius 1713, S. 108). Dieses Leben in Gesellschaft wird in vielfältiger Weise in den Bürgerlichen Trauerspielen der Zeit thematisch – häufig in Verbindung mit dem freiwilligen oder erzwungenen Rückzug ins Kloster. Ein Beispiel hierfür ist die Adaption eines französischen Dramas aus der Feder eines Hofjuristen.

5.3.2 Friedrich Wilhelm Gotters *Mariane, ein bürgerliches Trauerspiel in drey Akten* (1776)

Friedrich Wilhelm Gotter: Friedrich Wilhelm Gotter (1746–1797) war für die Literaturgeschichte lange Zeit ein Vergessener, vielleicht sogar unter den Vorzeichen von Forderungen nach Originalität der Zeit: ein zurecht vergessener Dichter. Legt man indessen mehr Gewicht – wie die neuere Forschung – auf eine „Variationsästhetik des Unoriginellen", ergibt sich ein ganz anderes Bild (Košenina/Zink 2024, S. 8). Der aus einer angesehenen Gothaer Familie stammende Gotter studierte Jura in Göttingen und durchlief danach eine Musterkarriere, die ihn über mehrere Stationen zurück in die Thüringische Residenzstadt mit ihrem berühmten Theater führte (Schimpf, Red. 2009). Das Theater ist zeitlebens die große Leidenschaft Gotters und er trifft auf seinen Studienreisen und bei seinen Anstellungen die richtigen und wichtigen Leute – in Wetzlar den jungen Goethe und den Theaterprinzipal Ekhof, der später das Gothaer Hoftheater als erste stehende Bühne Deutschlands leiten wird. Zuvor war er schon in Göttingen mit den Mitgliedern des Göttinger Hain verbunden. Gleichwohl er sich in allen Gattungen versuchte, war es doch das Theater, wo er sich besonders hervortat. Allen voran seine Bearbeitungen italienischer und französischer Stücke in Übersetzungen wurden viel gespielt. „[I]n den 1770er u[nd] 1780er-Jahren [reüssierte er] als einer der meistgespielten u[nd] auch im Ausland beachteten Bühnenautoren des [deutschen] Sprachraums", wie ein biographischer Artikel zu berichten weiß (Schimpf, Red. 2009, S. 328).

Selbstmord aus Aussichtslosigkeit, Gotters *Mariane*: Die Protagonistin Mariane hat bereits ihre gesamte Kindheit und Jugend in einer Klosterschule verbracht und soll nun endgültig ‚den Schleier nehmen' und Novizin werden und ihr Gelübde ablegen. Ihr Vater, der Präsident von Fels, steht fest hinter diesen Plänen und glaubt sich auch dann noch im Recht, als Mariane ob ihrer Liebe zum Neffen ihrer Mutter von Waller bereit ist, sich anders zu entscheiden. Notfalls, so der Vater, muss diese Entscheidung gegen den Willen der Tochter durchgesetzt werden: „Als ob mich nicht das Beyspiel so vieler Väter rechtfertigte, als ob die Töchter nicht immer dem Familieninteresse nachstünden? Geben sie mir Tonnen Goldes, um jedes nach seiner Phantasie zu versorgen" (I,1). Es sind also ökonomische Gründe gepaart mit der Überzeugung als Hausvater das Recht auf die Entscheidungshoheit in Familienangelegenheiten zu haben. Die Tochter Mariane ist in diesem Beziehungsgeflecht zunächst einmal rein passiv. Von Waller – schon durch die Verwandtschaft mit der umsichtigen und aufgeklärten Mutter eingehend charakterisiert – hält dagegen. „Ich bin hier nur ein fremder Zeuge, nur ein Mensch. Als solcher frag' ich Sie, Herr Präsident, wer gab Ihnen das Recht Ihre Tochter unglücklich zu machen? Welcher Mensch hat das über einen anderen?" Und weiter im Dialog dann: „Nein, da ist keine Gewalt auf Erden, die Sie zwingen können" (II/8). Diese Argumentation wird nicht verfangen, denn der Präsident bleibt hart („Wer etwas vernünftiges in der Welt durchsetzen will – muß hart seyn." II/6), es kommt schlussendlich zum Selbstmord Marianes, die den Tod einem Leben im Kloster und fern des Geliebten vorzieht.

Die Anklänge an Emilia Galotti sind sicherlich kein Zufall, wenn Emilia Verführung als die wahre Gewalt erkennt, dann wird diese Gedankenfigur von Gotter hier erneut aufgegriffen. Es ist eben untragbar und spricht dem Menschen sein Menschsein ab, Gewalt zu leiden. Das Recht, andere „unglücklich zu machen", existiert nicht. Wer sich ein solches anmaßt, nimmt die Katastrophe in Kauf, wie das Drama vorführt.

Friedrich Wilhelm Gotter: *Mariane, ein bürgerliches Trauerspiel in drey Akten* (1776)
Mariane wuchs in der Obhut eines Klosters auf und soll nun – dem Kindesalter entwachsen – als Nonne den Schleier tragen. Ihre beiden Eltern, der Präsident und die Präsidentin, sind keineswegs tot, sondern leben zusammen mit dem gemeinsamen Sohn, dem Baron. Schon von Früh an hat der Vater den Plan, den geliebten Sohn in seinem gesellschaftlichen Fortkommen zu unterstützen, die Tochter Mariane hatte dafür sogar auf alle Ansprüche verzichtet. Während Mariane die kindliche Lebensphase im Kloster sehr genossen hatte und sich auch vorstellen konnte, dort zu bleiben, hat sich dies aufgrund eines einschneidenden Ereignisses ins Gegenteile verkehrt. Eine sterbende Nonne, die Mariane in ihren letzten Stunden begleitet, berichtet ihr von den emotionalen Entbehrungen, die das Klosterleben dem Menschen abverlangt und dem damit verbundenen, unauslöschlichen Unglück.

Der Präsident hält indes an seinem Entschluss fest, dass Mariane ihr Leben als Nonne verbringen soll, auch das Bitten und Flehen der Mutter um Nachsicht ändern daran nichts. Im Gegenteil, der Vater schickt einen dem Haus verbundenen Priester zu Mariane, der sie zurück auf den rechten Weg bringen soll. Dieser Priester indes hat Verständnis für Mariane, erfährt überdies von einer unglücklichen Liebe zu einem Neffen von Waller, in den sich die angehende Novizin bei einem gemeinsamen Besuch mit der Mutter verliebt hat. Der Priester, ein aufgeklärter Mann, versucht den Vater zu überzeugen, seine Tochter nicht ins Unglück zu stürzen und sie zurück nach Hause zu holen. Dieser Bitte tritt der Präsident ebenso abschlägig entgegen wie derjenigen des Sohnes, der ebenfalls – angeleitet von der Mutter und unter Verzicht auf sein eigenes Fortkommen – um die Rückholung der Tochter bittet. In den letzten Stunden vor dem endgültigen Eintritt kommt es zur Auseinandersetzung zwischen dem Präsidenten, der Mutter und von Waller, der gewillt ist, Mariane zu befreien. Alle Versuche einer Lösung scheitern und Mariane nimmt Gift. Unterdessen geraten der Baron und von Waller aneinander, im Gefecht tötet der Baron seinen Kontrahenten und muss als Mörder die Flucht ergreifen. Mariane stirbt, die schrecklichen Nachrichten noch erfahrend, nachdem sie Vater und Bruder vergeben hat.

Marianes Ohnmacht und die Ohnmacht der Mutter: Beide Frauenfiguren in dem Trauerspiel sind von Gotter so gezeichnet, dass sie dem Vater in ihren Ansichten aus einer aufgeklärten Perspektive überlegen sind. Gotter zeigt den „Zerfall der Familie, die Abwesenheit der ihre Mitglieder einenden liebenden Bande, die Tyrannei der männlichen Interessen" (Bohnengel/Košenina 2022, S. 60), der die Frauen im Stück schlussendlich nichts entgegenzusetzen haben – bis auf die freie Entscheidung. In einem Entscheidungsmonolog zu Beginn des dritten Aktes zieht Mariane die Konsequenzen aus ihrer ausweglosen Situation:

> „MARIANE (*allein*) Zum letztenmal will er mich anhören? – Die Frist eines Verurtheilten – weiter nichts! – Sein Entschluß ist gefaßt – ich muss den meinigen auch fassen. – Wenn ich Wallers Rathe folgte – Edler, junger Mann, Herz für das meinige geschaffen, wenn ich deinem Rathe folgte! – was für einen Ausgang könnten wir hoffen? – Nie würde Mariane die Deinige werden. Die Deinige? – Mein Vater haßt dich auf ewig. Kann er dir verzeihen, daß du ihn schaamroth gemacht hast? Er, verzeihen? Sprach er nicht von Rache? Will er nicht meinen Bruder gegen dich aufhetzen? – Grausamer Vater! Du verachtest mich, glaubst mich durch Furcht zu bändigen? – Wie sehr verkennst du dieses Herz! – Ich habe keine Wahl – entweder lebendig ins Grab, um von allen Lebenden geschieden, langsam zu sterben! – oder! – ein schmerzhafter Augenblick! aber hinter ihm die Freyheit, Ruhe! – Man kömmt – er ists. Sey standhaft!" (Gotter: *Mariane*, III/1)

In dieser Selbstermächtigung sichert Mariane ihre Freiheit, auch wenn sie den Tod bedeutet. In einer ähnlich radikalen Wendung sagt sich die Präsidentin – Marianes Mutter – am Ende des Stücks von ihrem Gatten los:

> „DIE PRÄS. (*fortfahrend*) Ich, deine Gemahlin? Ich, mit dir länger leben? Wißt es alle, die ihr hier versammlet seyd. Er ist seiner Tochter Mörder – und sein Sohn ist Wallers Mörder! – O, daß man ihn einholte, diesen hoffnungsvollen, diesen angebeteten Sohn! daß man ihn gefesselt vor dem Hauße seines Vaters, seiner Braut, vorüberführte! daß ich das schadenfrohe Gebrülle des Volkes hörte! daß sein Vater auf dem Richtplatz stehen und ihn bluten sehen müßte." (Ebd., III/8)

Dieses Ende ist spektakulär, denn beide Frauen treten hier aus ihrer oktroyierten Passivität heraus und wenden sich gegen das erduldete Unrecht. In dieser, aber auch noch in einer weiteren Hinsicht, trägt das Stück explizit aufklärerische Züge.

Autoritäten- und Kirchenkritik: Bezeichnenderweise ist es der Geistliche selbst, der zu einer Fundamentalkritik des Klosterlebens ansetzt, das vermeintlich so viele junge Menschen ins Unglück stürzt. Er empfiehlt daher umfassende Veränderungen. Im Gespräch mit dem Präsidenten erläutert er seine Ansicht der Dinge:

> „DER PRÄS. Also halten Sie die ersten Stifter der Orden –
> DER GEISTLICHE. Für das, was sie waren. Gute, fromme Leute, die untereinander nach gewissen Vorschriften lebten, ihre Zeit unter Arbeit und Gebet theilten, ihren Wald, ihr einsames Thal, ihre ländliche Hütte – dem Geräusche der Welt vorzogen. Andacht und Eifer zu guten Werken waren die einzige Bande ihrer freyen, unabhängigen Gesellschaft. Solche Stiftungen sollten wir noch haben. Unsere sklavische Gelübden sollten aufgehoben, unsere Klöster zu Spitälern, zu Freystätten für Unglückliche, für Lebensmüde, für Verlassene gemacht werden." (Ebd., II/5)

Diese progressive Haltung des Geistlichen im Stück ist natürlich eine gut gepflegte Erzählung. Zwar gründet das Stück in der französischen Originalvorlage von Jean-

François de La Harpe – *Mélanie, ou la Religieuse* – auf einem realen Sachverhalt, eine junge Nonne hatte sich am Tag ihres Gelübdes erhängt, dennoch sollte man den Konstruktionscharakter dieser Figur und der damit verbundenen Figurenrede nicht unterschlagen, wie Julia Bohnengel und Alexander Košenina deutlich herausstellen:

> „Man darf vermuten., dass das Narrativ deshalb so erfolgreich war, weil sich der Vorwurf kirchlicher Verlogenheit mit der grundsätzlichen Kritik an den Autoritäten des Ancien Régime verbinden ließ: Die zum Eintritt in das Kloster gezwungenen Töchter, die auf ihre natürlichen Gefühle verzichten mussten, illustrieren anschaulich die repressive Trias von Familie, Staat und Kirche." (Bohnengel/Košenina 2022, S. 55)

Das bringt uns zur Ausgangsüberlegung zurück. Zu fragen ist, welche Funktion die Figuren im Stück spielen – das gilt für die Frauenfiguren ganz besonders. Man kann eben nicht direkt auf eine historische Wirklichkeit rückschließen, sondern muss mindestens einen Schritt zurücktreten und danach fragen, welche Problemkonstellationen hier zur Vorstellung gebracht werden. Gleiches gilt auch für das folgende Stück.

5.3.3 Christian Leberecht Martinis *Rhynsolt und Sapphira. Ein prosaisches Trauerspiel in dreyen Handlungen* (1755)

Christian Leberecht Martinis ‚prosaisches Trauerspiel' *Rhynsolt und Sapphira* ist einer der frühesten Vertreter des Bürgerlichen Trauerspiels und hat bisher in der Forschung kaum eine Rolle gespielt. Es erschien bereits 1755 in Altona und Leipzig und weist noch deutliche Spuren älterer Dramentraditionen auf. Es ist offensichtlich Theater für den Hof, denn die Widmungsvorrede an die „durchlauchtigste Fürstin und Frau" Louisen Friderike, Herzogin von Mecklenburg-Schwerin, geht genau auf die Entstehungsumstände ein. Signifikanter ist aber ein zweiter Umstand. In einer ausführlichen Vorrede verweist Martini selbst auf die Herkunft seines Stoffes aus der Geschichte. „Der Stoff zu diesem kleinen Trauerspiele ist eine wahrhafte Geschichte. Man findet sie in verschiedenen Büchern erzählt" (Vorrede, unpag.). Für Martini ist die Authentizität der Geschichte von enormer Bedeutung, denn nur sie ist es, die dem Stoff aus seiner Sicht die Legitimität gibt, als Trauerspiel gestaltet zu werden. Es ist ihm deshalb auch wichtig, an welchen Stellen er davon abweicht und den Hergang freier gestaltet, das alles geschieht allein aus dramaturgischen und moralischen Gründen. Während andere Bürgerliche Trauerspiele der Zeit – gemäß unserer eingangs aufgestellten Kriterien – bereits dazu übergehen, fiktionale Settings für das Dramengeschehen zu entwerfen, bleibt Martini mit *Rhynsolt und Sapphira* der geschichtlichen Sphäre verhaftet. Damit folgt er Christian Fürchtegott Gellert, der schon einige Jahre zuvor eine Erzählung mit dem Titel *Rhynsolt und Lucia* veröffentlicht hat, deren Stoff er ebenfalls aus dem englischen *Spectator*, der führenden Zeitschrift der Zeit, übernommen hatte. Man sieht hier deutlich die Genealogien und Abhängigkeiten, die aber ganz offen kommuniziert werden. Originalität ist hier noch nicht das entscheidende Kriterium.

Christian Leberecht Martini: *Rhynsolt und Sapphira. Ein prosaisches Trauerspiel in dreyen Handlungen* (1755)

Das Stück beginnt mit der Schilderung einer Intrige aus niederen Motiven. Rhynsolt, General und Gouverneur des Herzogs Carl des Kühnen, hatte den vornehmen Kaufmann Paul Danfeld gefördert, ihm zu gesellschaftlichem Aufstieg verholfen. Nun soll der Kaufmann hingerichtet werden, gefälschte Briefe weisen ihn als vorgeblichen Verräter aus. Der Herzog ist bestürzt ob dieser unerwarteten Konstellation. Allein Rhynsolt hat dieses Vorgehen offensichtlich von langer Hand geplant, die Frau Danfelds – Sapphira – ist das Objekt seiner Begierde. Dabei handelt es sich allerdings nicht einmal um Liebe, die Anziehung beruht nicht auf Gegenseitigkeit, sondern schlicht um Wollust, einem Laster, das weitere Verstöße gegen die Tugend nach sich zieht. Sapphira stellt ihre sexuelle Dienstbarkeit in Aussicht, um ihren geliebten Mann durch die Opferung der eigenen Tugend doch noch zu retten.

In einem letzten Gespräch zwischen den Eheleuten, das die Ausweglosigkeit dieser Situation reflektiert, weist Danfeld die von seiner Frau angebotene Hilfestellung zurück – die Tugend zähle mehr als das Leben: „Sapphira, laß uns standhaft sein!" Das Urteil scheint indes endgültig, der Herzog hat Rhynsolt zum Richter über Danfeld bestimmt – sein Amt aus den Händen gegeben und sich dadurch der unmittelbaren Verantwortung entzogen. Die wiederholt von Rhynsolt gegenüber Sapphira geäußerten Liebesbekenntnisse sind bloße Prätention, wie die Monologe zeigen: „So gelangt man durch ein Laster, wobei man sich ein wenig Zwang antut, immer zu einem anderen, das uns Vergnügen bringt." Das Gewissen ist hier keine Instanz, die die Macht hätte, zu intervenieren – Danfeld wird ermordet.

In der Zwischenzeit entdeckt Carl das Komplott seines Generals, die letztliche Motivation Rhynsolts. Im Angesicht Sapphiras und ihrer Verzweiflung ob des gemarterten und enthaupteten Gatten fühlt der Herzog nicht länger als Herrscher, sondern als Mensch. Seine Tränen sind Ausdruck seines Mitleids und seiner Tugendhaftigkeit. Nun, in Kenntnis der wahren Umstände, ist sein Ziel, die Gerechtigkeit wiederherzustellen. Er zwingt Rhynsolt mit einer List, sein gesamtes Vermögen der schwangeren Sapphira zu überschreiben bevor er ihn seiner gerechten Strafe – lebenslanger Kerkerhaft – zuführt. Rhynsolts Lasterhaftigkeit wird bestraft, Sapphiras Standhaftigkeit in der Tugend hingegen belohnt. Dem ebenfalls moralisch einwandfreien und treuen Untertanen Danfeld wird von Carl ein Denkmal errichtet. Das Stück schließt mit einer Klage Carls über das Schicksal der Herrschenden, denen wahre Freundschaft nur schwer erkennbar sei.

Standhaftigkeit als Ideal: Die Abhängigkeit des Stücks von älteren Dramenmodellen zeigt sich insbesondere in der Gestaltung der weiblichen Hauptperson Sapphira. Vor die grausame Wahl gestellt, ob sie sich der wollüstigen Liebe Rhynsolts hingeben soll, um das Leben ihres geliebten und moralisch tadellosen Ehemannes zu retten, entscheidet sie sich letztlich für die Tugend.

„**Danfeld**: […] Sapphira, laß uns standhaft seyn! Kein Sterblicher kann die ewigen Rathschlüsse des Unveränderlichsten in ihrem Laufe aufhalten. Der Schöpfer, der meine Seele unfruchtbar an Lastern machte, versüßt mir die Schatten des Todes. Mit dem Troste der Unschuld, und der Treue eines redlichen Unterthans, von dem nichts als der glükseligsten Ewigkeit erfüllt, verläßt meine Seele das Bürgerrecht dieser Welt! […].
Sapphira: Ach! Danfeld! sprich nur ein Wort, soll ich dich retten? Soll ich meine Pflicht vergessen? Siehe aus meiner zitternden Umarmung, aus meinen Thränen über ein solches Laster, wie kostbar mir dein Leben ist." (Martini: *Rhynsolt und Sapphira*, I/7)

Danfeld gibt das Stichwort – „standhaft seyn". Mit dieser Form der ‚constantia', die als antikes ebenso wie christlich überformtes Ideal schon in der Barocktragödie gestaltet wird, reiht sich Sapphira in die lange Phalanx von Herrscherfiguren ein, die die Trauerspieltradition kennt. Wenngleich bürgerlich, so vertritt sie hier doch ein hochherrschaftliches Ideal, das sich das Ehepaar Danfeld zu eigen gemacht hat. In der Aneignung der *constantia* und der festen Liaison mit der Tugend, die selbst die Androhung des Todes nicht zu lösen vermag, überführt Sapphira eine zentrale Tugend in die Sphäre der Bürgerlichkeit. Es bleibt nicht länger Herrscherinnen und Herrschern vorbehalten, auch in der Konfrontation mit dem größten Unglück beständig und standhaft zu bleiben, diese edle Eigenschaft steht nunmehr auch dem Bürger gut zu Gesicht.

Niedertracht und Tugend: Sapphiras Ausweglosigkeit resultiert aus der Erpressung ihrer Tugend aus rein niederträchtigen Motiven Rhynsolts. Während es im Bürgerlichen Trauerspiel häufig genau solche Konstellationen sind, die den Niedergang der weiblichen Protagonistin besiegeln, kommt es hier anders. Sapphira selbst wird zur Anklägerin vor dem Fürsten und fordert Recht und Gerechtigkeit:

„[…] Räche mich Elende, grosser Fürst; Straf ein Verbrechen, welches zu sagen meine Zunge erstarrt. Mein Mann diente dir als der getreuester Unterthan - - Dein Liebling ernährte unreine Flammen gegen mich - - Die verhaßtesten Beschuldigungen, der Kerker meines Mannes, mein eignes Gefängniß sollten einen vergebens gesuchten Sieg befördern! - - Das größte Laster, welches eine tugendhafte Frau begehen kann, war der Preiß für meines Mannes Leben! Keine Thränen, kein Händeringen, keine Blikke von Wehmuth und Treue beseelt erweichten das Herz dieses Barbaren! Von Unglük und Verzweiflung, von Treue und Todes-Furcht bestürmt, verließ mich mein Mann." (Martini: *Rhynsolt und Sapphira*, II/6)

Diese zentrale Szene ziert als Kupferstich bereits das Titelblatt der Erstausgabe (s. Abb. 5.3). Es ist die Anbahnung von Gerechtigkeit, die im Folgenden des Stücks realisiert wird. Die Tugend Sapphiras obsiegt, die Niedertracht und Lasterhaftigkeit Rhynsolts indes wird bestraft. Die Form der poetischen Gerechtigkeit ist orientiert an einer Form von ausgleichender Gerechtigkeit – der finanzielle Ruin des bürgerlichen Danfelds wird durch die Übertragung von Rhynsolts Vermögen abgegolten, der Tod von Paul Danfeld wird in der lebenslangen Kerkerhaft des Generals gesühnt.
Was in der bürgerlichen Sphäre an Gerechtigkeit möglich ist, bleibt dem Herrscher indes verwehrt – er ist immer in der Pflicht, genau für diese Form von Gerechtigkeit Sorge zu tragen, auch wenn es den Verzicht auf alles Menschliche bedeutet, wie das Ende des Dramas nahelegt. Erneut wird die kategoriale Differenz von

Abb. 5.3   Titelblatt von Martinis *Rhynsolt und Sapphira*

Bürgerlichkeit und den Staatsgeschäften des Souveräns deutlich. Sapphira ist eine Figur, die für ihr Recht einsteht, Carl der Löwe ist derjenige Herrscher, der es ihr verschafft.

Selbstbestimmte Frauen: Die Liste der leidenden Frauen in der Geschichte des Bürgerlichen Trauerspiels ist lang, doch es finden sich durchaus auch selbstbewusste, starke Frauenfiguren. Die standhafte Sapphira ist nur eine von ihnen. Noch deutlich unabhängiger sind beispielsweise zwei Frauen, die den männlichen Avancen auch ganz ohne Notlage widerstehen und damit eine Kontrastfolie in den Stücken bilden. Beide heißen Amalia. Sowohl die kluge und umsichtige Amalia in Pfeils *Lucie Woodvil* als auch die liebende und fürsorgliche Jugendfreundin Amalia in Brawes *Der Freigeist* sind solche Frauenfiguren, die gerade nicht den Affekten unterliegen, sondern vorausschauend und klug handeln, wenn nötig ihre eigenen Ansprüche zurückstellen können und nur wenig affektiv handeln.

Es ist also ganz grundsätzlich zu fragen, wie die Frauenfiguren innerhalb ihrer im Stück zugeschriebenen sozialen Rollen als Ehefrau, Geliebte, Schwester, Mutter, Geistliche oder Braut agieren, wie sie die ihnen zugedachten Spielräume ausfüllen und welche Rolle sie im Gesamtgefüge der Dramenanlage spielen. Denn Frauen sind auch im 18. Jahrhundert als dramatische Figuren nicht nur eindimensional angelegt, dieser grundsätzlichen Offenheit muss auch in der Analyse Rechnung getragen werden. Die richtigen Fragen zu stellen, ist der erste Schritt dorthin.

Literatur

Quellen

Dusch, Johann Jakob: Der Bankerot, ein bürgerliches Trauerspiel. Hamburg/Berlin 1763.

Gotter, Friedrich Wilhelm: Mariane, ein bürgerliches Trauerspiel in drey Akten. Mit einem Nachwort hg. von Julia Bohnengel und Alexander Košenina. Hannover 2022.

Klinger, Friedrich Maximilian: Die Zwillinge. Ein Trauerspiel in fünf Aufzügen. In: Sturm und Drang. Werke in drei Bänden. Hg. von René Strasser. Frankfurt am Main 1966, Bd. 2, S. 183–235.

Leisewitz: Johann Anton: Julius von Tarent. Ein Trauerspiel. Hg. von Werner Keller. Durchg. u. bibliograph. ergänzte Ausgabe Stuttgart 1995, S. 77–117.

[Martini, Christian Leberecht:] Rhynsolt und Sapphira. Ein prosaisches Trauerspiel. Altona und Leipzig 1755.

Peinliche Gerichtsordnung Kaiser Karls V. und des Heiligen Römischen Reichs. Hg. u. erl. von Friedrich-Christian Schroeser. Stuttgart 2000.

Schiller, Friedrich: Kabale und Liebe. In: Ders.: Werke und Briefe in zwölf Bänden. Bd. 2. Die Räuber. Fiesko. Kabale und Liebe. Hg. von Gerhard Kluge. Frankfurt am Main 1988, S. 559–677.

Thomasius, Christian: Kurtzer Entwurff der politischen Klugheit, sich selbst und andern in allen menschlichen Gesellschaften wohl zu rathen und zu einer gescheiden Conduite zu gelangen. Frankfurt am Main 1713.

[Wagner, Heinrich Leopold:] Die Reue nach der That. Frankfurt am Mayn 1775.

Forschungsliteratur

Agamben, Giorgio: Homo sacer. Die Souveränität der Macht und das nackte Leben. Frankfurt am Main 2002.

Becker-Cantarino: Der lange Weg zur Mündigkeit. Frauen und Literatur in Deutschland von 1500 bis 1800. München 1989.

Bohnengel, Julia/Košenina, Alexander: Nachwort. In: Friedrich Wilhelm Gotter: Mariane, ein bürgerliches Trauerspiel in drey Akten. Mit einem Nachwort hg. von dens. Hannover 2022, S. 53–65.

Bovenschen, Silvia: Die imaginierte Weiblichkeit. Exemplarische Untersuchungen zur kulturgeschichtlichen und literarischen Präsentationsformen des Weiblichen. Frankfurt am Main 1979.

Brandes, Helga: Frühneuzeitliche Ökonomieliteratur. In: Albert Meier (Hg.): Die Literatur des 17. Jahrhunderts. München 1999, S. 470–484.

Frömmer, Judith: Vaterfiktionen. Empfindsamkeit und Patriarchat in der Literatur der Aufklärung, München 2008.

Hoffmann, Julius: Die „Hausväterliteratur" und die „Predigten über den christlichen Hausstand". Lehre vom Hause und Bildung für das häusliche Leben im 16., 17. und 18. Jahrhundert. Weinheim u. a. 1959.

Immer, Nikolas/Müller, Olaf: Lessings Diderot: „süssere Thränen" zur Läuterung des Nationalgeschmacks. In: Helmut Berthold (Hg.): ‚ihrem Originale nachzudenken'. Zu Lessings Übersetzungen. Tübingen 2008, S. 147–163.

Karthaus, Ulrich: Johann Anton Leisewitz: ‚Julius von Tarent'. In: Dramen des Sturm und Drang. Stuttgart 1987, S. 99–127.

Keller, Werner: Nachwort. In: Johann Anton Leisewitz: Julius von Tarent. Ein Trauerspiel. Hg. v. W.K. Durchg. u. bibliograph. ergänzte Ausgabe Stuttgart 1995, S. 77–117.

Košenina, Alexander/Zink, Manuel: Vorwort. In: Dies. (Hg.): Friedrich Wilhelm Gotter (1746–1797). Europäisches Theater auf deutschen Bühnen. Hannover 2024, S. 7–13.

Leuschner, Ulrike/Meid, Christopher: [Art.] Gemmingen-Hornberg, Otto Heinrich von. In: Killy Literaturlexikon. Autoren und Werke des deutschsprachigen Kulturraums. Hg. von Wilhelm Kühlmann. 13 Bde, hier Bd. 4, Berlin 2009, S. 151.

Luserke-Jaqui, Matthias/Wille, Lisa (Hg.): Heinrich Leopold Wagner. Neue Studien zu seinem Werk. Würzburg 2020.

Meyer-Sickendiek, Burghard: Affektpoetik. Eine Kulturgeschichte literarischer Emotionen. Würzburg 2005.

Pailer, Gaby: Medeas neue Masken: Dramatisierte Aktualisierungen zwischen femme forte und zärtlicher Tochter in Heinrich Leopold Wagners *Die Reue nach der That* (1775) und *Die Kindermörderin* (1776). In: Matthias Lueserke-Jaqui/Lisa Wille (Hg.): Heinrich Leopold Wagner. Neue Studien zu seinem Werk. Würzburg 2020, S. 81–102.

Robert, Jörg: Mist im Sonanzboden. Poetik des Vulgären und Ästhetik des Umgangs in Schillers *Kabale und Liebe*. In: Joseph Imorde/Michael Multhammer/Hans Rudolf Velten (Hg.): Das Populäre der Anderen. Vulgarität im Ausgang der Vormoderne. Leiden/Boston 2024, S. 153–173.

Schimpf, Wolfgang; Redaktion: [Art.] Gotter, Friedrich Wilhelm. In: Killy Literaturlexikon. Autoren und Werke des deutschsprachigen Kulturraums. Hg. von Wilhelm Kühlmann. Berlin 13 Bde, hier Bd. 4, Berlin 2009, S. 327–328.

Schmitt, Carl: Politische Theologie. Vier Kapitel zur Lehre von der Souveränität. Berlin 2004.

Schön, Erich: Schillers *Kabale und Liebe*: (k)ein bürgerliches Trauerspiel: Schiller und Otto von Gemmingens *Der deutsche Hausvater*. In: Hans-Edwin Friedrich/Fotis Jannidis/Marianne Willems (Hg.): Bürgerlichkeit im 18. Jahrhundert. Tübingen 2006, S. 377–403.

Steiner, Uwe C.: Die Entsorgung des Hausvaters: Geschlechtersemantik in Dramen Großmanns, von Gemmingens und in Lessings *Emilia Galotti*. In: Martin Dinges (Hg.): Männlichkeiten und Care. Weinheim 2020, S. 146–163.

Ulbricht, Otto: Kindsmord und Aufklärung in Deutschland. München 1990.

Wenzel, Stefanie: Das Motiv der feindlichen Brüder im Drama des Sturm und Drang. Frankfurt am Main 1993.

Willems, Marianne: Friedrich Maximilian Klingers „Die Zwillinge" und Friedrich Schillers „Die Räuber": zur Pathogenese der „Kraftkerle" im Sturm und Drang. In: Matthias Buschmeier (Hg.): Sturm und Drang. Epochen – Werke – Autoren. Darmstadt 2013, S. 158–179.

Wille, Lisa: Zwischen Autonomie und Heteronomie. Bürgerliche Identitätsproblematik in Heinrich Leopold Wagners dramatischem Werk. Würzburg 2021.

Wittkowski, Wolfgang: Hausväter im Drama Lessings und des Sturms und Drangs. Frankfurt am Main 2013.

Zelle, Carsten: [Art.] Leisewitz, Johann Anton. In: Killy Literaturlexikon. Autoren und Werke des deutschsprachigen Kulturraums. Hg. von Wilhelm Kühlmann. Berlin 13 Bde, hier Bd. 7, Berlin 2010, S. 317–319.

Weiterführende Literatur:

Schneiders, Werner: Das Zeitalter der Aufklärung. München 3. Aufl. 2005.

Standeskonflikte? Soziale Distinktion: wer zur Tragik fähig ist

Inhaltsverzeichnis

Unterschiede zum Sozialen Drama: Häufig werden das Bürgerliche Trauerspiel und das sogenannte ‚Soziale Drama' in einem Atemzug verhandelt (Elm 2004; Schößler 2003 u. ö.) Die inhaltliche und strukturelle Nähe beider zueinander – so die dabei zugrunde gelegte Hypothese – würde dies nicht nur nahelegen, sondern auch rechtfertigen. Den Ausgangspunkt für diese Engführung bildet eine mittlerweile über 75 Jahre alte Abhandlung von Elise Dosenheimer mit dem Titel *Das deutsche soziale Drama von Lessing bis Sternheim* (Dosenheimer 1949), die den Begriff des ‚sozialen Dramas' in die germanistische Literaturwissenschaft einführt. Sie versteht darunter „ein Drama, dessen bestimmter sozialer Untergrund die Voraussetzung ist für Stoff und Gehalt, dessen Charaktere und Handlung mit Notwendigkeit aus diesem sozialen Untergrund hervorgehen […]" (ebd., S. 5). Dieser an inhaltlichen Kriterien orientierte Selektionsvorschlag ist für Dosenheimer diachron gültig – beginnend bei Lessing, dem wir nach dieser Lesart mit *Emilia Galotti* das erste ‚soziale Drama' verdanken, bis hinein ins frühe 20. Jahrhundert.

▶ Unter dem wenig trennscharf gebrauchten Begriff **Soziales Drama** werden in der Literaturwissenschaft solche Dramen verstanden, deren „gesellschaftlicher Hintergrund Charaktere, Handlung, Stoff und Gehalt prägt" (Heinz 2007). Meist wird so eine Zusammenstellung sehr heterogener Dramen gerechtfertigt, die in diachroner Perspektive verglichen werden sollen. Häufig führt dies dazu, dass signi-

M. Multhammer, *Das bürgerliche Trauerspiel*,
https://doi.org/10.1007/978-3-662-72212-1_6

fikante Unterschiede (auch in den Epochensignaturen der jeweiligen Gesellschaften, auf die sie vermeintlich rekurrieren) eingeebnet werden. Als analytischer Begriff ist er daher nur bedingt brauchbar.

Soziales Drama kann daher alles sein, wo die Herkunft und soziale Stellung der *dramatis personae* Einfluss auf das Dramengeschehen haben. Wenn man wissen will, was ein Bürgerliches Trauerspiel als Gattung ausmacht, ist mit dieser Fragestellung wenig gewonnen, gerade weil sie Selbst- und Fremdzuschreibung – Gattung versus motivgeschichtliche Zugriffe – in eins setzt. Elise Dosenheimers Ansatz kann man demnach als einen gewichtigen Ausgangspunkt für eines der zentralen Missverständnisse rund um das Bürgerliche Trauerspiel begreifen. Insofern ist die Unterscheidung unbedingt aufrechtzuerhalten, weil die In-Eins-Setzung beider Begrifflichkeiten eine andere Gruppe definieren würde, die historisch als Gattung im 18. Jahrhundert gar nicht greifbar ist.

Standeskonflikte im Bürgerlichen Trauerspiel: Es wurde schon eingehend thematisiert, dass eines der basalen Missverständnisse rund um das Bürgerliche Trauerspiel darin besteht, dass hier unterschiedliche gesellschaftliche Gruppen – mithin Stände in der Sprache der Zeit – in Opposition zueinanderstehen und daraus der dramatische Konflikt resultiert. Das ist so gut wie nie der Fall, die Demarkationslinie ist nicht stratifikatorisch gedacht, sondern inklusiv in dem Bereich, der als ‚bürgerlich‘ im beschriebenen Sinne umrissen wird. Standesunterschiede bilden nur in Ausnahmefällen den Ausgangspunkt für das tragische Geschehen.

Viel zentraler in dieser Hinsicht ist die Frage, wer überhaupt zur Tragik fähig ist, und hier ändert sich in der Tat einiges im Vergleich zur ersten Hälfte des 18. Jahrhunderts. Kamen vormals ausschließlich Personen höheren Standes für die Tragödie als *dramatis personae* in Frage, so ändert sich das sukzessive im Bürgerlichen Trauerspiel – die Fallhöhe ist nicht länger zwingend. Die entscheidende Umstellung besteht nun darin, dass auch die Liebe zwischen einer hohen und einer ständisch niedriger stehenden Person tragisch sein kann – das prominenteste Beispiel ist Friedrich Schillers *Kabale und Liebe*. Mehr noch, auch die Liebe zwischen zwei Personen aus niedrigem Stand soll nun in der Lage sein, das Publikum zu rühren, exemplarisch etwa in Friedrich Hebbels *Maria Magdalene*. Darauf wird gleich zurückzukommen sein.

6.1   Standesunterschiede in Schillers frühen Dramen

Paradigmatische Fehllektüre mit Folgen: Gerade weil in Schillers einzigem Bürgerlichen Trauerspiel, *Kabale und Liebe* (s. Abschn. 5.2.4), ständig von Standesunterschieden die Rede ist, fällt es sehr leicht, diesen Umstand zum Ausgangspunkt des dramatischen Konflikts zu machen. Und damit liegt man sicherlich auch nicht ganz falsch. Das zeigt sich ebenfalls schon zu Beginn des Dramas, wenn Louise exemplarisch in I/3 auf zukünftige Zeiten verweist, in denen Standesunterschiede keine Rolle mehr spielen werden:

„Dann, Mutter – dann, wenn die Schranken des Unterschieds einstürzen – wenn von uns abspringen all die verhaßte Hülsen des Standes – Menschen nur Menschen sind – Ich bringe nichts mit mir als meine Unschuld, aber der Vater hat ja so oft gesagt, daß der Schmuck und die prächtigen Titel wohlfeil werden, wenn Gott kommt, und die Herzen im Preise steigen. Ich werde dann reich sein. Dort rechnet man Tränen für Triumphe, und schöne Gedanken für Ahnen an. Ich werde dann vornehm sein, Mutter – Was hätte er dann noch für seinem Mädchen voraus?" (Schiller: *Kabale und Liebe* I/3)

Textstellen dieser Art finden sich zahlreich in *Kabale und Liebe*. Immer wieder wird der eigene Stand, aber auch der Ständeunterschied thematisch. Leicht übersehen wird dabei ein ganz anderer Umstand, der sich über alle Standesgrenzen hinweg erstreckt – der Mangel an Sittlichkeit beinahe aller Figuren. Der Kern des dramatischen Konflikts ist also mitnichten allein im tragischen Aufeinandertreffen unterschiedlicher Stände und ihrer jeweiligen Wertesysteme zu sehen, sondern in einer ganz generellen Krise der Wohlanständigkeit (frz. *bienséance*).

Schillers frühe Dramen: Friedrich Schillers frühe Dramen *Die Räuber* und *Kabale und Liebe* haben beide ein enorm hohes Erregungspotential. Schon die Zeitgenossen nahmen vielfach und aufgrund ganz unterschiedlicher Aspekte Anstoß an den Dramen. Waren formale Auffälligkeiten eher etwas, das man im Bereich der Poetologie kritisieren konnte, waren es vielfach die zur Darstellung gebrachten Inhalte, die auf starken Widerspruch stießen. Exemplarisch dafür lässt sich eine Rezension heranziehen, die Karl Philipp Moritz verfasst hat und der – Jörg Robert hat darauf hingewiesen (Robert 2024) – Schiller dann im Nachgang durchaus mit Zustimmung begegnet ist. Die Diagnose von Moritz ist aber zunächst einmal brutal, in der *Königlich privilegirten Berlinischen Staats- und gelehrte Zeitung* vom 20. Juli 1784 schreibt er:

„*Kabale und Liebe, ein bürgerliches Trauerspiel in fünf Aufzügen, von Friedrich Schiller.* In Wahrheit wieder einmal ein Product, was unsern Zeiten – Schande macht! Mit welcher Stirn kann ein Mensch doch solchen Unsinn schreiben und drucken lassen, und wie muß es in diesem Kopf und Herz aussehen, der solche Geburten seines Geistes mit Wohlgefallen betrachten kann! – Doch wir wollen nicht deklamieren. Wer 167 Seiten voll eckelhafter Wiederholungen gotteslästerlicher Ausdrücke, wo ein Geck um ein dummes affektirtes Mädchen mit der Vorsicht rechnet, und voll krassen pöbelhaften Witzes, oder unverständlicher Galimathias, durchlesen kann und mag, der prüfe selbst. So schreiben heißt Geschmack und gesunde Kritik mit Füßen treten; und darinn hat denn der Verfasser diesmal sich selbst übertroffen. Aus einigen Scenen hätte was werden können, aber alles was dieser Verfasser angreift, wird unter seinen Händen zu Schaum und Blase. Kostet in der Voßischen Buchhandlung allhier 10 Gr." (Moritz in Schiller: *Kabale und Liebe*, S. 1372 f.)

Das zeitgenössische Publikum nahm also Anstoß an der mangelnden Sittlichkeit, die das Stück durchzieht. Gotteslästerliche Ausdrücke *en masse*, die Protagonisten affektiert und geckenhaft, pöbelhafte Einfälle in der Handlung (das meint hier Witz) und unsinniges Gerede oder Kauderwelsch (Galimathias) – das alles stört die ersten Leserinnen und Leser an Schillers Drama. Alles in allem ist es das Personal, die Figuren und deren Handeln, das den Rahmen des Erwartbaren sprengt.

Und doch kann man natürlich nicht so weit gehen, dass man Schiller hier handwerkliche Fehler zu unterstellen hätte (die gibt es auch, aber sie sind hier nicht das Problem). Im Gegenteil, wie schon bei seinem Erstling *Die Räuber* ist es das un- und amoralische Verhalten der *dramatis personae*, das hier problematisch wird. Denn konnte man auch im Bürgerlichen Trauerspiel davon ausgehen, dass bestimmte Werte Gültigkeit besitzen, auch oder gerade dann, wenn gegen sie verstoßen wird, so werden hier die Werte selbst als fragwürdig inszeniert.

Fehlverhalten aller Orten: Bereits Helmut Koopmann hat in einem wegweisenden Aufsatz darauf hingewiesen, dass sich der religiöse Gehalt des Stücks und die dargestellten Konflikte im Bereich der Sozialstrukturen für eine umfassende Interpretation des Stücks nicht gegeneinander ausspielen lassen (Koopmann 1986). Ausgehend davon kann man sich die Frage stellen, wo und vor allem wer hier eigentlich versäumt, nach allgemein anerkannten sittlichen und moralischen Regularien zu handeln. Und hier wird man reichlich fündig.

Der Präsident von Walter hat sich nur durch Intrigen und Verbrechen auf seinen Posten gebracht, für sein weiteres Fortkommen und das seines Sohnes scheut er weder Rechtsbrüche noch moralische Grausamkeiten, wenn er Louise zur Prostituierten machen will. Der Sekretär Wurm mit dem sprechenden Namen ist um keine eigene Vorteilnahme verlegen, sein eigenes Gewissen quält ihn an keiner Stelle. Lady Milfort ist bereit, für die Liebe jeden eigenen Vorteil in die Waagschale zu werfen (etwa in IV/7). Der Hofmarschall von Kalb ist die Rückgratlosigkeit in Person, die verbalen Ausfälle des Musikus Miller und die dankbaren Vorteilnahmen der Mutter für Louise wurden bereits thematisiert. Die Tochter, Louise, droht mehrfach unverhohlen mit der schlimmstmöglichen Sünde – dem Selbstmord und ihr Ferdinand ist imstande, seiner Geliebten völlig grundlos eine Affäre zu unterstellen (Ende von III/4). Verlass ist hier auf niemanden mehr – alle Figuren sind hinsichtlich ihrer sittlichen Grundhaltung anfällig bis prekär.

Dieser Verlust von bisherigen Ordnungen, an denen man sich zuverlässig orientieren konnte, kann man als thematisches Zentrum des Trauerspiels lesen. Konnte man bislang davon ausgehen, dass der Adel als Trägerschicht ‚bürgerlicher‘ Werte fungiert und diese auch vertritt – gerät das hier massiv ins Rutschen. Die zahlreichen Verstöße gegen die Wohlanständigkeit sind ein direktes und untrügliches Zeichen dafür.

▶ **Bienséance** –auf Deutsch ‚Wohlanständigkeit‘ – ist eine zentrale regulative Idee in den Verhaltenslehren der Frühen Neuzeit und zugleich eine Kategorie der Dramentheorie. Das heißt zunächst einmal für das Drama, dass auf der Bühne nur das gezeigt werden darf, was den ‚guten Sitten‘ der aristokratischen Gesellschaft konform ist – abweichendes Verhalten, das den sittlichen Gepflogenheiten strikt zuwiderläuft – ist also in jedem Falle zu vermeiden.

Fehlende Wohlanständigkeit: Das sieht in Schillers frühen Dramen schon ganz anders aus – er fühlt sich dieser Doktrin der klassischen Tragödientheorie nicht länger verpflichtet. Im Bereich der allgemeinen Verhaltenslehren ist der Begriff indes noch gewichtiger – unter dem lateinischen Begriff des ‚Decorum‘ verstehen die

Zeitgenossen all diejenigen Eigenschaften, die einen Menschen zieren können – Anständigkeit, Ehrlichkeit, Höflichkeit und dergleichen mehr (Zedler 1748, Bd. 58, Sp. 82–92). Als moralisch-sittliche Regulative zielen sie auf das menschliche Zusammenleben und die grundlegenden Bedingungen für das Gelingen eines solchen. Diese letzten Verbindlichkeiten im Verhalten brechen – so hat man nach der Lektüre von *Kabale und Liebe* den Eindruck – weg. Schiller wird auf diesen diagnostizierten Sittenverfall in den darauffolgenden Jahren mit der Entwicklung seines Konzepts einer ‚Ästhetischen Erziehung‘ reagieren. Friedrich Hebbel indes schreibt die *Maria Magdalene*; es ist dasjenige Drama, das häufig als letzter Vertreter des Bürgerlichen Trauerspiels gehandelt wird. Dort versucht er noch einmal in radikaler Konsequenz, das Tragische in der Sphäre des Bürgerlichen zu entfalten.

6.2 Friedrich Hebbels *Maria Magdalene* (1844)

Friedrich Hebbels *Maria Magdalene* ist in schroffer Opposition zu Schillers *Kabale und Liebe* entstanden. „Hebbels Absicht ist es, wie er in seinem Tagebuch (4.12.1843) notiert, ‚das bürgerliche Trauerspiel zu regenerieren und zu zeigen, daß auch im eingeschränktesten Kreis eine zerschmetternde Tragik möglich ist‘“ (Hoffmann 2009). Mit der biblischen Büßerin Maria Magdalena – ursprünglich sollte das Stück den Genrekonventionen entsprechend der Hauptfigur *Klara* heißen – greift Hebbel einen Stoff auf, den er ins Zeitgenössische transponiert. Es zeigt sich – so Helmut Bachmaier – „wie die Tragödie als Gattung sich dem bürgerlichen Bewußtsein, das auf Kategorien wie Rationalität und Vermittlung festgelegt ist und sich durch Vernunft und Aufklärung bestimmt, sperrt“ (Bachmaier 1989, S. 21).

Die Tragödie ist 1843 erstmals erschienen – die Zeiten haben sich radikal verändert und mit ihnen die tragenden Ideen des Bürgerlichen Trauerspiels – eben Formen der Rationalität und Maximen der Aufklärung haben an Gültigkeit und Überzeugungskraft eingebüßt. Und das hat Folgen: „die tragischen Konflikte, hervorgegangen aus unaufhebbaren Widersprüchen, sind dem Vermittlungscharakter bürgerlicher Rationalität fremd geworden“ (ebd.). Die tragische Konstellation, die schlussendlich in die Katastrophe mündet, ist also nicht länger allein auf das Fehlverhalten Einzelner zurückzuführen, sondern gründet bereits in der Unversöhnlichkeit der Welt selbst. Sie, so eine von Hebbels Grundeinsichten, die er wiederholt aufgreift, ist geprägt von einem fundamentalen metaphysischen Dualismus, der sich nicht auflösen lässt. Im Drama jedoch kann er – mit einer „pessimistischen und nihilistischen Tendenz“ (ebd., S. 22) – immerhin zur Darstellung gebracht werden.

> **Friedrich Hebbel:** *Maria Magdalene* (1844)
> Klara und Karl sind die erwachsenen Kinder des redlichen und ein wenig verstockten Schreinermeisters Anton und seiner sittsam-braven Frau Therese. Während Karl ein vermeintlicher Tu-Nicht-Gut ist und einen Hang zum Spiel hat, ist Klara eine fürsorgliche untadelige Tochter. Sie liebt Leonhard, der zu Beginn noch auf seine Anstellung als Kassierer wartet; dies wäre die Voraus-

setzung dafür, dass er um Klaras Hand anhalten könnte. Er bekommt die Stelle, wenngleich nur durch List und die heimliche Ausbootung seines unmittelbaren Konkurrenten. Was die Eltern nicht wissen dürfen: Klara ist schwanger, ein einziger nächtlicher Fehltritt im Rahmen einer Feier war dafür verantwortlich, Leonhard hatte Zweifel an der Verbindung angemeldet und einen Liebesbeweis gefordert, als Klara kurzzeitig ihre einstige Jugendliebe, den Sekretär Friedrich, wiedergesehen hatte. Wie ernst es Leonhard um die Beziehung ist, wird indes nicht klar ersichtlich, denn gleich mehrmals wird das – verloren geglaubte – Vermögen des Meister Anton zum Thema. Um das Unglück perfekt zu machen, wird Karl als Juwelendieb von Gerichtsdienern verhaftet, woraufhin seine Mutter Therese auf der Stelle tot umfällt. Leonhard nutzt diese Möglichkeit, um sich von der Verbindung mit Klara loszusagen, begründet wird dieser Schritt mit dem vermeintlichen Ehrverlust der Familie. Klara schwört ihrem Vater unter diesem Eindruck, ihm niemals Schande zu machen.

Meister Anton sitzt über sich selbst zu Gericht – die Schande scheint ihn zu brechen und er droht offen mit Selbstmord, wenn ihn nun auch noch seine Tochter Klara enttäuschen sollte. Diese will lieber sich selbst geopfert sehen als ihren Vater. Unterdessen – der Vater ist abwesend – stellt sich die Unschuld Karls heraus, die Juwelen waren von der eigenen Frau des Kaufmanns entwendet worden. Doch ist die Schande nicht von der Familie abgewendet, wie Klara festhält, solange ihre Lage fortbesteht. Eine neue Möglichkeit ergibt sich erst mit der Feststellung der Unschuld Karls, Klara hofft, dass die Aufkündigung der Beziehung durch Leonhard dadurch rückgängig gemacht werden könnte. Zeitgleich gesteht Friedrich Klara seine Liebe, die trotz seiner langen Abwesenheit weiter Bestand hat. Klara sieht indes ihre letzte Chance bei Leonhard und zieht sogar Selbstmord in Erwägung, um ihren Vater vor selbigem zu bewahren.

Klara konfrontiert Leonhard mit den neuen Umständen und bittet ihn inständig, sie zu heiraten, auch wenn sie ihn nicht liebe. Dieser ist nicht bereit, das Heiratsversprechen mit Klara zu erneuern, mehr noch, er weist die Schuld von sich und lässt Klara allein zurück. Diese kündigt daraufhin ihren Selbstmord an. Kurz danach erscheint Friedrich bei Leonhard und fordert ihn zum Duell. Karl trifft zu Hause noch einmal auf Klara und entdeckt ihr den Plan, den Gerichtsdiener aus Rache für seine Verhaftung und die damit verbundene Demütigung zu erschlagen und sein Heil als Matrose auf See zu suchen. Klara bewirtet ihren Bruder noch ein letztes Mal, geht zum Brunnen, vermeintlich um Wasser zu holen. Als Meister Anton zurückkommt, offenbart Karl ihm seine Pläne. Der vom Duell verwundete Friedrich stürzt in die Stube, um Klara zu sehen, als die Nachricht eintrifft, dass jemand in den Brunnen gestürzt sei. Zuletzt wird offenbar, dass Klara gesprungen ist – Selbst- und Kindsmord begangen hat. Das Stück schließt mit den Worten Meister Antons: „Ich verstehe die Welt nicht mehr!"

Die Vorrede: Hebbels Stück geht eine programmatische Vorrede voran, die noch einmal ganz grundsätzliche Gedanken rekapituliert, die er zuvor in seiner Schrift *Ein Wort über das Drama* (1843) entwickelt hatte. Dabei formuliert Hebbel gleich zu Beginn das argumentative Ziel, auf das er in seinem Vorwort abzielt:

> „Das Drama, als Spitze aller Kunst, soll den jedesmaligen Welt- und Menschenzustand in seinem Verhältnis zur Idee, d.h. hier zu dem alles bedingenden sittlichen Zentrum, das wir im Weltorganismus annehmen müssen, veranschaulichen." (Hebbel: Vorwort, S. 281)

In der nachidealistischen Periode, deren Zeitgenosse Hebbel ist, ist dieses Verhältnis nur noch schwer zu bestimmen, es komme daher darauf an, „daß man hier nicht an ein allegorisches Herausputzen der Idee, überhaupt nicht an die philosophische, sondern unmittelbar ins Leben selbst verlegte Dialektik denken muß" (ebd., S. 288). Noch einmal etwas einfacher formuliert: Ziel und Aufgabe des Dramas sei es nicht, eine philosophische Idee und damit ein Konzept von Sittlichkeit zu illustrieren, sondern es geht vielmehr darum, die Brüchigkeit der sittlichen Werte in der Welt und vor allem im Verhältnis des Menschen zur Welt (also auch den anderen) darzustellen. Das hat auch Folgen für die Sujets, die für ein zeitgemäßes Bürgerliches Trauerspiel von Relevanz sind.

Gegenwärtigkeit des Geschehens: Denn weiter schreibt Hebbel in seiner Vorrede: „Die Poesie soll nicht bleiben, was sie war und was sie ist: Spiegel des Jahrhunderts und der Bewegung der Menschheit im allgemeinen, sie soll Spiegel des Tags, ja der Stunde werden" (ebd., S. 292). Damit ist nicht unbedingt gemeint, dass das Drama der Tagesaktualität verpflichtet sei. Es geht eher darum, dass der aktuelle Zeitgeist das Geschehen mitbestimmt und man sich nicht im Bereich von überzeitlich-metaphysischen Wahrheiten verliert. Letztlich geht es um die Darstellung des Verhältnisses des Individuums zur Welt, und das heißt dann eben immer: zu seiner Welt, in der er/sie lebt. Meister Anton beispielsweise hat eine klare Vorstellung, in welcher Welt er lebt und wie sich sein Verhältnis zu ihr durch diese Überzeugungen konstituiert.

Unwägbarkeit der Sitten: Meister Anton bestreitet durchgängig die Gültigkeit allgemeiner Werte und fordert doch gleichzeitig ein Verhalten ein, das diesen verlorengegangenen Werten entsprechen soll. Denn über Andere – hier Leonhard – macht er sich keine Illusionen:

> „Denken? Über Ihn? Über irgendeinen? Ich hoble mir die Bretter wohl zurecht mit meinem Eisen, aber nie die Menschen mit meinen Gedanken. Über die Torheit bin ich längst hinaus. Wenn ich einen Baum grünen sehe, so denk ich wohl: nun wird er bald blühen! Und wenn er blüht: nun wird er Früchte bringen! Darin sehe ich mich auch nicht getäuscht, darum geb ich die alte Gewohnheit nicht auf. Aber über Menschen denke ich nichts, gar nichts, nichts Schlimmes, nichts Gutes, dann brauch ich nicht abwechselnd, wenn sie bald meine Furcht, bald meine Hoffnung täuschen, rot oder blaß zu werden. Ich mache bloß Erfahrungen über sie, und nehme mir ein Beispiel an meinen beiden Augen, die auch nicht denken, sondern nur sehen. Über Ihn glaubte ich schon eine ganze Erfahrung gemacht zu haben, nun finde ich Ihn hier, und muß bekennen, daß es doch nur eine halbe gewesen ist!" (Hebbel: *Maria Magdalene*, I/5)

Was hier wie eine an Klugheit gemahnende Praxis erinnert, sich keinen Illusionen hinzugeben, um nicht enttäuscht zu werden, wird im eigenen Kreis der Familie nicht als Maxime begriffen – im Gegenteil. Über seinen Sohn Karl hat sich der Vater – sehr zum Unmut von Klara – ein eindeutiges Bild gemacht. „Er glaubt von Karl immer das Schlimmste. Er hat es stets getan!" (ebd.), wirft Klara Meister Anton vor. Wenn man einmal moralisch diskreditiert wird, ganz gleich ob zu Recht oder zu Unrecht, bleibt man beschädigt zurück:

> „Wär es aber nicht, hätte der Mann mit der goldenen Kette um den Hals sich übereilt, weil er an nichts dachte, als daran, daß der Kaufmann, der die Juwelen vermißt, sein Schwager ist, so würde sichs finden, ob das Gesetzbuch ein Loch hat, und ob der König, der wohl weiß, daß er seinen Untertanen ihre Treu und ihren Gehorsam mit Gerechtigkeit bezahlen muß, und der dem Geringsten unter ihnen gewiß am wenigsten etwas schuldig bleiben will, dies Loch ungestopft ließe. Aber, das sind unnütze Reden! Der Junge wird so wenig rein aus diesem Prozeß hervorgehen, wie deine Mutter lebendig aus ihrer Gruft. Von dem kommt mir nun und nimmer ein Trost, darum vergiß du nicht, was du mir schuldig bist, halte du deinen Schwur, damit ich den meinen nicht zu halten brauche! *Er geht, kehrt aber wieder um.* Ich komme heut abend erst spät zu Hause, ich gehe zu dem alten Holzhändler ins Gebirge. Das ist der einzige Mann, der mir noch, wie sonst, in die Augen sieht, weil er noch nicht von meiner Schande weiß. Er ist taub, keiner kann ihm was erzählen, ohne sich heiser zu schreien, und auch dann hört er alles verkehrt, darum erfährt er nichts." (Ebd., II/1)

Diese erste Szene des zweiten Aktes stellt explizit die Frage nach Schuld und Gerechtigkeit. Ist es schon so weit, dass das „Gesetzbuch ein Loch hat" oder funktionieren die Mechanismen der „Gerechtigkeit" noch? Sind „Treu und Gehorsam" noch Währungen, die zählen? Darf man auf Gerechtigkeit hoffen? Oder ist am Ende überhaupt noch klar, was unter Gerechtigkeit zu verstehen sei? Kann das nur der Taube wissen, der von all den Stimmen um ihn herum nicht korrumpiert werden kann?

Die Frage nach der Schuld: Mit diesen Fragen, die sich direkt an das Drama selbst richten lassen, wird zugleich eine umfassendere Dimension adressiert: Die der Schuld und ihrer Verhandlung im Stück. Meister Anton besteht darauf, dass seine Tochter Klara ihm keine Schande macht, und er fordert ihr zwei Mal ab, genau dies zu schwören. Klara ist aber zu diesem Zeitpunkt schon längst schwanger, doch die tragischen Umstände der alten und neuen Liebe zählen nicht. Sie kann sie nicht in die Waagschale werfen und ist gezwungen, ihren Schwur ausweichend zu leisten – „vergiß du nicht, was du mir schuldig bist, halte du deinen Schwur, damit ich den meinen nicht zu halten brauche!" Mit der Selbstmorddrohung des Vaters vor Augen reift – als einziger Ausweg – langsam die Entscheidung zum eigenen Selbstmord bei Klara, um dem Vater die Schande einer untugendhaften Tochter zu ersparen und ihn vor der Sünde des Selbstmordes zu bewahren. Freilich zu einem hohen, dem höchsten Preis.

Wer trägt nun Schuld an dem Tod Klaras und des ungeborenen Kindes – das ist ja auch hier immer noch die Kardinalfrage, wenn man das Genre eines Bürgerlichen Trauerspieles ernst nimmt. Wer trägt Schuld und worin besteht sie – was ist der (moralische, sittliche) Makel, die Verfehlung, auf die sich die Katastrophe zurückführen lässt. Die Forschung zu Hebbels *Maria Magdalene* hat im Grundsatz zwei Antwortmöglichkeiten offeriert, um dieser Frage zu begegnen. Die erste lautet: Persönliche Schuld trägt hier niemand mehr – Burkhard Meyer-Sickendiek etwa schreibt dazu:

„Letztlich aber gibt es in dieser Tragödie weder den klassischen Intriganten noch dessen unschuldiges Opfer, Schuld erweist sich vielmehr als ein tragisches, dem Fluch ähnliches Geschehen, in welches alle Personen des Stückes ohne Ausnahme verstrickt sind: eben dadurch führt Hebbel das bürgerliche Trauerspiel in das Schuldverständnis der attischen Tragödie zurück." (Meyer-Sickendiek 2005, S. 200)

Wenn Meyer-Sickendiek in seiner Deutung auf das antike Fatum verweist, dann heißt das, dass die Welt an sich erneut tragisch geworden ist und die Menschen, die in ihr leben, schlicht dem Schicksal unterworfen sind. Eine moralische Verantwortlichkeit des Individuums ist unter diesen Bedingungen nicht mehr zu denken. Aber das war gerade der Ausgangspunkt des Bürgerlichen Trauerspiels im 18. Jahrhundert, wie Günter Häntschel etwa betont. Die Frage nach der Schuld und der Umstand, dass sie so schwierig zu entscheiden ist, verweist zurück auf die Fragestellung selbst und damit auch zurück auf die Bedingungen der Möglichkeit der Gattung eines Bürgerlichen Trauerspiels selbst. Denn die Voraussetzung für die Zurechnung von Schuld ist die „Existenz selbstverantwortender und frei sich entscheidender Personen" (Häntschel 1997, S. 234).

Im Falle der ersten Antwort würde man das gerade verneinen und in der absoluten Auflösung der Werte ein Ende im Nihilismus konstatieren: „Ich verstehe die Welt nicht mehr!" würde dann heißen, dass es hier vermutlich auch nichts mehr zu verstehen gibt. Die tragischen Geschehnisse sind rein kontingent, Verantwortlichkeiten und damit einhergehend eine genuine Schuld existieren nicht länger. Die Frage nach einer möglichen oder tatsächlichen Gerechtigkeit wäre nachgerade obsolet. Doch man kann auch Zweifel an dieser Deutung anbringen, denn das Stück endet nicht mit diesem letzten Satz des Meisters Anton, auch wenn es der letzte gesprochene Satz ist. Denn Meister Anton „bleibt"– wie die Regieanweisung im Anschluss, denn erst mit ihr endet das Drama endgültig, verrät – „sinnend stehen" (Hebbel: *Maria Magdalene*, III/11). Die letzte Regieanweisung eröffnet immerhin die Möglichkeit im Nachdenken über das Geschehen für sich selbst als Leser oder Zuschauerin in Erwägung zu ziehen, ob diese nihilistische Lesart denn Gütigkeit beanspruchen darf. Es ist wie eine offene Frage bei sich schließendem Vorhang, die hier am Ende im Theater stehen bleibt. Vielleicht kann man dann doch wenigstens konstatieren: Auch wenn sich die Frage nach der Schuld nicht mehr in adäquater Weise stellen lässt, dann wirft das auch ein neues, ein letztes Licht auf die Beurteilung von Gerechtigkeit.

Physische und moralische Übel: Der Ausgangspunkt der Überlegungen zum Bürgerlichen Trauerspiel war, inwiefern der Mensch den ihm begegnenden Übeln ausgesetzt ist und welche Formen der Gegenwehr möglich oder denkbar sind. Ist der Mensch physischen Übeln großer Tragweite vergleichsweise ohnmächtig und ohne Selbstschutz ausgesetzt, so ist er doch im Bereich der moralischen Übel wehrhaft. Denn mit dem Wissen um Gut und Böse, dem Gespür für sittliches Handeln (*moral sense*) und letztendlich auch der Hoffnung auf Gerechtigkeit sind im 18. Jahrhundert Überlegungen im Schwange, die auch zur Grundlage des erfolgreichsten Dramentyps in der zweiten Hälfte des 18. Jahrhunderts werden. Das Bürgerliche Trauerspiel ist der Ort, wo Versuchsanordnungen entstehen, die die Möglichkeit und die Grenzen moralischer Zurechenbarkeit ausleuchten. Selbst wenn man annimmt, dass diese Grundüberzeugung im Verlauf des 19. Jahrhunderts mehr und mehr erodiert und an Plausibilität verliert, man den beiden Sorten von ‚Übeln‘, physischen wie moralischen, nur noch hilflos gegenübersteht, so lässt sich unter Umständen auch daraus Trost gewinnen.

So kann man zumindest noch – wie Meister Anton – sinnend vor der Schlechtigkeit der Welt stehen und sich seiner eigenen moralischen Grundgestimmtheit hingeben, auch wenn Klarheit im Urteil nicht mehr erreichbar ist. Der Trost bestünde dann darin, dass man sich überhaupt noch wundert und nicht vielmehr, als radikale Konsequenz eines gelebten Nihilismus, nur Gleichgültigkeit verspürt.

Literatur

Quellen

Hebbel, Friedrich: Maria Magdalene. In: Ders.: Werke in zwei Bänden. München 1952, Bd. 1, S. 271–326.
Hebbel, Friedrich: Vorwort zur ‚Maria Magdalene‘, betreffend das Verhältnis der dramatischen Kunst zur Zeit und verwandte Punkte. In: Ders.: Werke in zwei Bänden. München 1952, Bd. 2, S. 281–305.
Schiller, Friedrich: Kabale und Liebe. In: Ders.: Werke und Briefe in zwölf Bänden. Bd. 2. Die Räuber. Fiesko. Kabale und Liebe. Hg. von Gerhard Kluge. Frankfurt am Main 1988, S. 559–677.

Forschungsliteratur

Bachmaier, Helmut. Friedrich Hebbel. In: Deutsche Dichter. Bd. 6: Realismus, Naturalismus und Jugendstil. Hg. von Gunter E. Grimm und Frank Rainer Marx. Stuttgart 1989, 17–37.
Dosenheimer, Elise: Das deutsche soziale Drama von Lessing bis Sternheim. Konstanz 1949.
Elm, Theo: Das soziale Drama. Von Lenz bis Kroetz. Stuttgart 2004.
Häntschel, Günter: Christian Friedrich Hebbel: Maria Magdalena. In: Interpretationen. Dramen des 19. Jahrhunderts. Hg. von Theo Elm. Stuttgart 1997, S. 234–252.
Heinz, Andrea: [Art.] Soziales Drama. In: Metzler Lexikon Literatur. Begründet von Günther und Irmgard Schweikle. Hg. von Dieter Burdorf, Christoph Fasbender, Burkhard Moenninghoff. 3. Auflage Stuttgart/Weimar 2007, S. 717.
Hoffmann, Volker: Friedrich Hebbel – ‚Maria Magdalene‘. In: Kindlers Literatur Lexikon. 3., völlig neu bearbeitete Auflage. Hg. von Heinz Ludwig Arnold. Stuttgart/Weimar 2009, zitiert nach Kindlers Literatur Lexikon online, https://link.springer.com/rwe/10.1007/978-3-476-05728-0_6705-1
Koopmann, Helmut: ‚Kabale und Liebe‘ als Drama der Aufklärung. In: Wolfgang Wittkowski (Hg.): Verlorene Klassik? Ein Symposium. Tübingen 1986, S. 286–303.
Meyer-Sickendiek, Burghard: Affektpoetik. Eine Kulturgeschichte literarischer Emotionen. Würzburg 2005.
Robert, Jörg: Mist im Sonanzboden. Poetik des Vulgären und Ästhetik des Umgangs in Schillers Kabale und Liebe. In: Joseph Imorde/Michael Multhammer/Hans Rudolf Velten (Hg.): Das Populäre der Anderen. Vulgarität im Ausgang der Vormoderne. Leiden/Boston 2024, S. 153–173.
Schößler, Franziska: Einführung in das bürgerliche Trauerspiel und das soziale Drama. Darmstadt 2003 u.ö.

Epilog

7

Inhaltsverzeichnis

Ein spätes Ende: Friedrich Hebbels Bürgerliches Trauerspiel *Maria Magdalene* kann man als den letzten Ausläufer einer Tradition betrachten, die eigentlich schon Jahre, um nicht zu sagen Jahrzehnte davor zum Erliegen kam. Das Bürgerliche Trauerspiel ist eigentlich schon kein Phänomen des 19. Jahrhunderts mehr. Wirft man etwa einen Blick in die umfassende Übersicht von Cornelia Mönch, dann listet sie unter der Ordnungsnummer 242 das von August Wilhelm Iffland verfasste Bürgerliche Trauerspiel *Das Gewissen*, das erstmals 1799 erscheint, als letztes auf (Mönch 1993, S. 361, dazu auch Dehrmann/Košenina 2009). Das muss freilich nicht heißen, dass in den über vierzig Jahren, die zwischen dem Erscheinen der beiden genannten Stücke liegen, keine Dramen geschrieben wurden, die nicht auch Elemente des Bürgerlichen Trauerspiels aufgegriffen hätten – im Gegenteil. Erkennbar bleibt aber doch ein Ablösungstrend – andere Gattungen gewinnen an Zuspruch und die Theaterlandschaft ändert sich allmählich ebenso wie der Geschmack des Publikums.

Auflösungserscheinungen: Gattungen sind Ordnungskategorien der Literaturwissenschaft und der Literatur selbst, die dazu angetan sind, bestimmte inhaltliche und formale Elemente zu benennen, die eine engere Beziehung zwischen bestimmten Texten als wahrscheinlich erscheinen lassen (Voßkamp 2001). Diese Gattungsbestimmungen können sehr rigide und vergleichsweise eindeutig ausfallen – wie etwa beim Sonett – oder aber doch Texte mit tendenziell nur noch losen Ähnlichkeitsbeziehungen meinen. Letzteres kann schon häufig ein Anzeichen dafür sein, dass distinkte Gattungen sich so weit ausdifferenziert haben, dass der eigentliche

Kern nur noch schwer identifizierbar ist. Wann und wie eine Gattung zu ihrem Ende kommt, ist also gar nicht so leicht zu bestimmen (Gymnich 2010). Denn auch Gattungen unterliegen bisweilen dem Geschmack und der Mode. Damit ist noch nicht bestimmt, was verantwortlich sein könnte für den Niedergang des Bürgerlichen Trauerspiels oder seinem schleichenden Ende. Eine Möglichkeit wurde bereits angesprochen. Wenn das autonome Individuum Grundlage des Bürgerlichen Trauerspiels sein soll, und dieses selbst fragwürdig wird, wäre ein potenzieller Grund genannt, warum die Gattung an Überzeugungskraft verliert, akute gesellschaftliche Gegebenheiten auf der Bühne sinnhaft zu modellieren. Andere sind durchaus denkbar, wenn auch schwer zu verifizieren.

Kritik und neue Moden: Einerseits bleibt Kritik am Bürgerlichen Trauerspiel – bei allem Erfolg, der der Gattung als Gattung beschieden ist – nicht aus. Teilt man die Prämissen nicht, auf denen die meisten Stücke beruhen (autonome Entscheidungsmöglichkeiten des Individuums, moralische Zurechenbarkeit von Handlungen, bestimmte Formen poetischer Gerechtigkeit etc.), ist auch ein sehr verschiedenes Theater denkbar. In Wien etwa schreibt der umtriebige Theaterdichter Cornelius von Ayrenhoff zu Beginn der 1790er-Jahre mit *Virginia oder das abgeschaffte Decemvirat* eine regelrechte „Anti-Emilia" (Mansky 2013, S. 136–140). Andererseits entwickelt sich gleichzeitig eine deutlich direkter am Publikumsgeschmack ausgerichtete Dramenproduktion, die erst in den letzten Jahren von der Forschung wieder ausführlicher gewürdigt wurde. Mit Autoren wie dem bereits genannten August Wilhelm Iffland und August von Kotzebue treten Theaterpraktiker auf den Plan, die mitunter sehr gute und vor allem viel gespielte Stücke in Serie produzieren (Dehrmann/Košenina 2009; Birgfeld/Bohnengel/Košenina 2020). Sie bestimmen auch in den Jahrzehnten nach 1800 – nicht nur in Fragen des Geschmacks – den Theaterbetrieb.

Deutsche Klassik: Ifflands und Kotzebues Dramen werden auch am Weimarer Hoftheater gespielt, wo mittlerweile ein gewisser Johann Wolfgang von Goethe in verantwortlicher Position agierte. Goethe selbst hat sich zu dieser Zeit – im Verbund mit Friedrich Schiller – längst schon wieder der hohen Tragödie zugewendet. Die Deutsche Klassik ist wesentlich von dieser Abkehrbewegung vom ‚Bürgerlichen' gekennzeichnet, nun geht es auch im Drama wieder um die Schicksale ganzer Königreiche (Schillers – *Don Carlos*, *Maria Stuart*, Goethes *Iphigenie auf Tauris* etc.). Es kommt also erneut zu einem Wechsel der poetologischen Grundlagen und Grundüberzeugungen und damit auch zur Hinwendung auf andere Genres und Gattungen.

Motivgeschichtliche Kontinuitäten: Viele inhaltliche und formale Elemente aus dem Bürgerlichen Trauerspiel finden dennoch ein Fortleben in modernen kulturellen Artefakten. Plots wurden und werden adaptiert und Grundkonflikte des Bürgerlichen Trauerspiels in neuen Settings übernommen. Ein bestechendes Beispiel für solche Übernahmen ist die deutsche Seifenoper *Verbotene Liebe*, die ab 1995 in 20 Staffeln täglich im Vorabendprogramm des Ersten Deutschen Fernsehens zu sehen war. Die Serie spielt in zunächst adligen, dann zumindest großbürgerlichen Gesellschaftssphären. Existenzielle Nöte spielen hier keine Rolle, selbst die ‚Bürger‘ sind finanziell unabhängig (ÄrztInnen, JuristInnen etc.). Problematisch werden immer wieder ‚verbotene Liebeskonstellationen‘, die sich aus unterschiedlicher sexueller Orientierung, unbekannten verwandtschaftlichen Verhältnissen, Liebe über Kreuz und weiteren Konstellationen ergeben. Zur Katastrophe kommt es indes so gut wie nie, dafür wiederholt sich alles, dem Gesetz der Serie folgend. Ein Ende ist eben gerade nicht in Sicht.

Vielfach finden sich diese motivgeschichtlichen Anleihen auch im Fernsehmelodram (bspw. Rosamunde Pilcher, Sonntagabendfilme) oder in den vielfältigen Formen populärer Trivialliteratur seit dem mittleren 19. Jahrhundert (die zentralen Umrisse schon bei Kreuzer 1975), die sich gerade dadurch auszeichnet, dass eine Entlastung vom sozialgeschichtlichen Problemdruck zu konstatieren ist. Die Erfüllung poetischer Gerechtigkeit ist hier noch ein hohes Gut, das zu verletzen – anders als sonst in der anspruchsvollen modernen Literatur – tunlichst vermieden wird. Auch aus diesem Umstand wird der umfassende Erfolg, der das Bürgerliche Trauerspiel einmal war, ersichtlich: Die dortigen Grundlagen prägen bis heute unsere prinzipiellen Erwartungshaltungen an tragische Konfliktgestaltung im persönlichen Nahbereich.

Literatur

Birgfeld, Johannes/Bohnengel, Julia/Košenina, Alexander (Hg.): Kotzebues Dramen. Ein Lexikon. Hannover 2. Aufl. 2020.

Dehrmann, Mak-Georg/Košenina, Alexander (Hg.): Ifflands Dramen. Ein Lexikon. Hannover 2009.

Gymnich, Marion: Theorien generischen Wandels. In: Rüdiger Zymner (Hg.): Handbuch Gattungstheorie. Stuttgart/Weimar 2010, S. 156–158

Kreuzer, Helmut: Trivialliteratur als Forschungsproblem. Zur Kritik des deutschen Trivialromans seit der Aufklärung. In: Ders.: Veränderungen des Literaturbegriffs. Fünf Beiträge zu aktuellen Problemen der Literaturwissenschaft. Göttingen 1975.

Mansky, Matthias: Cornelius von Ayrenhoff: Ein Wiener Theaterdichter. Hannover 2013.

Mönch, Cornelia: Abschrecken oder Mitleiden. Das deutsche bürgerliche Trauerspiel im 18. Jahrhundert. Versuch einer Typologie. Tübingen 1993.

Voßkamp, Wilhelm: Gattungen. In: Helmut Brackert/Jörn Stückrath (Hg.): Literaturwissenschaft. Ein Grundkurs. Hamburg 2001, S. 253–269.

Personenregister

© Der/die Herausgeber bzw. der/die Autor(en), exklusiv lizenziert an Springer-Verlag　　159
GmbH, DE, ein Teil von Springer Nature 2026
M. Multhammer, *Das bürgerliche Trauerspiel*, https://doi.org/10.1007/978-3-662-72212-1